HISTORIA DE LA LITERATURA ESPAÑOLA

EL SIGLO XX

Letras
e ideas

Instrumenta, 6

LETRAS E IDEAS

Dirige la colección
FRANCISCO RICO

HISTORIA DE LA LITERATURA ESPAÑOLA
Dirigida por R. O. JONES

Gerald G. Brown

HISTORIA
DE LA LITERATURA
ESPAÑOLA

EL SIGLO XX

EDITORIAL ARIEL

Barcelona - Caracas - México

Título original:
A LITERARY HISTORY OF SPAIN
The Twentieth Century
Ernest Benn Limited, Londres

Traducción de
CARLOS PUJOL

Edición al cuidado de José-Carlos Mainer

Cubierta: Alberto Corazón

Primera edición: agosto de 1974
Segunda edición: noviembre de 1974
Tercera edición: abril de 1976
Cuarta edición: noviembre de 1976
Quinta edición: marzo de 1978
Sexta edición: enero de 1979
Séptima edición: noviembre de 1979
Octava edición: octubre de 1980
Novena edición: septiembre de 1981

Depósito legal: B. 20.148 - 1981
ISBN: 84 344 8326 2 (obra completa)
        84 344 8310 6 (tomo 6)

Impreso en España

1981. — I. G. Seix y Barral Hnos., S. A.
Carretera de Cornellà, 134, Esplugues de Llobregat (Barcelona)

ADVERTENCIA PRELIMINAR

Toda historia es un compromiso entre propósitos difíciles y aun imposibles de conciliar. La presente no constituye una excepción. Hemos tratado principalmente de la literatura de creación e imaginación, procurando relacionarla con la sociedad en la que fue escrita y a la que iba destinada, pero sin subordinar la crítica a una sociología de amateur. *Por supuesto, no es posible prestar la misma atención a todos los textos; y, así, nos hemos centrado en los autores y en las obras de mayor enjundia artística y superior relevancia para el lector de hoy. La consecuencia inevitable es que muchos escritores de interés, mas no de primer rango, se ven reducidos a un mero registro de nombres y fechas; los menores con frecuencia no se mencionan siquiera. Hemos aspirado a ofrecer una obra de consulta y referencia en forma manejable; pero nuestro primer empeño ha sido proporcionar un guía para la comprensión y apreciación directa de los frutos más valiosos de la literatura española.*

Salvo en lo estrictamente necesario, no nos hemos impuesto unos criterios uniformes: nuestra historia presenta la misma variedad de enfoques y opiniones que cabe esperar de un buen departamento universitario de literatura, y confiamos en que esa variedad sea un estímulo para el lector. Todas y cada una de las secciones dedicadas a los diversos períodos toman en cuenta y se hacen cargo de los resultados de la investigación más reciente sobre la materia. Con todo, ello no significa que nos limitemos a dejar constancia de un gris pa-

norama de idées reçues. Por el contrario, cada colaborador ha elaborado su propia interpretación de las distintas cuestiones, en la medida en que podía apoyarla con buenos argumentos y sólida erudición.

R. O. Jones

weltanschauung
creo p. tiene p.-ver
w/la angustia vital

ADVERTENCIA

p. 25 *El sentimiento trágico de la vida*. Unamuno
p. 27 "El Perspectivismo" de Ortega en "M. del Q.".
p. 33. importante el sedimento de ideas, pasadas y presente p. influyen en los ~~escritores~~ escritores ~~de~~
1/3 del XX. : "Actitud reverencial hacia la literatura

ÍNDICE

ÍNDICE

ABREVIATURAS

BH	*Bulletin Hispanique*
BHS	*Bulletin of Hispanic Studies*
HR	*Hispanic Review*
OC	G. Miró, *Obras completas,* 4.ª ed., Madrid, 1961
PMLA	*Publications of the Modern Language Association of America*
PSA	*Papeles de Son Armadans*
RO	*Revista de Occidente*
TA	J. R. Jiménez, *Tercera antolojía,* Madrid, 1957

PREFACIO

En la preparación y corrección del presente volumen me han prestado una inestimable ayuda el director general de la obra, profesor R. O. Jones, el doctor J. W. Butt del King's College de Londres, el doctor A. K. G. Paterson del Queen Mary College de Londres, la doctora María Cruz Seoane y don Daniel Sueiro, de Madrid, y especialmente mi esposa, María Teresa Seoane. A todos ellos les quedo sumamente agradecido por su amabilidad. También deseo expresar mi gratitud al Queen Mary College y al profesor L. P. Harvey, jefe del Departamento de Español, por haberme concedido un curso de excedencia con objeto de trabajar en este libro.

G. G. B.

Londres, julio de 1971.

INTRODUCCIÓN: ESPAÑA ENTRE 1900 Y 1939

Los testimonios contemporáneos y las memorias personales del ambiente ciudadano en la España de la primera parte del siglo xx se sorprenden frecuentemente de la atmósfera de despreocupación y de euforia que predominaba en todas las clases sociales, mientras la nación se tambaleaba desde el desastre de 1898 hasta toda una larga serie de catástrofes posteriores *. El pesimismo de los escritores de la llamada generación del 98 contrasta curiosamente con la infatigable búsqueda de diversiones y placeres por parte de la gran mayoría, y, sin embargo, la angustia y la frivolidad que caracterizan todo este período hasta la guerra civil pueden considerarse como síntomas del mismo malestar. No es que la sociedad estuviera dividida entre una minoría de intelectuales torturados y una mayoría de epicúreos de baja estofa: muchos escritores y artistas que veían la vida como algo cruel, sórdido y carente de sentido, y de un modo especial en la España de aquella época, reaccionaban como el Max Estrella de Valle-Inclán, o como los personajes de *Troteras y danzaderas* de Pérez de Ayala, con actitudes escandalosas, «bohemias», a menudo acompañadas de

* La presente versión española difiere en varios puntos del original inglés, como podrá comprobar el curioso lector que coteje una y otro: complementos bibliográficos, adición de algunos nuevos datos, reelaboración de ciertos párrafos, breves supresiones... Todo encaminado, por supuesto, a satisfacer mejor las exigencias del nuevo público a que se dirige y a asumir las circunstancias en que debe aparecer el volumen. [J.-C. M.]

una caída literalmente fatal en el alcohol, las drogas y los exce-
sos sexuales. En los primeros años del siglo, incluso, ser «modernista» significaba, desde la óptica de muchos honrados burgueses, no tener seriedad, vivir, vestir, escribir o pintar de
una manera extravagante e irresponsable. Cuando el modernismo adquirió respetabilidad, no por eso terminó la aparente
frivolidad del arte. Después de la primera guerra mundial, muchos creyeron que la proliferación de «ismos» artísticos que
se dio en España estaba convirtiendo el arte en una mofa
absurda. Sin embargo, abundan los indicios que sugieren que
la causa principal de esta tendencia del arte a desviarse de
la vida era la convicción de que tomarse la vida en serio era
excesivamente descorazonador. Varios escritores resumen esta
aparente paradoja en sus personalidades literarias: la zozobra
espiritual de Unamuno se expresa con frecuencia de un modo
desconcertante en lo que parece ser una burla traviesa; la rabia
de Valle-Inclán ante el espectáculo que ofrece la vida española
está en el origen de alguna de las páginas más brillantemente
cómicas de este período; el afán de Ramón Gómez de la Serna
para figurar en la vanguardia (incluso de las modas literarias
más efímeras) apenas disimula una vena de desesperación y
repulsa en su actitud respecto a la vida. Semejante mezcla
grotesca de elementos cómicos y trágicos no era ninguna novedad en la literatura española, pero durante este período y
de un modo especial, si un escritor anuncia una farsa, un
pasatiempo infantil o cualquier otra diversión ligera de ese
tipo, habitualmente podemos prepararnos para algún sombrío
comentario sobre la condición humana, sin descartar la posibilidad de que se nos presente la violencia más brutal y tal
vez uno o dos suicidios.

Efectivamente, el humor se nos aparece como una de las
corrientes expresivas más características de la literatura española del siglo xx. En este sentido, había nacido con la Restauración en el último tercio del xix y como válvula de es-
cape para esa peculiar «nostalgia de lo absoluto» que en España nace con cierto retraso y corresponde a la conciencia del

insalvable abismo entre cientificismo y fe, entre una necesidad de estabilidad social y el mundo conflictivo de la economía industrial: no es casual que el propio término «humorismo» fuera introducido por Valera y Palacio Valdés a propósito de Campoamor, a la vez que se ocupaban de su existencia críticos como Francisco Giner de los Ríos, Manuel de la Revilla o Leopoldo Alas (tan impregnados de la filosofía de la estética alemana), y a la par de que «lo bufo» y «lo festivo» inundara los «teatros por horas» o —de la mano de Cilla, Laserna y Taboada— las revistas ilustradas de fin de siglo. El fenómeno se agudizó cuando la literatura comenzó a producirse desde posiciones ideológicas más radicalizadas —y desde un sustrato social más claramente pequeño-burgués— y, de ese modo, humor —como superación de la angustia en una sociedad estancada— lo hubo también en Ángel Ganivet y sus dos relatos de Pío Cid; en las singulares creaciones narrativas de «Silverio Lanza» (*Mala cuna y mala fosa*, 1883; *Cuentos políticos*, 1890; *Artuña*, 1893; *La rendición de Santiago*, 1907); en varias novelas de Unamuno, pero especialmente en *Amor y pedagogía* (1902); en las dos novelas de Silvestre Paradox, de Pío Baroja (autor del curioso ensayo *La caverna del humorismo*, 1919), así como en el perspectivismo de Ramón Pérez de Ayala, en la raíz del esperpentismo de Valle-Inclán, en las novelas de Ramón Gómez de la Serna y sus muchos imitadores, así como es visible en algún relato de Benjamín Jarnés, en algún poema de Pedro Salinas o en la obra entera de José Moreno Villa.

Como siempre, el carácter general de la literatura de una época puede explicarse hasta cierto punto apelando a las circunstancias históricas, a las opiniones filosóficas características de estos años y al modo que tenían los escritores de entender la función del arte. Respecto al primero de estos factores, las condiciones político-sociales de España a lo largo de este período eran tales, que tenían forzosamente que deprimir y repeler a cualquiera que reflexionase seriamente sobre ellas. La intolerable injusticia social que había provocado violentas protestas

y brutales represiones en la última década del siglo XIX no de-
creció en el nuevo siglo, y empujó a la gran mayoría de los
escritores y artistas a adoptar posturas antiautoritarias, mientras una guerra impopular, inútil y con frecuencia desastrosa
se prolongaba interminablemente en Marruecos. Hacia la mitad de este período, la guerra europea influyó de un modo
muy considerable en la España neutral: en primer lugar, di-
vidió a la opinión pública española en dos bandos antagónicos,
uno favorable a los aliados y otro a los alemanes, y con muy
pocas excepciones, los artistas e intelectuales se hicieron alia-
dófilos, lo que aumentó la hostilidad que les oponía a la Iglesia, al ejército, a los hombres de negocios y a otros grupos
del país que creían que una victoria alemana contribuiría a
purificar un poco más a Europa de la impiedad, la democracia
y el comunismo (que de un modo tan inquietante había triun-
fado en Rusia en 1917). La guerra también originó en España
una grave inflación, que empeoró la ya desastrosa situación
de las clases modestas, provocando más huelgas y violencias, y
acabando por someter el sistema político de la Restauración,
cada vez más falaz e inviable, a una última prueba que le fue
fatal. A partir de 1917, el sistema avanzaría tambaleándose
hacia su desplome definitivo, mientras cada sector de la sociedad se organizaba para defender sus intereses contra el resto,
según lo describió Ortega y Gasset en su *España invertebrada*
de 1921. Aunque Ortega deploraba esta división en comparti-
mentos estancos, estaba lejos de ser un demócrata, y la solución
que proponía no era otra que la de que los demás sectores re-
nunciaran a sus intereses en conflicto y dejaran que el grupo
al que pertenecía el escritor —los intelectuales— dirigiera las
vidas de todos. Esta idea ejerció un fuerte y tenaz atractivo sobre los escritores españoles hasta 1931 e incluso más allá de
esta fecha. No solamente ensayistas como Ortega y Ramiro de
Maeztu, sino también escritores de creación como Unamuno
y Pérez de Ayala, dedicaron gran parte de sus energías a desem-
peñar una actividad política, con el objetivo inmediato de transformar la opinión pública y encauzar los acontecimientos polí-

ticos, suponiendo a menudo que ellos iban a ser los arquitectos unánimemente reconocidos de una nueva España.

El presupuesto común del que partían era la necesidad de homogeneizar el proceso histórico español con el europeo y, en resumidas cuentas, realizar la revolución burguesa todavía pendiente tras el fracaso de la Gloriosa de 1868 (a la que Unamuno aludiría con desprecio en su famoso volumen *En torno al casticismo*, 1895, publicado como tal en 1902). Fue quizás el alavés Ramiro de Maeztu (1875-1936) quien mejor formuló ese deseo en las páginas de *Hacia otra España* (1899), recogiendo en ese sentido no solamente las sugerencias de Joaquín Costa (a quien dedicaría en 1911 su volumen *Lo que debemos a Costa*), sino también haciendo hincapié en la inania gubernamental, la necesidad de crear un espíritu de lucro en los medios burgueses, la vigorosa denuncia de la miseria moral de la clase media y de la injusticia secular en que vivían las clases más humildes. Poco a poco se afianzó la idea de una España dual, escindida entre las fuerzas del progreso civil y la hosca masa del reaccionarismo, por debajo de las cuales el pueblo vivía al margen de la historia —en la «intrahistoria», como diría Unamuno en frase feliz—, y, de esa forma, nació la tradición liberal y nacionalista que enlaza a través de los años el quehacer de varias promociones en lo que el historiador Jaime Vicens Vives ha podido llamar una «generación acumulativa del 98».

A la altura de 1913, momento fundacional de la Liga para la Educación Política Española, la actividad de los intelectuales agrupados en torno a Ortega alcanza su período más significativo. A él pertenece —aparte de la ya mencionada *España invertebrada*— el importante volumen de Ramón Pérez de Ayala *Política y toros* (1920) o los numerosos artículos de Manuel Azaña hoy incorporados al tomo primero de sus *Obras completas* (México, 1966). La posición del intelectual ha variado ligeramente: si en 1908 numerosos escritores —Maeztu y Ortega fundamentalmente— polemizaron sobre la prelación del caudillaje político sobre las ideas o viceversa, ahora parece ser imperiosa la necesidad de ideas y voluntades nuevas frente a la hipotética presencia de cualquier mesías político. Lo que en cualquier caso se siguió rechazando era la estructura parlamentaria vigente desde 1875 («el panorama de fantasmas», del que habló Ortega) con sus dos partidos turnantes y con su forma «real» de poder que seguía siendo el caciquismo: ya en 1901 Costa había dirigido desde el Ateneo madrileño una memoria titulada *Oligarquía y caciquismo como forma actual de gobierno en España* que fue informada por las mayores personalidades políticas e intelectuales del país.

En realidad, como era de esperar, los hechos defraudaron estas esperanzas, tanto en los caóticos años que median entre 1917 y 1923 como después de 1931. Se puso fin al desbarajuste parlamentario, pero no por obra de los intelectuales, sino con un golpe de estado militar que impuso de 1923 a 1930 la Dictadura del general Primo de Rivera. Inevitablemente, la mayor parte de los escritores y artistas se opusieron con todas sus fuerzas a su gobierno y al de quien juzgaron su cómplice, el rey Alfonso XIII. Pero teniendo en cuenta lo que han sido los dictadores modernos, Primo de Rivera fue relativamente benigno, y su manera de gobernar situó a sus oponentes intelectuales en una posición más bien insólita. Mientras ellos consideraban odiosa su tiranía y en la mayor parte de los casos hacían todo lo posible para derrocarla, pensando en el establecimiento de una república, el dictador, dentro de límites considerablemente amplios, les permitió exponer esta actitud, aunque a veces las injurias reiteradas y manifiestas contra su persona le movieron a tomar coléricas represalias: Unamuno fue destituido de su cargo de rector de la universidad de Salamanca y confinado en las islas Canarias en 1924 por sus feroces ataques al general; la obra de Valle-Inclán *La hija del capitán,* que contenía una durísima sátira del ejército, fue recogida por la policía cuando se publicó en 1927, y su autor fue encarcelado en 1929 durante un breve espacio de tiempo, como un intento de enseñarle a comportarse con más circunspección. Pero Primo de Rivera siempre acababa medio arrepentido tras haber tomado semejantes decisiones. Unamuno hubiera podido volver a España poco después de haber empezado su confinamiento, e incluso hubiese podido seguir escribiendo, de haber moderado su tono; pero no estaba dispuesto a hacer ninguna de las dos cosas. Valle-Inclán no tardó en ser puesto en libertad sin haber dado la menor muestra de arrepentimiento, y se le permitió que siguiera con sus actitudes anticonformistas.

Para la literatura fue más importante el hecho de que, si bien Primo de Rivera reaccionó ante lo que consideraba ofensas a su honor personal o de militar, intervino muy poco en la considerable libertad artística que existía antes de su golpe de estado. *La hija del capitán* contenía insultos que ningún general español podía tolerar, pero otras obras de Valle-Inclán en las que se hacían agrios y sarcásticos comentarios sobre el estado español, su monarquía, el gobierno y la policía fueron autorizadas sin problemas. Por otra parte, las actitudes oficiales acerca del control de las artes por motivos morales o religiosos fueron de una gran tolerancia, si se comparan con lo que ocurrió a fines del siglo XIX y, sobre todo, con períodos posteriores, y ello se aplicaba por igual a las publicaciones extranjeras que se importaban y a lo escrito dentro del país. Claro está que el clero podía prohibir a sus fieles que leyeran libros peligrosos, y que el sector más retrógrado de la opinión pública podía rechazar novelas, poemas y obras teatrales por considerarlos subversivos o de mal gusto. Factores como éstos siguieron ensombreciendo la carrera de muchos escritores serios, pero, de hecho, si podían encontrar un editor, casi siempre les era posible tratar con libertad los temas más controvertidos, y hablar claramente de la indecencia, en todas las acepciones de la palabra, de la vida española contemporánea.

Como apuntábamos más arriba, el hecho social más caracterizador de la vida literaria en este período fue la llamativa aparición del término y condición de «intelectual» que —desde las contiendas platónicas en torno a la guerra europea— vino a designar colectivamente a escritores o a profesionales de la erudición que compartían su actividad específica con la manifestación de opiniones y actitudes políticas, normalmente al margen de partidos concretos y como respuesta común a los conflictos que sacudieron el armazón entero del país: el desastre colonial de 1898; el impacto de las ideologías proletarias (Unamuno militó en el socialismo; Azorín y Maeztu en el anarquismo); la campaña contra Maura (1909) y la conjunción republicano-socialista que presidieron Pablo Iglesias y Benito Pérez Galdós; la crisis de 1917; la oposición a la Dictadura; la acogida y rectificación de la segunda República, etc.

En este sentido, conviene señalar la importancia aglutinadora de una serie de revistas y periódicos que representaron este espíritu de élite renovadora (o de *intelligentsia*, por utilizar el término consagrado) en los campos y actitudes más diversas: revistas socialdemócratas de fin de siglo como fueron *Germinal* (1897), *Vida Nueva* (1898) o *Alma Española* (1903), todas ellas tan efímeras como el diario *El Globo* que acogió a buena parte de los intelectuales del 98; revistas ácratas como la barcelonesa *La Revista Blanca;* periódicos liberales como *El Imparcial, Heraldo de Madrid* y *El Liberal,* agrupados en el famoso «trust» (1905), etc. De 1915 a 1921 se publicó el semanario *España* —fundado por Ortega y Gasset; dirigido después por Luis Araquistáin y Manuel Azaña—, crisol fundamental de la nueva actitud intelectual, al igual que lo fuera más tarde otra creación orteguiana, el diario *El Sol* (1917), que reunieron las mejores firmas del país; en 1923 nació la *Revista de Occidente,* con exclusivo carácter de orientación cultural, y en 1927, *La Gaceta Literaria,* de Ernesto Giménez Caballero y Guillermo de Torre, plenamente dedicada a la difusión de las formas vanguardistas en todas las artes; bastante posteriores y progresivamente politizadas fueron publicaciones como *Nueva España* u *Octubre,* mientras *Cruz y Raya* (1934) intentó ser —en manos de José Bergamín, Eugenio Imaz, etc.— la respuesta del catolicismo progresista al programa político republicano.

Naturalmente, la libertad de expresión no disminuyó con la llegada de la República en 1931. Pero, por desgracia, tampoco desapareció la ocasión para airadas protestas contra el estado del país. Los escritores de más edad, como Unamuno, Ortega y Pérez de Ayala, vieron que la nueva España, a cuyo nacimiento ellos creían haber contribuido tanto, no les llamaba para constituirlos en orientadores o guías, y que además no se parecía en nada a la nueva España que ellos habían imaginado. También comprobaron, una vez disipado el júbilo inicial por haber conseguido una transición pacífica de la dictadura a la república, que esta insatisfacción la compartían con muchos españoles más jóvenes, de ideas políticas y sociales sumamente diversas. A pesar de todo, los cinco años de régimen republicano fueron un período floreciente para la literatura española, y cuando las pugnas políticas degeneraron en guerra civil, sobrevino una tragedia para las artes dentro de la gran tragedia colectiva. Los diferentes gobiernos republicanos apoyaron los proyectos culturales y educativos como no se había hecho desde el reinado de Carlos III, y devolvieron o elevaron a situaciones de distinción oficial a escritores que habían consumido la mayor parte de sus vidas rebelándose contra las actitudes oficiales y convencionales. El impresionante renacer de las artes en la España del siglo xx no mostró indicios de decrecer durante la República; por el contrario, muchos de los escritores que ya habían dado pruebas evidentes de gran talento, eran aún jóvenes, sobre todo en el campo de la poesía, y, a comienzo de los años treinta, incluso pudieron apreciarse síntomas de un nuevo vigor y originalidad en el teatro, que durante muchas décadas había sido el más débil de los géneros literarios en España.

El estallido de la contienda de 1936 destruyó el prometedor futuro que parecía legítimo esperar. Algunos escritores y pensadores huyeron al extranjero con una prisa casi vergonzosa. Otros murieron. Otros ofrecieron sus capacidades intelectuales y literarias a la República como armas de guerra, y resistieron hasta que el triunfo de los nacionales les empujó al exilio. Muy pocas figuras literarias de talla quedaron en España a finales de 1939. Los que se acogieron al destierro siguieron caminos literarios diversos y a menudo solitarios, por lo cual ya no es posible hablar de las características generales de la literatura española después de la guerra, si esta literatura se entiende como un conjunto que abarca la obra de muchos de los mejores escritores españoles vivos; los que regresaron poco después de terminar el conflicto, volvieron como silenciosos y furtivos testigos que, en muchos casos, eran mirados con recelo y hostilidad por los vencedores de la guerra.

Cuando los españoles más conscientes apartaban la vista de la deprimente realidad política y social de la España de este período, en busca de una reflexión filosófica más honda, encontraban escaso consuelo para su pesimismo. Los que en los primeros años del siglo miraban al extranjero con esperanzas, pronto vieron a las naciones (que a menudo habían servido de modelo para los proyectos reformistas españoles) arrastradas insensatamente a cuatro años de una espantosa carnicería que llegó a adquirir proporciones hasta entonces desconocidas. A lo largo de este período, los profetas extranjeros e indígenas que anunciaban el fin de la civilización occidental coincidían en sus siniestras predicciones. Las esperanzas eran precarias y pocos poseían aún un espíritu tan positivo como el de Eugenio d'Ors, quien en sus innumerables y elegantes ensayos sobre arte, historia, filosofía y política afirmaba la necesidad de defender y consolidar los valores clásicos de la cultura europea, que según él eran principalmente la inteligencia, el orden, la claridad y la «obra bien hecha».

Pero con mucha más frecuencia los pensadores seguían viendo el dilema del hombre moderno como lo habían visto a fines del siglo XIX, en los estrictos términos que forman el núcleo de *Del sentimiento trágico de la vida* (1913) de Unamuno: la verdad y el consuelo son incompatibles. Lo verdadero es insoportable y lo que ofrece consuelo es seguramente una mentira. La razón y los sentimientos hacen que la verdad y el consuelo sean igualmente necesarios para los hombres, pero si somos sinceros tenemos que reconocer que perseguir uno de estos dos fines significa la pérdida del otro. La Iglesia, por ejemplo, proporcionaba un remedio para lo que Unamuno consideraba como la más honda necesidad humana, el ansia de no morir, pero a la luz de la razón este consuelo resulta falso, y para un hombre como Unamuno, como para la mayoría de los mejores escritores españoles de su tiempo, las exigencias de la razón eran tan dolorosamente imperiosas como las del sentimiento. La razón, como escribió D'Ors, tiene sus sentires que el corazón desconoce.

El derrumbamiento de la fe en las fuentes tradicionales del consuelo —un universo ordenado y con sentido, presidido por algún poder o principio inteligente y posiblemente inteligible—, ya había empezado a sentirse en la literatura española por lo menos un siglo antes de que atormentara a Unamuno. Lo que caracteriza al pesimismo del siglo XX y lo distingue del propio del período romántico, es el hecho de que los escritores de nuestro siglo han presenciado otro derrumbamiento: la desintegración del optimismo inspirado durante un tiempo por el cientificismo racionalista de la segunda mitad del siglo XIX. En relación con este punto es necesario observar la circunstancia evidente pero curiosa de que la mejor literatura española de los últimos tres siglos sólo muy raramente ha sido obra de católicos ortodoxos... Curiosa, digo, porque la literatura de otros países parece demostrar que no hay necesariamente una relación entre escribir bien y apartarse de la Iglesia cristiana, sea católica o protestante. En el siglo XX el hecho se hace aún más indiscutible. A pesar de anhelos religiosos como los de Unamuno, toda la mejor literatura de esta época es obra de agnósticos o ateos. En los últimos veinte años del siglo anterior, el agnosticismo no tenía forzosamente que ser pesimista, y si los pensadores no podían aceptar el consuelo espiritual ofrecido por la Iglesia, a menudo podían encontrar alternativas, algo semejante a la esperanza, en la conquista racional del saber y en el concepto ampliamente aplicado y aplaudido del progreso evolutivo. Pero en el siglo XX los hallazgos racionales sólo añadían una dimensión más a la desesperación, y la idea del progreso parecía una amarga burla.

En España, al igual que en otros países, la angustia de la situación provocó intentos de minar la autoridad del propio racionalismo. Los ataques se intentaron desde diferentes posiciones: metafísica, existencial, fenomenológica, sicoanalítica. Se acusó al racionalismo de ser incapaz de captar la realidad de un modo significativo y se resucitó el viejo argumento que ya aparece en Hume, Kant y Schopenhauer: a pesar de sus éxitos al explicar las relaciones entre los fenómenos de la experiencia, el racionalismo no ofrece ningún medio de descubrir la naturaleza (o incluso la existencia) de una realidad objetiva independiente de nuestras percepciones y de las certezas vitales que obtenemos de ellas. Aunque es muy dudoso que este problema preocupe al hombre de la calle, puede ser profundamente turbador para quienes ansíen conocer el significado de la vida y de la muerte. Además, el racionalismo ignora el hecho de que lo que más nos afecta como individuos vivientes no es en modo alguno la última y verdadera naturaleza de la realidad, sino la relación que nos une a ella.

Unamuno eligió operar con objeciones metafísicas orientándose hacia una perspectiva existencial. Con la ayuda de los filósofos ya mencionados y la de Kierkegaard, se abre paso hacia la afirmación de que, dado que el racionalismo sólo puede ser intrasubjetivo y no sirve para testimoniar la inexistencia de una realidad no racional, permanecemos en un estado de duda absoluta que nunca puede disiparse. Pero para Unamuno la duda es más fecunda que la desesperación absoluta, ya que deja abierto un camino para la voluntad de creer, aunque sólo sobre la restringida base existencial de un postulado «como si» existencial. De este modo Unamuno termina Del sentimiento trágico diciendo, efectivamente, que una vez desmantelado el racionalismo, el escepticismo autodestructor nos autoriza a construir unas creencias y también a comportarnos como si lo que necesitamos creer fuese verdadero. Las objeciones que Ortega hace al racionalismo son también básicamente de carácter existencial, pero, en tanto escribe unos años después que Unamuno, insiste más en los aspectos fenomenológicos. El racionalismo presupone la existencia independiente de una realidad objetiva, pero, sin perder de vista ni a Husserl ni a Einstein, Ortega aduce que, al no tener en cuenta que la realidad para los seres humanos es siempre algo percibido por alguien, el racionalismo puede fácilmente perderse en abstracciones carentes de significado. Por lo tanto, el acto de percibir se convierte para Ortega en un elemento primordial e integrante de la misma realidad, idea que ya se apunta brevemente por vez primera como la teoría del «perspectivismo» que aparece en el prólogo de sus tempranas *Meditaciones del Quijote* (1914): la realidad es la relación de los individuos con sus circunstancias, y la más completa y auténtica de las realidades es la más amplia combinación posible de perspectivas. Luego Ortega desarrolla el tema esporádicamente en sus voluminosos escritos sobre multitud de temas, dándole a menudo implicaciones muy sugestivas cuando lo aplica al arte, pero es en *El tema de nuestro tiempo* (1923) donde encuentra su expresión más plena. Aquí añade al «perspectivismo» el concepto de «razón vital», que no es otra cosa que un reconocimiento del sentido común comprometido con las limitaciones del racionalismo, ya que aunque éste, ignorando la importancia de la perspectiva, no pueda ser un método de conocimiento perfectamente idóneo, no hay razón para abandonarlo. Sigue siendo un instrumento indispensable para comprender nuestras circunstancias, y sin él nos veríamos reducidos al estado de salvajes mentales. Pero sus descubrimientos y sus dictados deben siempre relacionarse con lo que Ortega llama «imperativos vitales». Cuando el racionalismo explique algo, habrá que tener en cuenta lo que significa aquella explicación para unos individuos concretos; cuando postule unas normas razonables de conducta, éstas deberán considerarse dentro del contexto de la realidad de los instintos y los impulsos, los deseos y los temores humanos, antes de que se le conceda autoridad.

Los ensayos filosóficos de Unamuno pertenecientes a los

primeros años del siglo, y los de Ortega en las décadas de
los veinte y los treinta, representan por vías diferentes un
cambio en el clima ideológico de España que tuvo importantes
consecuencias para la literatura y motivó que lo que se escribía
en este período difiriera radicalmente de lo escrito en la última parte del siglo anterior. Las reservas acerca del racionalismo como único criterio de autoridad, que expresaron Unamuno y Ortega, fueron en cierto sentido complementadas por
el acentuado interés de muchos artistas por los hallazgos de
sicoanalistas como Freud y Jung y por los estudios sobre el
pensamiento mitológico de antropólogos como Frazer y Ma-
linowski. El surrealismo, en realidad, nunca llegó a captar a
ningún escritor español de primer orden —lo cual tal vez equivale a decir que de haberlo captado ya no hubiera sido un
escritor de primer orden—, pero como influencia estimulante
y liberadora tuvo efectos muy notorios en todos los géneros literarios cultivados en España.

La exacta naturaleza de los cambios introducidos en la literatura del siglo xx por el pensamiento de este siglo se ex-
plicará debidamente en los capítulos que siguen, pero algunas
ideas generales introductorias deben figurar aquí. Un notable
rasgo de la literatura de los primeros años del siglo es su
talante desesperado, la enfermedad espiritual a la que los mismos escritores llamaron «angustia vital», «angustia metafísica»
y «enfermedad del ideal», indicando la necesidad de algo —en
cuya búsqueda habían fracasado— en qué fundar la fe, la esperanza e incluso la caridad. Semejante enfoque influyó de una
manera directa tanto en el contenido como en la expresión
de la literatura creativa española. Una intensa preocupación
por la muerte, por la fugacidad de las cosas en el transcurso
del tiempo, es característica de esta época y constituye un tema
central en la poesía de Antonio Machado y de Juan Ramón
Jiménez. Se trata de un antiguo tópico literario que adquiere
una nueva actualidad cuando se acompaña de la perspectiva
existencial de que para cada individuo la muerte significa el
fin de todo el universo. Otro venerable tópico, el de que el

arte puede ofrecer consuelo o evasión de la realidad, y es capaz de proporcionar o crear algunas de las cosas de las que carece la realidad, vuelve también a tener plena vigencia para los escritores de este período, para quienes la realidad era tan fea y horrible como lo había sido para los románticos. La tendencia a considerar el arte esencialmente como una alternativa a la vida recibió nuevo impulso a lo largo de este período debido a otro factor. El declive en prestigio del racionalismo cientificista que había conferido autoridad al realismo literario del siglo xix fue acompañado de una sensible pérdida de interés por el arte representativo. Esto era a todas luces un fenómeno de alcance europeo que afectó a todas las artes y que tendió a reducir su atracción a una pequeña y refinada minoría de público. Pero en la literatura española, quizá más que en la de otros países, esta pérdida de interés no se reflejó en los gustos de los lectores. La indiferencia hacia los ingredientes de anécdota y descripción (cuando se relataban o poetizaban introspecciones y sentimientos que quedaban fuera de la experiencia común con la que los lectores podían identificarse) fue habitual entre los escritores, pero no entre su público, y esta cuestión, como veremos más adelante, fue decisiva para el desarrollo del teatro español del siglo xx.

Hacia la mitad de este período, después de la primera guerra mundial, un tercer factor, éste completamente ajeno a los problemas filosóficos, alentó todavía más la tendencia que se distanciaba del arte representativo: la difusión del cinematógrafo como un medio de diversión popular. Los escritores y artistas españoles se tomaron en serio el cine desde una fecha muy temprana, y tanto la prestigiosa *Revista de Occidente* que dirigía Ortega, fundada en 1923, como la vanguardista *La Gaceta Literaria* (1927), le dedicaron una considerable atención crítica. La influencia del cine sobre la literatura adoptó formas muy variadas, pero una de ellas fue sin duda alguna el desafío que significó para los escritores obligándoles a hacer algo distinto de lo que las películas podían hacer mejor. Una idea frecuentemente expresada en España durante la primera parte del siglo era la de que, del mismo modo que la difusión de la fotografía había afectado a la pintura del siglo XIX, el cine, la nueva modalidad de diversión popular, haría ahora superflua la literatura narrativa de carácter representativo. Por otra parte, el cine en sí mismo no tenía por qué ser realista, y de hecho a menudo no lo era. Así ocurre no sólo en la obra primeriza de directores vanguardistas como Clair y Buñuel, sino también en películas que tuvieron una inmensa influencia en la literatura española de los años veinte, los films cómicos mudos de Chaplin, Keaton, Lloyd, y otros muchos. La extraordinaria veneración que sintieron por estos actores (sobre todo por Chaplin y Keaton) muchos escritores españoles, era algo más que una afectación de moda. Las tonalidades trágicas de su melancólica alienación de la sociedad moderna, en medio de grotescos batacazos, tenían un fuerte atractivo para el gusto español, y aun pareció a muchos escritores que la fragmentación aturdidora y episódica, la incongruencia y falta de lógica de la acción, y los movimientos y gestos espasmódicos, acelerados, como de títeres, reflejaban el absurdo de la vida moderna de un modo sumamente lúcido e imaginativo. Lorca y Alberti, entre otros, rindieron manifiestamente tributo de admiración a estos actores en su poesía, e intentaron convertir la experiencia de sus películas en literatura. De una manera indirecta, la influencia de esta clase de cine en la literatura española ha sido todavía más importante. Algunos de los mejores críticos cinematográficos de la *Revista de Occidente* —Benjamín Jarnés, Francisco Ayala— probaron a incorporar técnicas cinematográficas a su propia obra de creación, y la influencia del cine es también visible en gran parte de la producción tardía de Valle-Inclán. Varios de los procedimientos del «esperpento» proceden claramente de las películas mudas y gran parte de su teatro es en realidad más apropiado para la pantalla que para la escena. Vemos, pues, que para algunos el cine parecía asumir las funciones de la novela y el teatro realista, obligando a la literatura a orientarse hacia algo que no fuera ya contar historias y copiar la vida. Otros prestaban más atención a sus nuevas y sugestivas posibilidades, no para imitar la vida, sino para interpretarla y transformarla en algo distinto y original. Estos dos puntos de vista sobre el cine son diametralmente opuestos, pero ambos coinciden en la misma idea acerca de la función del arte literario, presuponiendo que la literatura debe ser distinta de la vida y que no debe ocuparse de crear una ilusión de realidad. La mayoría de los escritores de este período —aunque no todos— aceptaban que la experiencia real debía seguir proporcionando la materia prima de su arte, pero creían que el arte en sí estribaba en la manera de tratar estos materiales. Podrá argüirse que la verdadera naturaleza del arte nunca ha sido otra cosa; pero el renovado énfasis que se da a este concepto en el siglo actual ofrece un vivo contraste con la óptica teóricamente documental de muchos escritores del siglo xix. En el siglo xx, la literatura, como la opinión que Ortega tiene de la realidad y Unamuno de su significado, se convierte primordialmente en una cuestión de perspectiva y de actitud consciente. Los poetas, los novelistas y los dramaturgos se ocupan más que de la vida, de definir la respuesta que la vida provoca en ellos, aunque esta respuesta sea a veces un gesto de rechazo.

El espíritu de la vanguardia artística europea cuajó pronto en España en lo que tenía de respuesta a una realidad histórica movediza e incierta que históricamente coincidió con la crisis del capitalismo español del principio de los años veinte, tras la euforia vivida durante la guerra europea. A aquella etapa pertenece el brillante diagnóstico de Ortega y Gasset titulado *La deshumanización del arte* (1924). El pensador madrileño partía de la postura minoritaria y elitista que resumía perfectamente en su primer epígrafe, «La impopularidad del arte nuevo», todo ello en un tono que prenunciaba su futura obra *La rebelión de las masas* (1930): «A mi juicio, lo característico del arte nuevo, desde el punto de vista sociológico, es que divide al público en dos clases de hombres: los que lo entienden y los que no lo entienden». El arte, diría más adelante, rechaza lo humano-sentimental propio del siglo xix e intenta ser creación pura: se ha hecho metafórico para evitar la nominación directa y vulgar; se ha hecho intrascendente y aun pueril pues pertenece a una época de «juventud y varonía».

Como es perfectamente visible en este breve análisis temático de *La deshumanización,* Ortega implicaba la defensa de una asepsia sentimental en el arte con la implícita afirmación de unos valores irracionalistas y juveniles de filiación bastante equívoca. Estos últimos encontraron oportuno y sugestivo desarrollo en la obra de Ernesto Giménez Caballero (1898-   ), fundador de *La Gaceta Literaria,* que es indudablemente el crítico más significativo del vanguardismo español (*Carteles,* 1927; *Los toros, las castañuelas y la Virgen,* 1927; *Hércules jugando a los dados,* 1928; *Circuito imperial,* 1929; *Genio de España,* 1932; *Arte y Estado,* 1935) en una perceptible y nada insólita aproximación de la vanguardia artística al fascismo político. Muy diferente es, en este sentido, el talante de José Bergamín (1895-   ), católico de izquierdas, en su idea de captar —a través de un estilo aforístico y conceptuoso— la conflictiva realidad espiritual del fenómeno literario o de cualquier otra expresión vital.

Este gesto, apartándose de la realidad en busca de algo menos descorazonador y desagradable, es sin duda la respuesta más característica que dan los artistas de este período. Los historiadores de la sociedad, que acuden a la literatura de creación para informarse acerca de la historia social, o los críticos que se acercan a la literatura con la actitud de los historiadores de la sociedad, encontrarán en esta época muy pocas cosas que explícitamente les interesen. Pero, desde otro punto de vista, éste es el mayor título de gloria de su literatura. Sin dejar de ser por ello el producto de unas circunstancias históricas (ni más ni menos que cualquier otra literatura), estas características ayudan muy poco a explicar sus valores y sobre todo su calidad superior. Lo mejor de este período es obra de escritores muy cultos y de una aguda sensibilidad estética, en quienes la experiencia cultural era tan importante para su arte como sus propias vivencias personales, ya que eran más conscientes de las grandes tradiciones literarias, antiguas y modernas, españolas y extranjeras, de lo que lo fueron los escritores españoles a lo largo de tres siglos. Una suerte de sentido reverencial de la literatura enriqueció su obra de un modo incalculable: los anónimos autores del *Romancero* y de la poesía popular, la espléndida herencia literaria de los Siglos de Oro y la literatura europea del pasado inmediato y del presente, todo eso proporcionó a los escritores españoles de esta época fecundas fuentes de inspiración, pese a lo cual, raras veces se trató de considerar la tradición literaria tan sólo como un repertorio de modelos que debían imitarse.

A la creación de lo que podríamos llamar un «sentido reverencial de la literatura» contribuyó en gran medida la actitud crítica de Azorín, una vez que el autor abandonó sus primeros extremismos ácratas. La crítica impresionista de Azorín intenta aproximar simpatéticamente al lector y al autor: no niega los condicionantes históricos que sustentan la obra concreta (en ese sentido, *Rivas y Larra. Razón social del romanticismo español,* 1916, es un ejemplo de sensibilidad para la comprensión de una época), pero la historia que nos da es historia menuda y en ese sentido irrelevante, pues, de hecho (como ocurre en la mayoría de sus libros dedicados a los clásicos, *La ruta de don Quijote,* 1905; *Clásicos y modernos,* 1913; *Al margen de los clásicos,* 1915), Azorín postula la inmediatez y la virtualidad moderna del escritor clásico por encima del tiempo que lo separa del lector. En Azorín la experiencia literaria acabó por predominar sobre cualquier otro valor y, tras haber anulado la distancia temporal, amenazó incluso con anular la propia vida: así, en el capítulo «Las nubes» de su libro *Castilla* (1912), Calixto y Melibea viven una nueva historia al margen de *La Celestina;* dos novelas como *Tomás Rueda* y *Doña Inés* parten de sendos temas literarios; *Superrealismo* o *La isla sin aurora* juegan también con la impalpable frontera que para Azorín separa la literatura de la vida, o, en algunos casos, la misma palabra con su poder evocativo

del objeto que designa. La literaturización obsesiva, el nomina-
lismo absoluto, la negación del tiempo fueron conclusiones
personales del escritor pero, como decíamos arriba, su sentido impresionista de la tradición literaria influyó considerablemente en la crítica española. Sin olvidar, en este sentido, que
creación literaria e investigación erudita se desenvolvieron a
menudo en significativa proximidad: la figura de Menéndez
Pidal y sus colaboradores del Centro de Estudios Históricos
desbordó los márgenes simplemente científicos para confluir
en la idea nacionalista y liberal del país que más arriba acha-
cábamos a los ensayistas de este período; por otra parte, poetas
como Pedro Salinas, Jorge Guillén o Gerardo Diego eran
profesores de literatura y, por descontado, todos los demás
ejercían la crítica en las publicaciones de la época.

Las primeras cuatro décadas del siglo fueron una época de
experimentación literaria sumamente inquieta y audaz, y la
literatura de este período refleja un notable sentimiento de
confianza en el arte y de libertad. Claro está que no todas las
experiencias fueron afortunadas, y muchas no han resistido
la prueba del relativamente corto espacio de tiempo que ha
transcurrido desde entonces: las ilusiones injustificadas y el
abuso de la libertad dieron ya contribución literaria a la frívola
euforia de la Europa anterior a 1914 y a las extravagancias de
la era del jazz. Pero el clima predominante alentaba a los
escritores de verdadero talento a dar libre curso a su imaginación y a producir obras de profunda originalidad, auténtica
fuerza e interés. En resumen, lo que hace que el siglo xx,
hasta el estallido de la guerra civil, sea un brillante período
para las letras españolas es lo que en último término constituye
la grandeza de cualquier gran era de la historia de la literatura:
un número sustancial de escritores cuya obra merece una
atención perdurable y atrae una respuesta también perdurable,
precisamente porque desafía y trasciende toda explicación y
definición limitada a las circunstancias en las que se originó
esta literatura.

Capítulo 1

LA NOVELA

La «angustia vital» de los escritores españoles en torno al cambio de siglo encuentra su primera expresión en las novelas sumamente personales de Ganivet, Azorín, Baroja y Pérez de Ayala [1], singladuras y búsquedas narrativas por el valle sombrío de la muerte que transmiten un mensaje de frustración y desesperanza ante la imposibilidad de encontrar un objetivo o un significado a la existencia humana. Sin embargo, la angustia se revela como una fecundísima fuente de experimentación literaria y produce algunas obras excepcionalmente interesantes y originales. Se trataba de una angustia tan filosófica como vital, y entre las consecuencias de la crisis de la fe en el racionalismo y el rechazo de su consecuencia artística —el realismo—, se cuentan un acentuado desdén por la observación de la experiencia y por el acto mismo de la observación, y un sentido del absurdo de la vida humana. En el siglo xx el absurdo se ha tratado frecuentemente con apesadumbrada solemnidad, pero cuando los escritores españoles exploran y expresan la confusión del hombre moderno ante la aparente futilidad y falta de sentido de su existencia, su tratamiento, aunque trágico en sus implicaciones finales, incluye invariablemente un elemento

1. Véase Donald L. Shaw, *Historia de la literatura española. 5: El siglo XIX*, págs. 232 y sigs.

de comicidad grotesca que se asocia con el uso común de la palabra «absurdo». La ironía cómica forma parte esencial de la visión artística de casi todos los escritores de los que trataremos en este capítulo, y en la mayoría de los casos representa con toda claridad una seria afirmación de la locura que representa tomarse la vida en serio. La peculiar atracción ejercida por el tema del circo, especialmente sus payasos, sobre escritores y pintores de este período, es una muestra más de dicha óptica.

Dado que la vida es ruin y absurda, la más insensata de las actividades a las que puede consagrarse un artista es a la de copiarla..., una razón más para el descrédito de los principios realistas. El alejamiento del realismo es el tema central del famoso ensayo de Ortega *La deshumanización del arte,* que data de 1925. Aunque Ortega presenta sus ideas como un análisis de las corrientes artísticas más recientes y formula algunas predicciones para el futuro, el ensayo describe de hecho rasgos que pueden observarse en la novela española desde los primeros años del siglo. El resumen que hace Ortega de la situación artística, a menudo de una agudeza extraordinaria, ha sido objeto de ciertas burlas debido a su fracaso como documento profético, pero parte de tales críticas se deben al carácter equívoco que puede tener el término «deshumanización»: el verdadero argumento de Ortega es sencillamente que la tendencia del siglo XIX a confundir la vida con el arte, y por lo tanto a asignar a este último la función de representar la realidad, era una aberración en la que por fortuna los artistas del siglo XX no han incurrido. Puesto que también deja claro que no se refiere a las diversiones populares, sino que está hablando de un tipo de arte que se dirige tan sólo a una minoría selecta, su descripción de las tendencias que parece seguir el arte en 1925 es esclarecedora y sustancialmente justa. Efectivamente, el núcleo de su argumentación hace ya mucho tiempo que se ha convertido en un lugar común de la historia del arte.

Aplicado a la literatura, el concepto de «deshumanización»

a veces se ha entendido como descripción de un tipo de obras
literarias que, de una manera u otra, no tienen relación con
las realidades de la vida humana. Pero, como Ortega explica
en su ensayo, al igual que en *Ideas sobre la novela* (1925), e
incluso en un libro de bastantes años atrás como *Meditaciones
del Quijote* (1914), la tan discutida deshumanización apenas
significa algo más que el hecho de restar importancia a los
aspectos narrativos y descriptivos de la literatura. Esta última
frase también podría servir de excelente comentario a mucha
de la prosa de imaginación de comienzos del siglo. La labo-
riosa acumulación de detalles descriptivos que los realistas se
creían obligados a hacer, tiende a reemplazarse en las novelas
modernas por una serie de impresiones rápidas, e históricamente
es bien visible un efecto pendular: si cierta poesía española
de la última parte del siglo xix había parecido avergonzarse
de ser lírica, y había tratado de disfrazarse de novela, filosofía,
sociología o periodismo rimado, la novela del siglo xx tiende
con frecuencia a usar procedimientos que suelen asociarse a la
poesía. El objetivo poético de Mallarmé de describir no la cosa,
sino el efecto que produce, podría ser el correlato de las técnicas impresionistas de diversos novelistas de esta época. Las
novelas de este período también muestran un desdén ostentoso
(que a veces se trueca en una deliberada burla) por el habitual
deseo del lector de saber «qué ocurre a continuación», así como
por imaginarse los hechos que se narran como acaecidos de
una manera real. El empleo de mitos y leyendas, la intención
de hacer una literatura al margen de la literatura ya familiar,
centra la atención en el tratamiento en vez de hacerlo en lo
narrado: en cómo se cuenta la historia y no en lo que cuenta.
    Otra importante característica de las novelas de esta época
es la preocupación por la perspectiva del autor, ya mencionada
como típica de la visión filosófica general de estos años. Esta
preocupación naturalmente afectó a la novela de una manera
más directa y honda que a los demás géneros, y una vez más
las observaciones de Ortega llevaban un excesivo retraso. Cuando en sus escritos de los años veinte reflexiona sobre el «pers-

pectivismo» en las artes, aunque asegura que está tratando
del «tema de nuestro tiempo», es curioso que no haga la menor
referencia a ninguna obra española contemporánea de prosa
narrativa. No obstante, en los años en que él escribía *El tema
de nuestro tiempo, La deshumanización del arte y Sobre el
punto de vista en las artes* (1924), novelistas como Unamuno,
Valle-Inclán, Pérez de Ayala y Miró ya habían manifestado
la insatisfacción que les causaba escribir desde una perspectiva
única e invariable, la del punto de vista de la narrativa convencional más impersonal y omnisciente, y habían intentado
por medios diferentes trascender las limitaciones de semejante
perspectiva.

Por otra parte, la novela fue en esta época un género muy
popular y la mayor parte de los catálogos de las editoriales
más importantes le dieron significativa preferencia. Se conoció muy bien la literatura extranjera y en aquella tarea colaboraron traductores de excepción. Ya a principios de siglo, edi-
toras madrileñas como La España Moderna, valencianas como
Sempere y Prometeo (vinculadas a la figura de Blasco Ibáñez)
y barcelonesas como Maucci y Bauzá dieron a conocer lo más
importante de la novela decadentista o socialmente radical
que caracterizó la producción europea en los últimos años del
naturalismo: Zola, Eça de Queirós, Remy de Gourmont, D'An-
nunzio, Gorki, Mirbeau, Wells, etc. Al filo de los años treinta,
editores de signo socialista como Zeus, Oriente, Cenit y otras
vertieron al castellano relatos de Malraux, Dos Passos, Gide,
Sinclair Lewis, Barbusse, Silone, Istrati o de autores rusos
revolucionarios (acogidos fundamentalmente en el catálogo de
Espasa-Calpe), todos los cuales potenciaron la aparición de
la novela social española de preguerra. Igualmente, se tradujo a Proust (por Pedro Salinas y José María Quiroga Pla),
a James Joyce (por Antonio Marichalar y Dámaso Alonso),
Faulkner y Huxley (por el cubano Lino Novás Calvo), mientras
Revista de Occidente acogió traducciones de Franz Kafka por
Jorge Luis Borges o presentó en el país el nuevo teatro expre-
sionista alemán.

Extraordinaria importancia tuvieron también (en la doble faceta de incentivo para el escritor y de difusión pública) las numerosas colecciones semanales de novelas cortas que alcanzaron tiradas de hasta 60.000 ejemplares y en las que colaboraron todos los escritores significativos de la época: las comenzó en 1907 la publicación de «El Cuento Semanal» y más tarde siguieron «Los Contemporáneos» (1909), «La Novela Corta» (1916), «La Novela Semanal» (1921), «La Novela de Hoy (1922), «La Novela Mundial» (1926), etc. No se olvide que los importantes devengos de estas colecciones, la colaboración habitual en periódicos españoles (o hispanoamericanos como *La Nación* de Buenos Aires) y el progresivo movimiento editorial afianzaron la economía personal del escritor español y explicaron en buena parte su tendencia al elitismo y su creciente sentido de independencia ideológica.

El primer novelista español que abrió una brecha decisiva en la narrativa realista al uso fue Miguel de Unamuno (1864-1936), aunque no lo hizo hasta su segunda novela, *Amor y pedagogía*. ¹· 1902. Su primera novela, *Paz en la guerra* (1897) ², todavía respeta más o menos las antiguas convenciones, y contiene, como Unamuno observó en un prólogo a su segunda edición de 1923, «pinturas de paisaje y dibujo y colorido de tiempo y lugar», todo lo cual iba a desaparecer de sus obras de imaginación a partir de 1902. *Amor y pedagogía* es a primera vista una fantasía satírica completamente inverosímil sobre el fracaso de un positivista neocomtiano y seudogaltoniano, Avito Carrascal, cuyas disparatadas ideas le llevan a convertir la ciencia en religión y a tratar de criar y educar un genio inmaculado sobre la base de principios rigurosamente científicos. Sin embargo no se trata de un alegato anticientífico, sino una ilustración de la incompatibilidad de las exigencias de la pedagogía y la eugenesia racionales con las de los profundos impulsos naturales (como el amor sexual y

---

2. Véase Shaw, *op. cit.*, págs. 246 y sig.

maternal) y el temor a la muerte. Para la tesis de Unamuno
es esencial el hecho de que los proyectos de Avito salgan mal
desde el mismo comienzo: por ejemplo, después de decidir que
la madre que necesita un genio tiene que ser una mujer
rubia de tipo dolicocéfalo, súbitamente se enamora de Marina,
morena y braquicéfala, que encarna el instinto y la tradición
(Unamuno la llama «la Materia», mientras Avito es «la Forma»). Así, aunque Avito pone todo su empeño en educar a su
hijo en la más estricta observancia de todos los ritos de la
nueva religión, Marina sabotea constantemente sus esfuerzos
con efusiones de amor materno, impregnadas de superstición y
de enseñanzas religiosas de otra clase. Avito se da perfectamente cuenta de sus fracasos, de los pecados contra su fe que
no sólo permite sino que además comete. «Caíste, caíste, y
volverás a caer», murmura para sí a lo largo de la novela.
Y así, aunque cuando el genio tiene ya edad suficiente para
enamorarse y es desdeñado por su amada, no tarda en ahor-
carse, y aunque la novela termine *por esta razón* con las palabras «el amor había vencido», nos enteramos, gracias a un
epílogo, que Avito trata de repetir el experimento con su
nieto, sin repetir sus anteriores transgresiones (por más que
en la siguiente novela de Unamuno, *Niebla,* le encontramos re-
zando en una iglesia, y se nos dice que ha abandonado sus
antiguas ideas).

Bajo la superficie de esta farsa grotesca y a menudo muy
cómica, podemos ya ver algunas de las preocupaciones con las
que Unamuno iba a batallar en sus escritos posteriores. Las
ideas centrales de *Del sentimiento trágico de la vida* sobre
la verdad y el consuelo, el libre albedrío y la inmortalidad
están todas presentes en *Amor y pedagogía,* principalmente en
las discusiones de Avito con la contrafigura de Unamuno, Don
Fulgencio Entrambosmares. Como ya indica su nombre, Entrambosmares es un personaje que tiene un significado equívoco:
mentor filosófico de Avito y de su hijo, autor de una esotérica
e inédita *Ars magna combinatoria,* y hombre cuya mayor alegría es su vida doméstica, que permanece en el más profundo

secreto, y su pasión por su esposa, ya entrada en años, que usa una peluca rubia. Él es quien plantea el tema del «erostratismo», apremiando al hijo de Avito a que tenga hijos como un medio de alcanzar la inmortalidad, y es él también quien habla por vez primera de lo que el libro llama la tiranía de la lógica. En el epílogo, Unamuno se muestra de acuerdo con la triste observación de Fulgencio de que «sólo la lógica da de comer», y añade: «y sin comer no se puede vivir, y sin vivir no puede aspirarse a ser libre, *ergo* [...]». Por lo tanto, si queremos ser libres, tenemos que ser esclavos de la lógica. Para resolver esta paradoja se apuntan dos posibles soluciones, una de las cuales explica por qué se ha escrito la novela de manera tan poco convencional. El epílogo sigue diciendo: «Y siendo lo cómico una infracción a la lógica y la lógica nuestra tirana, la divinidad que nos esclaviza, ¿no es lo cómico un aleteo de libertad, un esfuerzo de emancipación del espíritu?». La otra posibilidad deriva de la idea, muy arraigada en Unamuno, y también expresada aquí por Fulgencio, de que la vida humana equivale a representar un papel en una novela o una obra teatral. Para Unamuno esta idea es turbadora. En *Recuerdos de niñez y de mocedad,* que data principalmente de 1892, Unamuno había recordado no sin inquietud cómo siendo niño acostumbraba a contar historias a sus condiscípulos durante el recreo, y a matar a los personajes cuando sonaba la campana anunciando que se reanudaban las clases, tanto si merecían morir como si no. Fulgencio se pregunta si de vez en cuando no podemos intercalar una «morcilla» en nuestro papel, algo que el gran Autor no había previsto. Una especie de «morcilla» o momento «metadramático» en el que nos salimos del papel, que podría ser, según Fulgencio, suicidarse... idea que recibiría un desarrollo más extenso en la siguiente novela de Unamuno. Pero estas discusiones terminan con una característica nota de duda. En el epílogo Fulgencio, sintiéndose culpable, se pregunta si no ha sido responsable del suicidio, tal vez insensato, del hijo de Avito, mientras Unamuno se pregunta si no tendría que haber escrito para su novela dos finales que plantearan una alternativa, de modo que el lector se viera obligado a participar en su propio estado de duda existencial.

Como era de suponer, *Amor y pedagogía* sorprendió a un público acostumbrado a un tipo de prosa de imaginación muy diferente. A su original epílogo seguía nada menos que un tratado de cocotología. Ésta fue, en efecto, durante toda su vida, una arraigada diversión del rector de la universidad de Salamanca, pero el tratado en cuestión es una doble parodia, de un lado de los sistemas filosóficos más ambiciosos, de otro de las modernas teorías artísticas. Unamuno justifica desenfadadamente su inclusión explicando que su editor necesitaba publicar el libro en una colección de grosor uniforme, y que el volumen resultaba demasiado delgado. La reacción de algunos escritores y críticos ante ese tipo de ligereza irónica fue acusar a *Amor y pedagogía* de no ser en modo alguno una novela, a lo cual Unamuno replicó destempladamente que si los lectores no querían considerarlo como una novela, que lo llamasen *nivola*. En su «prólogo-epílogo» a la segunda edición de *Amor y pedagogía,* define las *nivolas* como «relatos dramáticos acezantes, de realidades íntimas, entrañadas, sin bambalinas ni realismos en que suele faltar la verdadera, la eterna realidad, la realidad de la personalidad». Sin embargo, durante los doce años siguientes Unamuno no escribió ni novelas ni *nivolas*. Probablemente ello se debió, más que a una sensación de desaliento, al hecho de que estaba demasiado ocupado con otras cosas. Durante este período, además de sus tareas académicas como catedrático de griego y rector de la universidad, escribió una enorme cantidad de artículos y ensayos, los dos libros *Vida de don Quijote y Sancho* (1905) y *Del sentimiento trágico de la vida* (1913), multitud de poemas y la mayor parte de los cuentos recogidos en el volumen *El espejo de la muerte* (1913). Pero en 1914 publicó *Niebla,* esta vez subtitulada *nivola* para que nadie se llamara a engaño, y una vez más tratando lo que para él eran cuestiones muy graves de una manera desconcertantemente cómica. *Niebla* empieza con la afirmación de que la existencia precede a la esencia. Ésta no era

una idea nueva para el Unamuno de 1914. En *Amor y pedago-*
gía ya se da por supuesto que el hombre carece de identidad
hasta que empieza a comprometerse a elegir. En la *Vida de*
don Quijote, Unamuno cita con aprobación la mención que
hace Cervantes del antiguo dicho español según el cual el hombre es hijo de sus obras, e insiste en el hecho de que Alonso
Quijano, o como se le quiera llamar, no era nadie antes de
elegir convertirse en Don Quijote. El Augusto Pérez de *Niebla,*
por su parte, es un hombre que consigue de un modo no poco
improbable llegar a la edad de casarse sin haber adquirido
una identidad definida. Sin embargo, al cabo de un tiempo,
y como consecuencia de una sucesión de hechos tan absurdamente arbitrarios que parece como si Unamuno (gran admirador de *Don Álvaro o la fuerza del sino,* no está de más recor-
darlo) estuviera aludiendo a la intervención de un inexcrutable
destino, Pérez adquiere una identidad provisional en cuanto
novio de Eugenia. Pero es tan provisional que cuando Eugenia
se fuga con su amante en la víspera de su boda, Augusto, que
hasta muy poco antes no había sido consciente del problema
de su auténtica existencia, siente ahora su falta de un modo
tan agudo que piensa en el suicidio. Pero primero hace algo
que para un personaje de ficción de 1914 no deja de ser
francamente inusitado, aunque a Calderón no le hubiera sor-
prendido mucho, y ha vuelto a ser mucho menos insólito después de 1914: va a Salamanca a pedir consejo al famoso escritor
Miguel de Unamuno. Cuando Unamuno manifiesta que Augusto no es más que un personaje inventado, que carece de realidad fuera de la imaginación de Unamuno, y que por lo tanto
no puede ni tomar la decisión de quitarse la vida, Augusto
contesta con las propias palabras de Unamuno, quien en la
Vida de don Quijote había escrito que en cierto sentido los
personajes crean a sus autores, y que es posible que Unamuno
sólo exista en la existencia de los seres que ha creado y gracias
a ellos. El que le recuerden su propia muerte turba al autor de
Del sentimiento trágico, quien decide entonces matar a Pérez, y en lo que resta de novela al parecer así lo hace.

La profundidad con la que esta fantástica invención explora los problemas existenciales planteados en los primeros libros de Unamuno, está fuera de toda duda. La serenidad de Augusto cuando aún cree que puede morir de un acto que él elige de un modo consciente e independiente, se convierte en un absoluto terror cuando parece que en realidad su muerte será el resultado del capricho de un creador indiferente (Unamuno se enjuga una única y furtiva lágrima después de condenarle a muerte). La gran importancia teleológica que tiene para nosotros, como seres humanos, la diferencia entre los dos modos de morir, es algo que Unamuno siente de un modo muy profundo; pero el hecho es que ni conoce la respuesta ni siquiera se aventura a tratar de adivinarla. La actitud dubitativa se mantiene, más allá del texto de la novela, en el famoso par de prólogos: el amigo de Augusto, Víctor Goti, afirma que Augusto en realidad se suicidó, y que la versión de su muerte que Unamuno da en la novela es una mentira; el prólogo de Unamuno naturalmente niega esta acusación.

Como personaje de *Niebla,* Unamuno asume el papel de un dios contra el cual, si existe, es un deber de los seres humanos luchar y rebelarse. La rebelión tal vez no consiga nada en cuanto a cambiar nuestro destino —lo que, por su lado, no es el núcleo de la cuestión—, pero devolverá a la existencia humana una cierta dignidad en los únicos términos aceptables para una visión auténticamente existencialista. *Niebla* reitera la ética vital que Unamuno elaboró en *Del sentimiento trágico,* y que, como él mismo reconoció, debía mucho al *Obermann* de Senancour: tenemos que vivir *como si* lo que necesitamos creer fuera verdadero, puesto que, de este modo y como mínimo, convertiremos en una injusticia monstruosa el arbitrario aniquilamiento que se produce en la «versión unamuniana» de la muerte de Augusto. Este *como si* se apoya en algo que no llega a ser ni siquiera una remota esperanza; simplemente, en una duda. Pero esto es todo lo que puede ofrecer Unamuno; una duda que, no sólo en los dos prólogos, sino también en el curso de la novela, se expresa en una obstinada dialéctica entre Víctor Goti y Unamuno (convertido en Dios). Es Goti, también novelista, quien proporciona a Augusto uno de los argumentos que éste utiliza contra Unamuno en Salamanca, el de que incluso los personajes de ficción, una vez han empezado a actuar y por lo tanto a adquirir una identidad, están gobernados por una lógica interna en la cual su creador carece ya de poder para intervenir. También es Goti quien expresa la verdadera opinión de Unamuno sobre la naturaleza creadora de la duda: «Y es la duda lo que de la fe y el conocimiento, que son algo estático, quieto, muerto, hace pensamiento, que es dinámico, inquieto, vivo».

Después de *Niebla,* la narrativa de Unamuno se orienta decididamente hacia la cuestión de indagar qué es lo que constituye la existencia auténtica y la identidad personal. En los tres relatos publicados entre 1916 y 1920, y recogidos en *Tres novelas ejemplares y un prólogo* (1920), se expone una teoría de la personalidad bastante sencilla. A la división que hace Oliver Wendell Holmes de la personalidad humana en tres modalidades del ser —lo que creemos ser, lo que los otros creen que somos y lo que «realmente» somos (tal como Dios nos veía)—, Unamuno añade una cuarta modalidad: lo que deseamos ser, el «querer ser». Considera que esta última es existencialmente la más importante, ya que determina la conducta, o por lo menos la parte de la conducta que Unamuno juzga más importante. En estos tres relatos las circunstancias se disponen de un modo muy artificial, de modo que el «querer ser» de los protagonistas en la acción se convierta en realidad. Pero es de suponer que su único objetivo es ejemplarizar la idea de Unamuno. Si la voluntad de los personajes de llegar a ser un determinado tipo de persona se hubiera visto frustrada por las circunstancias, no hubiera habido novela ejemplar, pero la voluntad hubiese condicionado su identidad del mismo modo. Manifiestamente, los tres protagonistas quieren ser algo distinto de lo que «realmente» son, pero todos consiguen, al menos durante un tiempo, ser para los demás lo que en su fuero interno quieren ser.

Los años durante los cuales escribió estos relatos fueron turbulentos para España y para Unamuno. Sus actitudes enérgicamente antialemanas durante la guerra europea le valieron un creciente prestigio y le atrajeron la enemistad de las derechas. El año 1917 fue muy sombrío para España, y la publicación en este mismo año de su *Abel Sánchez,* la torturada historia de un hombre consumido por el odio y la envidia, debe mucho a las circunstancias nacionales de la época en que se escribió: la huelga general de agosto, el agudizamiento de la cuestión regionalista, la carestía general, las Asambleas de Parlamentarios al margen del Congreso, la revelación de que las recién formadas Juntas Militares de Defensa pensaban intervenir directamente en política con objeto de defender vagos intereses de la mesocracia militar frente a las camarillas palaciegas, constituyeron una abrumadora confirmación, suponiendo que fuese necesaria, de la idea de escritores como Machado, Ortega y Salvador de Madariaga, de que la envidia cainita era la maldición nacional propia de España. La «historia de pasión» escrita por Unamuno admite explícitamente ser un reflejo de un vicio nacional en sus últimas páginas, cuando Joaquín exclama: «¿Por qué nací en tierra de odios? En tierra :n que el precepto parece ser: "Odia a tu prójimo como a ti mismo"».

Pero las referencias a preocupaciones nacionales forman solamente una parte muy pequeña de *Abel Sánchez.* La novela (que ahora Unamuno llamó «novela», no *nivola*), está mucho más cerca de «parecerse a la vida» que las anteriores obras narrativas unamunianas. En uno de sus planos es un profundo estudio sicológico de una singular personalidad paranoica, que cobra una notable densidad real en la obra. Pero en un sentido más hondo es también otra exploración del enigma de la auténtica existencia. Tomando la historia de Caín y Abel como base de su novela, Unamuno elige una pasión trágica que es ideal para sus propósitos: la esencia de ese tipo de envidia, nos dice, consiste en que la sentimos por alguien a quien creemos inferior a nosotros, pero a quien los demás tienen en mayor estima. Por otra parte, en la novela las motivaciones de la

estima son tan desconcertantes como la divina injusticia de la
historia que se cuenta en el Génesis. Aunque Joaquín Monegro,
a diferencia de Augusto Pérez, tiene como una especie de
identidad al comienzo de la novela, siempre ha sido inexplicablemente eclipsado por la personalidad de su compañero de
niñez, Abel, y cuando Joaquín corteja a Helena lo hace movido
por la necesidad de afirmar su identidad independiente. Cuando
ésta se casa con Abel, Joaquín describe su experiencia como un
nuevo nacimiento, pero en el infierno. A partir de ahora su
auténtica existencia queda totalmente definida por el odio que
siente por Abel. Tal vez por eso la novela se titula *Abel
Sánchez,* cuando en realidad es la historia de Joaquín Monegro.
Pero en las torturadoras interrogaciones que se hace a sí
mismo en su «Confesión», Joaquín se pregunta por qué toda
su existencia ha llegado a significar solamente la existencia de
su odio. Una y otra vez trata de curarse —eligiendo una identidad diferente— y siempre fracasa en sus intentos. La teoría
de la identidad que hay en la novela es por consiguiente muy
distinta de la de *Tres novelas ejemplares.* No sólo el «querer
ser» de Joaquín es existencialmente ineficaz, sino que incluso las
otras tres identidades del «prólogo» se sustituyen por una
dualidad completamente distinta. Por una parte la identidad
de Joaquín se define como la historia de sus actos y sentimientos; pero sus fallidos intentos de escapar a una personalidad
maligna implican en cierto modo una esencia fatalmente pre-
determinada. Llega incluso a preguntarse si su odio no ha
precedido a su nacimiento y no va a sobrevivir a su muerte.
A diferencia de los existencialistas posteriores, que también
reconocen la fuerza del argumento que afirma que el hombre
carece de una esencia dada, Unamuno no puede desembarazar-
se por completo de la noción de que una perspectiva extra-
humana pueda revelar (como Miguel de Unamuno reveló a
Augusto Pérez) que somos peones en un juego cuyas reglas
nunca podremos conocer. Y aun cuando Unamuno trata de
resignarse a la idea de que el hombre no es más que la historia
de sus actos, comenta, siempre con tristeza, que cada vez

que elegimos dejamos tras de nosotros una multitud de lo que él llama con gran precisión «yo ex-futuros».

Hasta el final de su vida Unamuno siguió indagando en las complejidades de la esencia y de la existencia, y de los diferentes modos de existencia, sobre todo en relatos de corta extensión como *Tulio Montalbán* y *Julio Macedo* (1920), y en obras teatrales como *Sombras de sueño* (1926), *El otro* (1926) y *El hermano Juan o el mundo es teatro* (1934). En la época en que escribía estas obras, Unamuno era ya una personalidad famosísima en España y en el extranjero, y sin duda alguna estos libros reflejan una agudísima conciencia personal de la división de personalidad entre un yo público y otro privado, íntimo. Aunque a todas luces Unamuno no fue nunca un hombre que rehuyera la publicidad o dejara perder la ocasión de autodramatizarse, de sus escritos se desprende que la mayor parte de su «leyenda» (como él solía llamar a la existencia-para-otros de un hombre) fue a menudo algo que le preocupó profundamente. Durante su destierro, Unamuno analizó un aspecto de este tema en *Cómo se hace una novela* (1927), libro que es en parte una serie de reflexiones personales sobre su exilio, pero a través de las que se enhebra la historia de un personaje llamado U. Jugo de la Raza, quien cierto día encuentra en un puesto de librería de lance una novela, uno de cuyos párrafos le emplaza a morir cuando concluya de leerla. Una vez más, Unamuno está explotando la idea de que la existencia es como una novela escrita por su protagonista, y una vez más la historia presupone la posibilidad de que también somos algo más que nuestra novela. Jugo no tenía novela hasta que dio por causalidad con una en el puesto. Sin su novela, desde luego que no hubiese tenido una existencia auténtica; pero de no haber tenido una novela que terminar, quizá no hubiera muerto. En otras palabras, si somos algo más que la historia de nuestros actos, tal vez parte de nosotros sobrevivirá al final de la historia. La última vez que Unamuno trató este tema fundamental en su vida, fue en *La novela de don Sandalio, jugador de ajedrez* (1930), una pequeña obra maestra de admirable sutileza y complejidad, que además de sus tesis retadoras e ingeniosas (demasiado intrincadas para poder resumirse en pocas palabras), muestra quizá mejor que ninguna de las demás obras de Unamuno su enorme habilidad para guiar al lector hacia la comprensión de lo que quiere decirle valiéndose de un empleo extremadamente cuidadoso de las imágenes y de los símbolos.

Dos de las últimas obras de Unamuno sirven a veces para ilustrar el comentario de que su narrativa se hizo más «humana» en su vejez..., aunque semejante punto de vista ignora de un modo incomprensible los problemas profundamente humanos planteados en una novela como *Niebla*. Se trata de *La tía Tula* (1921) y la novela corta *San Manuel Bueno, mártir* (1931). *La tía Tula,* como *Abel Sánchez,* tiene un armazón narrativo básicamente realista, aunque también carece de las «bambalinas» descriptivas del realismo convencional, y va precedida de un importante análisis retrospectivo de la novela, llamado, con una ironía característica del siglo xx, «Prólogo que puede saltar el lector de novelas». Uno de los propósitos de la novela es estudiar la sicología de una mujer que tiene fortísimos impulsos maternales y una invencible aversión por la impureza del acto sexual. Pero el libro, que se concibió y escribió en parte en 1902, el mismo año de *Amor y pedagogía,* trata también de la posibilidad de establecer, por medio de la educación, una tradición semirreligiosa en el marco de una familia, que conseguirá en cierto modo la autoperpetuación de su fundador. El significado de este intento en el que triunfa Tula de encontrar esta comunidad enclaustrada, está potenciado por el uso de la metáfora temática de la colmena, cuyas implicaciones existenciales no necesitan subrayarse: en una colmena donde sólo hay huevos de reina, la identidad de las abejas no depende de la maternidad física, sino del trabajo de las abejas obreras, las hembras estériles o «tías», que de este modo dan a los otros mucho más de sí mismas que la madre fértil.

Sin embargo, como comprenderá todo lector de *Del senti-*

4. — BROWN

miento trágico, el intento de Tula de sobrevivir a la muerte es
sólo un sustituto de lo que realmente ansía: la inmortalidad
personal garantizada por Dios. A este tema central volvió
Unamuno en *San Manuel Bueno* pocos años antes de su muerte,
y donde, como en *Del sentimiento,* se nos muestra lo absolutamente incompatibles que son el consuelo y la verdad. El sacer-
dote don Manuel, que no cree en la vida futura, piensa que
su deber es predicar la mentira consoladora para el bien de
sus fieles hasta el terrible momento de su propia muerte.
Éste era ya el mensaje de un ensayo titulado «La vida es sueño»,
que Unamuno había escrito treinta y tres años antes: cuando
una comunidad tiene la suerte de vivir protegida por el consuelo de un sueño colectivo tradicional —que en *San Manuel* se
simboliza por la aldea hundida en el tranquilo lago cuya
superficie refleja el cielo—, puede ser un crimen despertarla
con la verdad. La verdad es aquí que un río atraviesa el lago,
uno de los ríos de Jorge Manrique, «que van a dar a la mar,
que es el morir». En esta impresionante historia es posible
ver, quizá con mayor claridad que en ningún otro de los libros
de Unamuno, su anhelo de ser alguien muy diferente del
iconoclasta ideológico, torturado y agresivo, que conocía el
público en general [3].

No obstante, su destino no iba a ser el de vivir en paz
sus últimos años. La leyenda le llamaba a nuevos combates.
Después de haber sido elegido para el Parlamento de la República, se sintió cada vez más desilusionado ante lo que veía
como la desintegración de su visión de una nueva España.
Los sucesos de julio de 1936 le sorprendieron en Salamanca,
en la zona nacional, donde al principio prestó su apoyo a lo
que creía ser una lucha para salvar la civilización de la barbarie
izquierdista, pero, aunque poco, vivió lo suficiente para rectificar
su idea inicial y reconocerlo noblemente en una última y
legendaria afirmación de su personalidad, su famosa e intrépida
respuesta pública a las exaltadas afirmaciones del general Millán

---

3. Cf. C. Blanco Aguinaga, *El Unamuno contemplativo,* México, 1959.

Astray en acto celebrado en la universidad de Salamanca y en
el otoño de 1936. Nuevamente fue destituido de su cargo
y puesto bajo arresto domiciliario, situación que en algunos
aspectos subraya todo lo mejor de Unamuno y en la que le
sobrevino la muerte en el último día de 1936. Su fama de gran
hombre y extraordinario escritor está ya asegurada, y aunque
aún es demasiado pronto para decir cuál de sus obras será
la base de su celebridad definitiva, es presumible que le gran-
jee ésta el conjunto de su producción narrativa. No faltan críticos que todavía hoy le acusan de una multitud de pecados
que pueden resumirse en uno mortal, el de no haber representado la realidad cotidiana; pero Unamuno más que cualquier
otro escritor, fue quien hizo penetrar la novela española en
el siglo XX y quien se esforzó por convertirla en un instrumento de profunda reflexión sobre la condición humana. Además, fue asimismo Unamuno quien, cuando Sartre aún estaba
en pañales, y después de que su incansable erudición le empu-
jara a aprender danés para poder leer a Kierkegaard, escribió
las primeras novelas que merecen el nombre de existencialistas.
Tanto si se comparte su zozobra interior y su perplejidad como
si no, nadie puede negar ya que sus novelas representan una
importante contribución a la literatura europea del siglo XX.
La vieja y disparatada acusación de que están escritas con desa-
liño y construidas de un modo incoherente, ha sido refutada
por nuevas generaciones de lectores que poseen la agudeza
suficiente y se han tomado el trabajo necesario para comprobar
la sutil habilidad que hay en el arte literario de Unamuno.

Casi coetáneo de Unamuno, Ramón del Valle-Inclán (1866-
1936), que se diferencia de él en muchos aspectos, se le parece
por haber hecho una literatura que anunciaba el nacimiento de
un nuevo siglo y que el arte tenía tareas más importantes que
contar historias sobre la realidad superficial de la vida contemporánea. Personalidad extravagante y bohemia, Valle-Inclán se
caracterizó por la peculiar excentricidad de ser conservador en
su juventud y tener ideas avanzadas en su vejez. Sus primeras

contribuciones importantes a la literatura fueron las *Sonatas* (1902-1905), cuatro fantasías exóticas en un lenguaje exquisitamente trabajado, que marcan en la prosa narrativa española un cambio de clima tan radical como el que se dio en el campo de la poesía con la publicación de *Azul* y *Prosas profanas*. Las Sonatas representan una de las escasas irrupciones del modernismo puro en la literatura española en prosa, huyendo de la prosaica realidad y buscando el consuelo de un mundo maravilloso de bella artificiosidad cuyos valores son casi exclusivamente estéticos. Sin embargo, el «escapismo» del que se acusa a menudo a la literatura modernista, como si fuera un juego de niños, tiene su origen en la misma visión angustiada del absurdo de la existencia y en el mismo sentido de la imposibilidad de conciliar consuelo y verdad que impulsó a Unamuno a escribir *Del sentimiento trágico*. Valle-Inclán así lo dice explícitamente en las primeras páginas de la *Sonata de invierno*:

> ¡Oh alada y riente mentira, cuándo será que los hombres se convenzan de la necesidad de tu triunfo! ¿Cuándo aprenderán que las almas donde sólo existe la luz de la verdad son almas tristes, torturadas, adustas, que hablan en el silencio con la muerte y tienden sobre la vida una capa de ceniza? ¡Salve, risueña mentira, pájaro de luz que cantas como la esperanza!

La crítica que pide seriedad moral al arte ha juzgado las Sonatas con severidad debido a su indiferencia por los problemas morales del mundo cotidiano y su desinterés por los problemas de la existencia humana. Pero el decadentismo finisecular que impregna las Sonatas, con su aversión por la vida vulgar, más que un olvido de las cuestiones éticas, es un comentario, al menos implícito, de la escala de valores contemporáneos más convencionales, sobre todo el materialismo, la hipocresía y la mediocridad de la clase media. La insolente afirmación que hace Valle-Inclán de unos principios arcaicos y aristocráticos, y el hecho de dotar al marqués de Bradomín con una sincera fe católica para que los pecados de orgullo, sacrilegio, fornicación, incesto y necrofilia le proporcionen una voluptuosa sensación de culpa y de terror, son un escarnio tan grande de la moral burguesa imperante como lo serían años después las páginas en las que degrada a la sociedad española a la condición de títeres grotescos. Además, la consabida opinión de que las hazañas de Bradomín reflejan los verdaderos ensueños del propio Valle-Inclán ignora la ironía que representa esta inversión de las normas convencionales, y la consiguiente burla de sí mismo que hace Bradomín, sus advertencias de que se está conduciendo como un personaje literario —de *Werther*, *Salammbô, Tirant lo Blanc*, etc.— y su cínica diversión ante el escandaloso espectáculo de su propio proceder.

En la cuarta Sonata, Bradomín juega a novelas de caballerías durante la última guerra carlista. La doble atracción que ejercía sobre Valle-Inclán el pintoresco residuo de una antigua sociedad feudal que todavía existía en su Galicia natal, y los violentos estertores del carlismo en los años setenta (que él veía como la última posición irresistiblemente romántica de un pasado colorista frente a la ruindad de la vida moderna), le empujaron a apoyar activamente la causa carlista y a publicar varias obras que expresan su nostalgia de una era ya desaparecida de nobles señores y leales vasallos, sin posible clase media. Su trilogía novelesca sobre la guerra carlista, *Los cruzados de la causa, El resplandor de la hoguera* y *Gerifaltes de antaño* (1908-1909), y las *Comedias bárbaras,* tres dramas sobre el vinculero gallego don Juan Manuel Montenegro, *Águila de blasón* (1907), *Romance de lobos* (1908) y *Cara de plata* (1922), son producto de esta fase de su evolución, aunque es de notar que la última de estas obras teatrales es muy tardía. Pero estas obras de ambiente gallego no son exaltaciones, al estilo de Pereda, del esplendor, la poesía y el júbilo que reinaba en España antes de la llegada de la democracia liberal. Tanto las novelas como los dramas nos hablan de la decadencia de un mundo viejo: Juan Manuel es un bárbaro señor feudal, arrogante, violento y despótico, pero también —al menos Valle-Inclán quiere que así lo creamos— admirable por su energía animal, su valor y su generosidad, que lo hacen un verdadero padre para los que dependen de él. Y sin embargo, a pesar de tener seis hijos, tanto él como sus vasallos saben perfectamente que será el último de su estirpe, pues en sus hijos (con la única excepción de «Cara de plata», que es diferente de su padre y de sus hermanos) ya no existe ninguna nobleza, pues no son más que animales voraces y traicioneros. Además, cuando Valle-Inclán añadió *Cara de plata* a las otras dos obras en 1922, aunque su acción tiene lugar antes que la de las anteriores, tiende a presentar a Juan Manuel como un tirano, y como mucho menos querido de los suyos [4].

En los años inmediatamente anteriores a la guerra de 1914-1918, Valle-Inclán escribió sobre todo para el teatro, y su obra en este período será comentada en un capítulo posterior. En cuanto a los mismos años de la guerra fueron aún más decisivos para Valle-Inclán que para otros escritores españoles. Todo el mundo esperaba que el tradicionalista Valle-Inclán se declararía germanófilo, pero en 1915 adoptó una postura inequívocamente antialemana, mientras que los conflictos de 1917 y la reacción represiva del gobierno le hicieron interesarse cada vez más por los problemas políticos y sociales de España. En una entrevista de 1920 (publicada en *El Sol* el 3 de septiembre de 1920), afirmaba que «el Arte es un juego [...] No debemos hacer Arte ahora, porque jugar en los tiempos que corren es inmoral, es una canallada. Hay que lograr primero una justicia social». Por esta época ya había elaborado su teoría del «esperpento», la extraordinaria y original técnica en la que se funda gran parte de su grandeza como escritor. Su drama *Luces de bohemia,* que contiene su primera y más importante exposición de la teoría, se publicó por vez primera en la revista *España* entre julio y octubre de 1920. En su escena décimosegunda, el portavoz de Valle-Inclán, Max Estrella, hace las famosas afirmaciones de que «España es una deformación gro-

4. Véase J. Alberich, «*Cara de plata,* fuera de serie», *BHS,* XLV, 1968, págs. 299-308.

tesca de la civilización europea», y que por lo tanto «el sentido trágico de la vida española sólo puede darse con una estética sistemáticamente deformada», deformación que Max compara con la imagen de los héroes clásicos reflejados en los espejos cóncavos del madrileño Callejón del Gato. Esta distorsión produce el «esperpento».

Un análisis detallado de la teoría del «esperpento», así como una definición precisa de qué obras de Valle-Inclán merecen este nombre, sería de muy escaso provecho. La teoría, como se verá fácilmente, viene a ser como una paradoja en la que se preconiza un procedimiento deformador con objeto de captar una realidad de la que se nos dice que ya está deformada. Por otra parte y aunque puede argüirse que una interpretación estricta de los términos de la teoría hace que sólo pueda aplicarse a dos o tres de las obras de Valle-Inclán, es evidente que las técnicas a las que alude no sólo están presentes en todos los escritos de Valle-Inclán a partir de estos años, sino que incluso aparecen ya esbozadas en buena parte de su obra anterior. Lo que la teoría no dice, aunque Valle-Inclán lo puso en práctica con toda claridad, es que, según él, nuestra visión normal de la realidad ya está deformada, o, en cualquier caso, que nos negamos a ver las personas y las cosas tal como realmente son. Un culpable sentido de identificación hace que los españoles, y tal vez los seres humanos en general, modifiquen el testimonio que reciben de los ojos haciendo benévolas suposiciones sobre lo que hay debajo de la superficie de la realidad, dotando de dignidad, sustancia y coherencia a lo que realmente es brutal, hueco y absurdo. Y desde luego las ficciones ennoblecedoras pasan a la literatura —aquí es donde intervienen los héroes clásicos— y solicitan nuestra admiración y nuestra compasión ante el espectáculo de la conducta humana. Así pues, los procedimientos de Valle-Inclán tienen todos como objetivo obligarnos a fijar la mirada en la superficie de las cosas y cerrar todos los caminos por los que pudiéramos escaparnos hacia una comprensión que disculpa. Para justificar la necedad de gran parte de la conducta humana, nece-

sitamos un sentido de hondura y de complejidad espiritual.
La respuesta de Valle-Inclán es convertir a los hombres en
animales, muñecos, títeres, siluetas, máscaras, eliminando así
la tercera dimensión en la que se producen las ficciones. Como
ha dicho cierto crítico de los personajes del «esperpento», «son
lo que parecen ser, o parecen ser lo que son» [5]. Se trata de un
método audaz, ya que mientras exagera su desemejanza de lo
que es la vida, quiere dar una interpretación más verdadera de
la vida de la que dieron las novelas realistas de «Don Benito
el Garbancero», como Valle-Inclán llamaba a Galdós.

La teoría del «esperpento» dice también que la deformación
ha de ser sistemática, sujeta a una «matemática perfecta». Aquí
encontramos vagos ecos de cubismo, como los hay en el resto
de la obra de Valle-Inclán, pero una vez más cometeríamos un
error prestando mucha atención a los aspectos sistemáticos o
geométricos de su literatura. En la misma *Luces de bohemia*
despliega una curiosa mezcla asistemática de actitudes y materiales. Su caricatura de la bohemia literaria madrileña debe
mucho a las parodias populares de dramas y óperas famosos
que tanto abundaban en los primeros años del siglo [6]. Por otra
parte, al igual que en las *Troteras* y *danzaderas* de Pérez de
Ayala, que retrata los mismos ambientes, la mayoría de sus
personajes están inspirados en seres de carne y hueso. Sin embargo la obra expresa asimismo toda la tremenda indignación
de Valle-Inclán ante la situación política española, y en relación
con este punto hay que hacer notar la presencia de dos personajes —el anarquista catalán y la madre de un niño muerto
por una bala de la policía— a los que el autor no ha deformado
en lo más mínimo, y que reclaman directamente nuestra justicia
y nuestra compasión. Tampoco la esposa de Max ni su hija
están sujetas a procedimientos deformadores. El propio Max,
cuya historia está basada en la vida y la muerte de un amigo

5. J. Rubia Barcia, «The *Esperpento:* a New Novelistic Dimension», *Valle-Inclán Centennial Studies,* Austin, Texas, 1968.
6. Véase A. Zamora Vicente, *La realidad esperpéntica,* Madrid, 1969, pá-ginas 22-61.

de Valle-Inclán, Alejandro Sawa, ve degradada su estatura potencialmente trágica en el curso de la acción, que se convierte en una farsa grotesca, pero como mínimo es consciente de esta metamorfosis de personaje en esperpento, y así permanece al margen del proceso de deformación de una manera que le distingue de los demás personajes.

Entre *Gerifaltes de antaño* (1909) y *Tirano Banderas* (1926), la mayoría de las obras de Valle-Inclán tienen forma dramática. Ello ha suscitado grandes discusiones acerca de si deben considerarse como teatro o como novelas dialogadas. Esta cuestión lleva implícitos aspectos importantes, y ya volveremos a hablar de ella en el capítulo tercero, pero no era algo que interesase demasiado al propio Valle-Inclán. En cualquier caso, la unidad fundamental de su obra después de haber elaborado la teoría del «esperpento» en 1920 es más importante que la división entre teatro y novela. A simple vista, después de esta fecha su obra puede parecer de una gran variedad. Parte de ella —*Divinas palabras* (1920) y la mayoría de las obras teatrales reunidas bajo el título de *Retablo de la avaricia, la lujuria y la muerte* (1927)— se sitúa nuevamente en Galicia, aunque en una Galicia bestial, macabra y poblada de brujas cuya existencia sólo se apuntó en la *Sonata de otoño* y en las *Comedias bárbaras*. Luego, a su primitiva *Farsa de la cabeza del dragón* (1914), añadió en 1920 otras dos farsas en verso, *Farsa y licencia de la reina castiza* y *Farsa italiana de la enamorada del rey*, para formar así la trilogía intencionadamente titulada *Tablado de marionetas para educación de príncipes*. Las tres obras a las que puso explícitamente el subtítulo de «esperpentos», reunidas en el volumen *Martes de Carnaval* (1930), son *Los cuernos de don Friolera* (1921), *Las galas del difunto* (1926) y *La hija del capitán* (1927). Finalmente están sus últimas grandes novelas, *Tirano Banderas* (1926), y los dos volúmenes y medio que son el comienzo de su proyectado ciclo de nueve novelas bajo el título general de *El ruedo ibérico*: *La corte de los milagros* (1927), *Viva mi dueño* (1928) y la inconclusa *Baza de espadas,* que se publicó por vez primera en *El Sol* en 1932 (pero cuya temática está ya prefigurada en el breve relato dialogado *Tertulia de antaño,* aparecido en 1908 en la colección «El Cuento Semanal».

A pesar de la diversidad de temas, que resulta evidente incluso en este breve catálogo de sus obras de posguerra, existen unas características básicas comunes a todas ellas que intentaremos resumir a continuación. En primer lugar, todo procede de una visión acerbamente crítica de la realidad española (rural, ciudadana, plebeya, aristocrática, contemporánea, histórica), que procura degradar ya sea por un brutal «tremendismo» (*Divinas palabras,* las obras del *Retablo*), ya insistiendo en los rasgos más cruelmente ridículos (*Don Friolera,* las farsas), cuando no apelando a ambos recursos (las novelas). Esta visión implica una clara referencia a principios político-sociales de tipo revolucionario. Habitualmente, esta referencia significa poco más que una condenación genérica de la injusticia y la corrupción, como en la historia de la obscena barbarie y la hipocresía de los aldeanos de *Divinas palabras,* o en el retrato que hace de un imaginario dictador hispanoamericano en *Tirano Banderas.* Es improbable que la literatura de Valle-Inclán consiga frutos en cuanto a conseguir conversiones ideológicas, pero por lo menos deja bien claro que considera como enemigos del bien público a reyes, aristócratas, sacerdotes, oficiales del ejército, policías, políticos conservadores y burgueses.

Esta visión deformadora y degradante se logra en parte, como ya hemos dicho, privando a los personajes de cualquier dimensión de profundidad, comparándoles a animales, muñecos y fantoches, sorprendiéndoles y a menudo inmovilizándoles en posturas grotescas, negándose a admitir que pretenden decir o hacer algo diferente de lo que de ellos oímos y vemos. El enmarañado conflicto de identidades que tanto preocupaba a Unamuno, es así barrido y se reemplaza por la simple afirmación de que toda nuestra identidad es solamente lo que los demás ven en nosotros. Pero hay otro aspecto de los procedimientos deformadores de Valle. En una famosa entrevista que le hizo

Martínez Sierra (publicada en *ABC* el 7 de diciembre de 1928), hablaba de tres posibles perspectivas desde las cuales un autor puede ver a sus personajes: la visión homérica que les hace parecer seres sobrehumanos, la actitud shakespeariana de que son personas de carne y hueso como el autor, y la concepción «demiúrgica» que les hace «seres inferiores al autor, con un punto de ironía». Por lo común Valle-Inclán elige la tercera de estas alternativas. El valor de estos comentarios ya había podido apreciarse en *Los cuernos de don Friolera,* que ofrece tres versiones de la misma historia: la triste situación de la deshonra marital de Friolera, agravada por el hecho de que es militar, y que, como todo el mundo sabe, «en el Cuerpo de Carabineros no hay cabrones». La tercera versión es un romance de ciego andaluz, y representa con toda claridad una exaltación «de rodillas» del tradicional «héroe clásico» español, y como tal repugna al *alter ego* de Valle-Inclán, Don Estrafalario. La versión intermedia, que es la principal, sin dejar de ser en ningún punto un «esperpento», ha de considerarse como la menos irreal de las tres, y por lo tanto es interesante tener en cuenta que Friolera, aun siendo un absurdo títere, tiene también momentos de conmovedora humanidad cuando pide compasión y reconoce incluso lo absurdo de su situación. En estos momentos, evidentemente Valle-Inclán está viéndole desde una perspectiva «en pie», como de hecho ve a muchos de los personajes de sus obras posteriores, como Feliche Bonifaz de *El ruedo ibérico,* el indio Zacarías de *Tirano Banderas* o Fermín Salvochea de *Baza de espadas.* Pero la primera versión la tosca comedia de títeres del *bululú* gallego-portugués Fidel, es la que Don Estrafalario considera como el reflejo más auténtico de la realidad de los hechos: «¡Sólo pueden regenerarnos los muñecos del compadre Fidel!». El mismo mensaje se desprende de *Las galas del difunto,* en donde vemos el Don Juan Tenorio de Zorrilla reflejado en los espejos cóncavos del Callejón del Gato. Hasta que el público español sepa apreciar que el único modo adecuado de presentar a este héroe tradicional español es como el protagonista grotesco de una obscena farsa de feria, dice Valle-Inclán, nunca comprenderá el verdadero «sentido trágico de la vida española».

Las teorías de perspectiva expuestas por Don Estrafalario también se refieren al elemento temporal. Sin duda alguna ésta era una cuestión que preocupaba mucho a Valle-Inclán, aunque hay que admitir que sus conclusiones son notablemente oscuras. Don Estrafalario pondera, de un modo típicamente moderno, la importancia que tiene para todo arte un sentido de la inminencia de la muerte: «Todo nuestro arte nace de saber que un día pasaremos». Cuando entonces su amigo Don Manolito le acusa de desear ser Dios, él replica: «Yo quisiera ver este mundo con la perspectiva de la otra ribera». Ésta es una idea que está vinculada de un modo obvio con la filosofía gnóstica expuesta en la extraña formulación de una teoría estética que hace Valle-Inclán en *La lámpara maravillosa* (1916). Hay en este libro mucho esoterismo de pacotilla, pero casi todo él puede interpretarse perfectamente como una metáfora de la percepción artística, y en este aspecto sus teorías dieron frutos interesantes, no sólo en la originalidad de la estructura de sus últimas novelas [7], sino también, en un sentido más general, para lograr una perspectiva que rompa con la impuesta por el tiempo cronológico. Valle-Inclán estaba obsesionado por la idea de que sólo sustrayendo las cosas de la corriente del tiempo podía captarse su verdadero significado. También se inclinaba a aceptar la antigua creencia de que hay momentos en las vidas humanas, en especial los que preceden a la muerte, en los que todo parece inmovilizarse y quedar iluminado por un súbito resplandor ultratelúrico, mostrando así su significado eterno. Aunque no es imprescindible establecer una relación entre las dos ideas, ambas tienen sus raíces comunes en las teorías de *La lámpara*. Entre los «ejercicios espirituales» o temas para la meditación que hay en el libro, figuran afirmaciones como: «Cuando se rompen las normas del Tiempo, el

---

7. Véase Jean Franco, «The Concept of Time in *El ruedo ibérico*», BHS, XXXIX, 1962, págs. 177-187.

instante más pequeño se rasga como un vientre preñado de eternidad»; y «Sólo buscando la suprema inmovilidad de las cosas puede leerse en ellas el enigma bello de su eternidad». Nociones como éstas habían ejercido su influjo en el arte de Valle-Inclán desde el mismo comienzo de su carrera: un notable ejemplo es la congelación de personas y acciones formando un cuadro, con su «silencio de cosas inexorables» y «fatalidad de un destino trágico» en los momentos finales y decisivos de la *Sonata de primavera*. Pero sus repercusiones más importantes en sus procedimientos literarios están en su costumbre de presentar la visión de la realidad en «cuadros» estáticos y sintéticos, en vez de hacerlo valiéndose de un desarrollo narrativo. Aunque todas las obras de Valle-Inclán tienen una sucesión de hechos lineal, cronológica, la verdad que desea comunicarnos no se desprende del desarrollo de la acción, como suele ocurrir en la literatura. El lector no necesita conocer el desenlace para captar la verdad. Por ejemplo, el descubrimiento de que finalmente Friolera mata a su hija cuando apuntaba a su mujer y al amante de ésta, no añade nada a nuestra comprensión de su caso. En cierto sentido puede parecer que la estructura circular de las novelas de *El ruedo ibérico* [8] atenta contra esta técnica, pero es indiscutible que la plena comprensión de lo que se nos sugiere en el capítulo primero de *La corte de los milagros* o de *Viva mi dueño,* depende no sólo de relacionarlo con el capítulo noveno, sino también de haber pasado por los «círculos concéntricos» de los dos capítulos intermedios. Pero tampoco aquí importa el desenlace. Queda muy claro que la estructura circular es esencialmente un intento más de romper con lo que Valle-Inclán consideraba el error de tratar de comprender la realidad como una sucesión cronológica de hechos.

Finalmente, el elemento más importante que da unidad a toda la obra de Valle-Inclán es el asombroso empleo que hace del lenguaje. Del mismo modo que se proponía romper la realidad en fragmentos y volverlos a moldear en obras de arte

8. *Ibid.*

completamente distintas de su modelo original, pero provistas de una interpretación sugestiva y de vigorosos comentarios, Valle-Inclán echa mano de una multitud de recursos lingüísticos y los mezcla en un instrumento expresivo inimitablemente personal. Parte de lo que durante un tiempo se creyó que era el resultado de una increíble capacidad de invención lingüística, resulta tener de hecho sus raíces en otras obras, incluyendo las suyas propias, ya que Valle-Inclán era muy dado a refundir sus propios materiales anteriores [9]. Pero pese a la maliciosa frase de Julio Casares (según la cual en la obra de Valle-Inclán, como en la naturaleza, nada se pierde ni se destruye), el enorme talento del escritor para transformar materiales ajenos en creaciones brillantemente originales ha suscitado una creciente admiración en vez de disminuir su prestigio. En su lenguaje, su máximo logro es, sin duda, lo que Antonio Risco, en un estudio reciente (*La estética de Valle-Inclán*), llama «nivelación de jerarquías», o citando a Juan Ramón Jiménez, «un habla total». Es decir, que su estilo literario funde una gran diversidad de modos lingüísticos —metáfora poética, jerga callejera madrileña, americanismos, gallego popular, afectación de la alta sociedad, caló y habla del hampa, sus propios ingeniosos neologismos— que en un escritor de menor talla hubieran dado un conjunto discordante y torpe, pero que aquí producen un instrumento lingüístico de una extraordinaria concisión, fuerza e ingenio. *La lámpara maravillosa* es la mejor prueba de la gran preocupación de Valle-Inclán por crear un estilo literario que según él debía redimir el lenguaje de su país del insípido seudotradicionalismo y de la pomposidad académica en que había caído. La espléndida y exuberante inventiva de sus últimos años, sobre todo en *Tirano Banderas* y en *El ruedo ibérico,* proporciona los medios para la gracia y la esperanza de la gloria en esta redención. Sus obras, como las de Unamuno, están por fin atrayendo la atención como contribuciones que

---

9. Véase Emma Susana Speratti-Piñero, *De «Sonata de otoño» al esperpento,* Londres, 1968, *passim.*

son de primer orden a la moderna literatura europea. Pero a diferencia de Unamuno, y por desgracia para la fama que merece Valle-Inclán como escritor de importancia universal, sus admirables dotes estilísticas, emparejadas con su preocupación por «el sentido trágico de la vida española», hacen que la mayor parte de su obra sea prácticamente intraducible. Basta recordar los problemas que presentan los simples títulos de sus obras —*Los cuernos de don Friolera, La corte de los milagros, Baza de espadas,* o incluso *El ruedo ibérico*— para comprender hasta qué punto la explosiva capacidad de alusiones que contiene su lenguaje iba a perderse en la lengua de otra cultura.

Pío Baroja (1872-1956) [10] es un fenómeno muy desconcertante dentro de la historia literaria de este período. Aunque sin lugar a dudas está íntimamente relacionado con sus contemporáneos más destacados por su visión filosófica, su arte literario no puede ser más diferente de las características predominantes en la prosa narrativa de comienzos del siglo xx, y contradice la mayoría de las afirmaciones generales que se han hecho al principio de este capítulo. No obstante (o tal vez precisamente debido a esto) su fama es muy grande, especialmente en España, donde de entre toda su generación de grandes escritores, parece ser hoy por hoy el más leído y admirado. Su influencia en la novela española del período posterior a la guerra civil ha sido incomparablemente mayor que la de todos sus contemporáneos juntos. Los lectores extranjeros de Baroja pueden sentirse desconcertados, pero se trata de un hecho indiscutible que nunca debe olvidarse.

Quizá sea improcedente empezar a describir las novelas de Baroja como su «arte literario». Este individualista irascible y bastante ingenuo que protesta contra casi todo —la religión y la Iglesia, todos los sistemas políticos, el Estado, España y los españoles, los judíos, los franceses, etc., la lista sería intermi-

10. Para la contribución de Baroja a la *weltanschauung* colectiva de los intelectuales españoles durante la primera parte del siglo, véase Shaw, *op. cit.,* págs. 239-245.

nable— se oponía también a la cultura. Sus teorías sobre la
creación literaria [11] pueden resumirse en tres afirmaciones principales: que el arte es inmensamente inferior a la vida, y que
por lo tanto debe basarse en la observación de ésta; que el
estilo ideal consiste en expresarse de una manera breve, directa
y precisa; y que la novela es un género informe y sencillo que
ha de juzgarse según su capacidad de entretener al lector. Claro
está que en estas teorías hay que tener en cuenta un cierto
grado de provocativa exageración, debida tanto a la notoria
inseguridad de Baroja como a su desaprobación de artificios
estéticos como los usados por Valle-Inclán, sin olvidar el impacto del alegato antirrealista de Ortega o las primeras críticas
que se hicieron a sus propias obras, a las que se reprochó el
estar «mal escritas». Baroja llegó a sugerir incluso que, como
había abandonado la profesión de médico y no había conseguido
llevar adelante una tahona, lo único que podía hacer era dedicarse a escribir novelas. La dosis de afectación que había en
estas actitudes se echa de ver en la gran cantidad de opiniones
que publicó Baroja acerca de cómo había que escribir novelas,
y también en afirmaciones que suenan de un modo muy diferente, como por ejemplo «escribir con sencillez es muy difícil
y exige mucho tiempo». Pero su propósito de no distinguir
entre literatura como arte y literatura como diversión era completamente sincero, y la nunca desmentida afición de Baroja por
libros de aventuras de tipo popular es un importante elemento
en su formación de escritor.

Pero lo que en resumidas cuentas desconcierta más en Baroja
no es su estilo escueto ni su voluntad, tan al margen de las
modas del momento, de dirigirse a un público amplio, sino su
extraordinario desdén por todos los recursos tradicionales del
arte de novelar. No es posible dejar de preguntarse hasta qué
punto la alta estima en que se le tiene se debe realmente a su
actitud ante la vida más que a su modo de escribir. Su visión

---

11. Véase Shaw, *op. cit.*, págs. 239-240, y D. L. Shaw, «A Reply to *Deshumanización:* Baroja on the Art of the Novel», *HR,* XXV, 1957, págs. 105-111.

del mundo, a la vez honesta, displicente y pesimista, con un profundo sentido de compasión y de ansias de justicia moral, es noble y seria. Las acusaciones de que el contenido filosófico de sus novelas es trivial e ingenuo, son injustas. Baroja, que había leído mucho y asimilado muy bien sus lecturas, poseía una gran capacidad para expresar una visión filosófica coherente de la vida moderna con las necesarias sencillez y claridad, y nada hay de ingenuo ni superficial en la sustancia intelectual de novelas como *El árbol de la ciencia* o *La sensualidad pervertida;* lo único que ocurre es que la costumbre de Baroja de hablar llanamente hace que su ideología sea fácil de entender, lo cual no siempre es un indicio de falta de profundidad. A diferencia de Valle-Inclán, Baroja ha convertido sin duda alguna a muchos lectores a sus puntos de vista: Gregorio Marañón es un elocuente testimonio del gran efecto que produjo en él y en otros camaradas juveniles la lectura de la amarga trilogía barojiana de *La lucha por la vida* (1904-1905) [12]. Marañón dice que estas novelas fueron como tres brechas en el muro de ceguera egoísta que la burguesía había levantado en torno a sí misma para ignorar la miseria de la mayoría de los españoles a comienzos de siglo, y atribuye a Baroja un papel decisivo en la creación de la conciencia social de la clase media de su época.

Éstas son virtudes muy sólidas, y si Marañón no se equivoca, Baroja merece, como él dice, la consideración de un escritor de primera magnitud, pero no son cualidades que por sí mismas tengan que ver con la literatura como arte. Desde una óptica estrictamente literaria, y planteando la cuestión de un modo tan neutral como sea posible, el lector de una novela típicamente barojiana tiene que renunciar a muchos de los principios por los que está acostumbrado a juzgar los valores de una producción narrativa. La costumbre más importante que tiene que abandonar es la de suponer que el leer atentamente una novela, prestando una cuidadosa atención a la manera cómo se dicen las cosas, le permitirá comprender mejor su significado

12. Véase G. Marañón, *Obras completas,* Madrid, 1966, I, pág. XVI.

y sus propósitos que si lleva a cabo una lectura rápida y superficial. La idea comúnmente admitida de que en una buena
novela los personajes y los sucesos tienen que significar algo
que está más allá del sentido inmediato que proporciona la
ilación narrativa, y el empleo tan generalizado en la novelística
de imágenes simbólicas o alusivas destinadas a dar cuerpo y
vitalidad a la visión del autor, son cosas que es mejor olvidar
cuando se lee a Baroja. En él, cuando se dan tales rasgos,
parecen surgir por puro accidente, sin que su autor se dé cuenta.

Su ausencia significa que las preguntas que uno suele formularse acerca del significado de uno de los elementos inte-
grantes del libro y de su relación con la estructura total de la
obra, en este caso acostumbran a estar fuera de lugar. En este
sentido las novelas de Baroja son como sacos en los que va
metiendo las cosas más dispares que no tienen otra función que
la de contribuir a llenarlos. Es perder el tiempo tratar de
relacionar los elementos fragmentarios con una idea de conjunto, ya que el escritor no se proponía nada semejante. La rápida sucesión de anécdotas y sucesos inconexos en una novela
como *Zalacaín el aventurero* (1909) es muy posible que refleje
una tentativa bergsoniana de arrancar del tiempo cronológico
«esa duración real y concreta en la que el pasado queda ligado
al presente» [13], pero podemos estar seguros de que todo eso
tiene poco que ver con las intenciones de Baroja cuando escribió la novela. Las dos partes de *César o nada,* por ejemplo,
se equilibran admirablemente. La ociosa vida de César en
Roma, con sus interminables conversaciones y comentarios sobre la herencia cultural y religiosa de la Ciudad Eterna, proporciona un adecuado e ilustrativo preludio a su frenética
actividad en el bárbaro ambiente de Castro Duro, donde es
vencido por las fuerzas de la tradición y de la religión, y como
postrera ironía termina sus días como un esteta apolítico, famoso por su colección de antigüedades artísticas que tanto
había despreciado en Roma. Pero parece ser que no era así

13. Véase S. H. Eoff, *The Modern Spanish Novel,* Londres, 1962, pág. 173.

como Baroja veía la novela. La primera parte se sitúa en Roma porque Baroja había estado en Roma el año anterior, y había acumulado observaciones sobre sus visitas a monumentos y museos y la gente que había conocido en hoteles, y quería utilizar todo este material en una novela. Además, en posteriores ediciones del libro Baroja suprimió inexplicablemente la mordaz alusión final al derrumbamiento absoluto de los antiguos ideales de César, explícitamente descrita como su reducción a la «nada». En estas ediciones ni siquiera se nos dice si muere de las heridas causadas por los disparos que hacen contra él, convirtiéndose así en una víctima de sus principios, o si encuentra alguna modalidad de vía media entre ser César y no ser nada en la Castilla provinciana.

Se ha dicho que la narrativa lineal y episódica de Baroja representa un audaz intento de hacer un tipo de realismo más radical del que hasta entonces se había concebido. El propio Baroja era muy consciente de que las novelas realistas del siglo XIX más que imitar la vida, disponían sus elementos dentro de unos esquemas interpretativos que tenían un sentido dado. Tenía también la opinión, extraña pero interesante, de que existía un conflicto íntimo entre la ambición de dar una estructura coherente a una novela y la de presentar personajes llenos de vida, de modo que el novelista debía elegir entre escribir un libro con «un aire desordenado», o describir personajes con «un aire falso» [14]. Para Baroja, las grandes novelas son las desordenadas. Entre otras, menciona el *Quijote, Robinsón Crusoe, Rob Roy, Los hermanos Karamazov, David Copperfield* y *Guerra y paz*, todas ellas básicamente novelas episódicas, con una estructura determinada por el simple hecho de la presencia del protagonista, como ocurre en la novela picaresca, y, naturalmente, en las novelas del propio Baroja. Si pensamos en novelas como las de Unamuno, o en las novelas de tesis de tipo más tosco, es fácil ver adónde quiere ir a parar, pero como teoría del arte narrativo es muy discutible: hay

14. Pío Baroja, *Memorias,* Madrid, 1955, pág. 1.217.

multitud de novelas que combinan personajes extremadamente
vivos con una estructura conceptual bien trabada y con lo que
Baroja llama, con un leve dejo de desaprobación, un «argumento cerrado y definitivo». Sin embargo, sus comentarios
dejan bien claro que la característica incongruencia de sus
propias novelas está destinada a darnos la impresión que la
mayoría de las veces suele darnos la vida —una sucesión for-
tuita de hechos desligados e insignificantes— y que a Baroja
puede atribuírsele por lo tanto un deseo consciente de hacer
caso omiso de lo que durante treinta siglos se ha considerado
como una de las principales funciones del arte: la de organizar la experiencia según unos esquemas significativos. La total inconexión de diversos pasajes de los libros de Baroja puede
llegar a ser verdaderamente turbadora: cuando leemos, por
ejemplo, en el capítulo tercero de *Aventuras, inventos y mix-
tificaciones de Silvestre Paradox* (1901) que entre las figuras
que poblaban el mundo infantil de Silvestre había una mujer
llamada La Chaleca, «mujer estrafalaria, vestida de una manera
chocante, que a veces tenía la ocurrencia de ponerse una almoha-
da sobre el vientre debajo de la falda para hacer creer que
estaba embarazada», es difícil evitar el impulso de preguntarse
qué está haciendo este personaje en la novela, o como mínimo,
por qué hace una cosa tan extraña. Pero las palabras citadas
constituyen la única referencia que hace Baroja a La Chaleca.

Por lo que se refiere a su manera de escribir, la tan citada
afirmación de Baroja del ideal de la acción por la acción, asume
aquí un significado muy especial. Aunque muchas de sus novelas expresan una actitud coherente ante la vida, ésta siempre
ha de buscarse en lo que dicen los personajes, no en lo que
hacen. Hasta la curiosa alegoría satírica *Paradox, rey* (1906),
donde por una vez la historia quiere «significar» algo, está casi
toda en forma dialogada. En muchas de sus novelas más famosas los personajes apenas hacen algo más que hablar, y la
acción de libros como *La ciudad de la niebla* (1909), *El árbol
de la ciencia* (1911), *El mundo es ansí* (1912) o *El gran tor-
bellino del mundo* (1926) tiene a menudo una importancia

solamente marginal respecto a las ideas expresadas en las conversaciones, que constituyen la verdadera sustancia de las novelas. Pero Baroja también escribió libros que son casi enteramente de pura acción. Sus historias marineras, como *Las inquietudes de Shanti Andía* (1911), *El laberinto de las sirenas* (1923), *Los pilotos de altura* (1929), *La estrella del capitán Chimista* (1930), han sido comparadas a las de Conrad, pero es mucho más probable que al lector inglés le recuerden a Stevenson o al capitán Marryat (Baroja había leído a estos tres autores, y sentía admiración por ellos). Su acción no tiene efectivamente más fin que la acción misma. A las «inquietudes» de Shanti Andía raras veces se les permite interrumpir la notable acumulación de aventuras de navegantes, muchas de ellas completamente fantásticas, con tesoros ocultos, trata de esclavos, motines y otras emocionantes peripecias en los últimos días de la navegación a vela. La acción por la acción es también el tema del ciclo *Memorias de un hombre de acción* [15], en las que, debido al período histórico descrito (que va desde la guerra de la Independencia hasta mediados del siglo XIX), la comparación con los *Episodios nacionales* de Galdós es inevitable, aunque ambos ciclos tengan motivaciones muy diversas. La intención de Galdós era dar una interpretación del pasado que pudiese contribuir a explicar el presente; según esto, eligió los temas por su importancia histórica, aunque luego convirtiese la historia en novelas al verla a través de la experiencia personal de una serie de personajes ficticios. Baroja hace todo lo contrario: aunque su protagonista es un personaje en principio histórico, las *Memorias* de Aviraneta son tan sólo una sucesión de aventuras personales, y no se preocupa por dar una interpretación amplia o profunda ni de la historia de este período ni de la personalidad de su héroe.

Es forzoso reconocer que la narrativa de acción es en Baroja de una calidad sumamente pobre, y que carece del mínimo de hondura sicológica exigible para explicar las moti-

15. Véase Shaw, *op. cit.*, pág. 241.

vaciones de los personajes (a pesar del deseo de Baroja de que parezcan vivos), y que el conjunto en resumidas cuentas resulta muy monótono. La única disculpa que pueden tener estas descabelladas aventuras es el que, en este batiburrillo de cosas dispares que Baroja ha metido en su saco, hay algunas magníficas. El valor de Baroja estriba no en haber escrito grandes novelas, ni siquiera dos o tres, sino en el hecho de que sus novelas contienen siempre algunas páginas admirables. Además de las sólidas virtudes ya mencionadas, y además de su sinceridad y de su honradez intelectual, es un verdadero maestro en dos aspectos del arte de novelar: la conversación y la descripción. Las mejores conversaciones de sus obras son apasionantes y convincentes. Aunque están característicamente destinadas a informar al lector acerca de las actitudes ante la vida que adopta el protagonista, y así adoptan la forma de un argumento con alguien que disiente de él, el interlocutor nunca es un simple fantoche socrático, sino que defiende un punto de vista distinto con el suficiente vigor y convicción como para dar al lector, y a veces al protagonista, verdaderos motivos de preguntarse quién tiene razón. El habla es también realista en el sentido de que está todo lo lejos que pueda imaginarse de los elegantes coloquios domésticos de una Jane Austen o un Valera. Los personajes de Baroja dudan, se contradicen, se indignan o se impacientan, se encuentran, en un momento dado, faltos de las palabras que necesitan y caen en la trivialidad o en el insulto de un modo que es normal en la vida, pero completamente desacostumbrado en la literatura.

Pero lo que más se recuerda después de haber leído una novela de Baroja es una sensación de lugar, de atmósfera física. Su fuerza descriptiva es difícil de analizar, pero es este aspecto el que permite comprender mejor el sentido de su comentario sobre la dificultad de escribir con sencillez, porque no se trata de una manera de nombrarlo todo con exactitud, ni de escribir de un modo «llano», «gris» o desaliñado, como algunos han dicho. Las imágenes y las metáforas no abundan, es cierto, pero los componentes de cada escenario que se describe han sido elegidos con gran esmero y habilidad, y a menudo se embellecen con una considerable riqueza de epítetos. Aunque Baroja, si quiere, puede darnos una vívida impresión de una vieja ciudad castellana, pintoresca y bañada por el sol, como el Castro Duro de *César o nada,* sus mejores descripciones corresponden a grandes ciudades modernas. No es fácil que ningún lector de la trilogía *La lucha por la vida* olvide la manera cómo, sin ningún género de falsificación, Baroja consigue describir la tristeza, la sordidez y la fealdad de los barrios bajos de Madrid en términos de una experiencia estética profundamente impresionante que también nos transmite a pesar de todo un sentido de vitalidad que a veces está cerca del auténtico optimismo.

Naturalmente, estas descripciones no dejan de figurar en las antologías de literatura española más al día, y en cierto sentido, no deja de haber una razón para ello, ya que (aparte de su conveniente brevedad), siguen siendo esencialmente retazos sueltos del saco, y como tales es más lógico que figuren en una antología que un fragmento tomado de una novela de Unamuno, por ejemplo. Pero, por otra parte, la habilidad de Baroja para evocar una atmósfera física es lo que da a muchas de sus novelas su verdadera fuerza y su personalidad. En *La ciudad de la niebla,* por ejemplo, lo que cautiva la imaginación y caracteriza a Baroja como escritor, no es lo que cuenta de las aventuras de un grupo de desharrapados revolucionarios, ni siquiera los comentarios sobre la vida que hacen María y sus amigos en Slough y el Soho, sino la sensación de estar en el Londres, e incluso en el Slough, de esta época. Éste es el valor más perdurable de Baroja como artista de la literatura. Un valor poco frecuente en la época de Unamuno y Valle-Inclán, pero naturalmente ésta no es razón para que los tres no merezcan un lugar preeminente dentro de la historia de la literatura.

Á diferencia de Baroja, siempre fiel a los criterios y al estilo literario que desarrolló cuando era un joven miembro de la generación del 98, y cuyas novelas por lo tanto cambiaron

muy poco en el curso de los cincuenta años de su carrera literaria, Ramón Pérez de Ayala (1880-1962) fue siempre un
infatigable experimentador literario. Tras haber contribuido
de un modo importante a la característica narrativa de la generación del 98 en los primeros años del siglo [16], sus experimentos adoptan la típica forma del siglo xx de poner en tela
de juicio la validez artística del realismo tradicional, insistiendo
en la diferencia entre arte y vida al distraer la atención del
lector de la descripción y de la anécdota y dirigirla hacia el
tratamiento artístico y nuevos planteamientos de los problemas
de perspectiva. Su rebeldía juvenil pervive en su obra durante
muchos años. A sus novelas se les ha reprochado el ser excesivamente intelectualizadas, nihilistas y pornográficas y, en efecto, el lector tiene que pensar a menudo en esta triple herencia
de su educación con los jesuitas: una vasta y sólida cultura que
a menudo se manifiesta en un gusto por la pedantería que se
complace en sí misma; ausencia de toda creencia religiosa; y
una cierta preocupación morbosa por los aspectos sórdidos de
las relaciones sexuales.

Su primer experimento narrativo después de *Troteras y
danzaderas* (1913), fue la trilogía *Prometeo, Luz de domingo* y
La caída de los Limones (1916), que Pérez de Ayala consideraba como una transición entre su primer período y los posteriores. El subtítulo de la trilogía, «Novelas poemáticas de la
vida española», explica por qué. Al igual que en las cuatro
novelas anteriores, uno de sus objetivos es dar una visión
sumamente desagradable de España, tierra de esperanzas frus-
tradas, de una brutalidad salvaje, de una ruindad odiosa, de
corrupción pública, de atraso y degeneración. Las tres historias
retratan un mal peculiarmente nacional que Alberto de Guzmán
había descrito a Teófilo Pajares después de la representación de
la obra de este último en las *Troteras*. Los españoles, decía,
tienen anhelos de ideal y de infinito, aspiran a ser como Dios,
pero mientras fracasan en el intento de conseguir este ideal,

16. Shaw, *op. cit.*, págs. 249-253.

fracasan también incluso en el de convertirse en hombres. Las historias de Marco Setiñano y de su hijo, de Cástor Cagigal y de Arias Limón, constituyen tres tragedias humanas que ilustran la teoría, e insisten en el carácter nacional del dilema.

Sin embargo, desde el punto de vista estilístico estos relatos se apartan de la técnica de las *Troteras,* que era fundamentalmente realista e inspirada de un modo directo en la vida, a pesar de sus frecuentes alusiones eruditas a obras literarias en los títulos de los capítulos. En las «novelas poemáticas» estas alusiones determinan la estructura de las historias, sobre todo en *Prometeo,* que es, más que la historia de Prometeo, la de Ulises. La función de este empleo de la antigua literatura es, claro está, fundamentalmente reducir la importancia de lo que ocurre en la obra y llamar la atención hacia lo que el autor hace de la historia en esta versión nueva. Al comienzo del *Prometeo* Pérez de Ayala dice con toda franqueza que el lector ya conoce la historia que va a contar. En el hecho de situar a Homero en un ambiente moderno español hay que reconocer en parte un simple tipo de juego intelectual que a Pérez de Ayala le divierte hacer y que puede reportar al lector también la relativa satisfacción de observar que el moderno Tiresias es (probablemente) Unamuno, además de otras supuestas identificaciones de esta clase. Pero existe también un objetivo más serio que es el de hacer un comentario sobre la vida moderna con su constante degradación del modelo original, anticipándose así a la deformación valleinclanesca de los héroes clásicos en el «esperpento». Con lo cual, si por una parte nos tropezamos con bromas un boco bastas, como la de dar a la nueva Nausica el nombre de Perpetua Meana, el Prometeo del final de la historia tiene todavía más de monstruo trágico que el «nuevo Prometeo» de Mary Shelley y de los románticos. Semejantemente, en *Luz de domingo* la versión moderna de la leyenda de las hijas del Cid se convierte en una sórdida tragedia en la que no queda ya ninguna esperanza de justas represalias contra los violadores, mientras que en *La caída de los Limones,* el espíritu heroico de los conquistadores, cuya sangre corre por las venas de la familia Limón, se manifiesta en los tiempos modernos por un acto casi demente de violación y crimen.

Estas historias se denominan «novelas poemáticas» no por los versos que encabezan cada uno de sus capítulos (que faltaban en su primera edición como obras sueltas), sino por su peculiar tono simbólico y hasta mítico de hechos de alcance universal. La justificación que da Pérez de Ayala de este experimento (que también emplea en los cuentos reunidos en el volumen *El ombligo del mundo;* 1924) es interesante, pero no acaba de ser del todo satisfactoria. Los poemas, dice, aspiran a expresar la verdad «por un procedimiento más directo y sintético que analítico» [17]. En otro lugar observa que «muchas y enfadosas descripciones naturalistas ganarían en *precisión y expresividad* si se les cristalizase en un conciso poema inicial del capítulo» [18]. De este modo, como si fueran un coro griego, reducen todavía más el interés anecdótico, como diciendo: «esto es lo que va a ocurrir; ahora atención a cómo ocurre». Pero, lo que es más importante, la mezcla de verso y prosa hace realidad una idea que es el verdadero núcleo de toda la obra de Pérez de Ayala hasta 1921, y que iba a ser el tema mismo de su siguiente novela: la doble perspectiva de espectador y de actor desde las que podemos presenciar el drama humano, el nuestro y el de los demás. En su libros hay personajes que pasan, a menudo de un modo súbito, de una perspectiva a otra. Un llamativo ejemplo es la brusca transformación de Alberto de actor a espectador, al final de sus relaciones con Meg en *La pata de la raposa;* a partir de entonces, «Alberto consideraba la vida como una obra de arte, como un proceso del hacer reflexivo sobre los materiales del sentir sincero, imparcial». *Troteras y danzaderas* amplía la idea y la fuerza de este «imparcial», en las observaciones que hace Alberto a las reacciones de Verónica ante *Otelo.* Verónica tiene la facultad de identificarse sucesivamente con todos y cada uno de los per-

17. Prólogo a *Troteras y danzaderas,* Buenos Aires, 1942, pág. 19.
18. Prólogo a *Poesías completas,* Buenos Aires, 1942, pág. 14.

sonajes, viviendo sus dramas desde dentro como si fuesen propios. Al carecer de la visión del espectador-artista, sus reacciones son en cierto modo caóticas, pero no por eso Alberto deja de admirarlas.

Por lo tanto, el espectador y el actor pasan a ser dos modalidades de comprender la vida, ambas insuficientes en sí mismas. Luego Alberto las identifica con lo que él considera las dos mayores virtudes humanas. La perspectiva objetiva del espectador engendra un sentido de justicia (así sabemos que Otelo se equivoca y que Yago es un malvado), y la capacidad subjetiva, «lírica», de penetrar en el drama produce tolerancia (así Verónica comprende honda y compasivamente los motivos que impulsan a Yago al mal). Los poemas de las «novelas poemáticas» adoptan claramente la perspectiva del espectador, y tienen a menudo una visión de los hechos objetiva, armoniosa y sintética. En cuanto a la parte en prosa, representa el drama en una narración de emoción y de experiencia humanas, de modo que veamos y sintamos lo que los hechos significan para los individuos que se ven implicados en ellos.

La siguiente novela de Pérez de Ayala, *Belarmino y Apolonio* (1921), es su experimento más ambicioso en la exploración de una perspectiva dual. Apenas tiene acción en el sentido normal de este término. En el centro del libro hay una novelita sobre la fuga y el regreso de Pedrito y Angustias, pero esto es poco más que un pretexto para proporcionar materia a las teorías que van a elaborarse. La novela, a pesar de su corta extensión, contiene muchos y variados materiales, no siempre dispuestos de un modo armónico. Pérez de Ayala nunca se resiste a desviarse de su propósito principal para jugar con una idea que le divierte —la importancia de la pubertad y la meno pausia en la experiencia mística, la idea de que se duerme a velocidades diferentes—, aunque algunas de estas aparentes digresiones, como la larga disquisición de Guillén sobre el breviario y la primitiva historia de la Iglesia, tengan una relación importante y a veces sutil con otras partes de la novela. Y el segundo capítulo, que Pérez de Ayala, como Unamuno, aconseja irónicamente al «lector impaciente de acontecimientos» que pase por alto, contiene la esencia de la teoría de la «visión diafenomenal» en la que se funda toda la novela. El capítulo termina con la sugerencia, tan característica del siglo XX, de que ahora que el artista Lirio ha sacado un apunte tan hermoso de una calle tan fea, la calle debería arrasarse.

El conjunto de perspectivas que componen la estructura de *Belarmino y Apolonio* es sumamente intrincado, y hay que hacer notar que los experimentos de perspectiva no se limitan ni mucho menos a la dualidad de puntos de vista representada por los dos zapateros. De acuerdo con las teorías de Lirio y Lario, los mismos hechos se cuentan a menudo desde distintos enfoques y situaciones temporales. Al comienzo Don Amaranto de Fraile nos recuerda la antigua división de métodos de investigación filosófica en aristotélico-relativista-científico y platónico-absolutista-religioso, división que tiene mucho que vez con el posterior fracaso filosófico de Belarmino. Los personajes se conocen por nombres diferentes según las personas que los nombran, y diversos estilos narrativos se mezclan de un modo libre y no deliberado: de esa forma, aunque las diferencias pueden invariablemente definirse como dicotomías, la visión total de la novela es multifenomenal más que diafenomenal. Pero en el centro de todo hay siempre la misma cuestión básica de espectador y actor, personificada en las grotescas exageraciones de los dos remendones que no cejarán en su empeño hasta el final. La teoría de las *Troteras* y lo puesto en práctica en el *Prometeo* se convierte ahora en algo más complicado, ya que aunque estamos aún ante la idea de Pérez de Ayala de que la pluralidad de perspectivas es recíprocamente complementaria, y de que el mundo sólo puede ser debidamente entendido combinando éstas, la novela vuelve a plantear la cuestión de qué perspectiva —la del filósofo Belarmino o la del dramaturgo Apolonio— es en realidad la del espectador y la del actor. Incluso esta cuestión se trata en términos duales, ya que el prólogo y el epílogo de la novela adoptan actitudes contradictorias respecto a las mismas actitudes representadas por los dos zapa-

teros incompatibles. Al principio parece, como indica Don
Amaranto, que podemos identificar la visión filosófica de Belarmino con la visión despegada y total de un espectador, y el
instintivo histrionismo de Apolonio con el entusiasmo de un
actor que sólo piensa en interpretar su papel. Pero también es
cierto, como arguye El Estudiantón, que la supuesta contemplación imparcial de la marcha del mundo en Belarmino queda
destruida por su profunda respuesta emocional a la pequeña
tragedia de su hija adoptiva, después de lo cual cae en la «ata-
raxia» y deja de filosofar. Por otra parte, Apolonio, que habla
en verso, escribe dramas y reacciona ante todas las situaciones
eligiendo inmediatamente el papel adecuado que ha de representar, es un hombre insincero, que siempre resulta, dice El Estudiantón, el espectador de su propio drama. Por eso El Estudiantón afirma que la relación entre sus perspectivas polarizadas
es la opuesta de la que supone Don Amaranto, que sigue empeñado en su parecer. Y al llegar a este punto Pérez de Ayala
abandona a sus remendones y a sus comentaristas. Ambos
puntos de vista son sostenibles. Esto es lo que significa el perspectivismo.

En el momento de su aparición *Belarmino y Apolonio*
atrajo muy escaso interés, incluso entre la minoría selecta de
lectores de la que hubiese podido esperarse que acogieran el
libro como una interesante experiencia dentro de la narrativa
moderna. Ya fuera por este motivo, ya porque creyera haber
agotado el tema espectador-actor, la siguiente novela de Pérez
de Ayala, publicada en dos partes, *Luna de miel, luna de hiel*
y *Los trabajos de Urbano y Simona* (1923), abandona el tema
—aunque varios de los personajes siguen experimentando diversas clases de «desdoblamiento»— y desarrolla en cambio lo
que en la obra primeriza de Pérez de Ayala habían sido sólo
rasgos secundarios. Los importantes elementos conceptuales
de *Belarmino y Apolonio* habían tendido a hacer olvidar el
hecho de que Pérez de Ayala maneja el lenguaje con una gran
seguridad y domina una amplísima gama de estilos, desde un
tono delicado de fantasía lírica a un realismo brutal que

choca y repugna y en el que no son infrecuentes los elementos
paródicos. Parte de su obra juvenil, recogida en *Bajo el signo
de Artemisa* (1924), suscita la imagen de los ejercicios literarios
de un colegial precoz «a imitación de» determinados escritores,
y es posible que en el fondo no sean otra cosa. Incluso en su
obra de madurez tiene la costumbre de adoptar cierto tono para
unos pocos párrafos y luego renunciar a él en favor de otro.
Su estilo entre bufo y pedante es a veces excesivamente rebus-
cado, como en una escena de *La caída de los Limones* en la que
Arias da un puntapié al perro Delfín y le hace volar por los
aires hasta caer en el regazo de Dominica. Mucho más aceptable es el recurso empleado en *Belarmino y Apolonio* de
presentar los temores de Felicita sobre la muerte de Novillo a
la manera de una antigua leyenda o cuento de hadas, ya que
ambos personajes son de todos modos caricaturas completamente antirrealistas. Pero si mientras en el *Belarmino* los diferentes estilos no siempre se combinan con fortuna, y dan así
la impresión de una ingeniosa taracea de diferentes clases de
virtuosismo literario, en *Luna de miel* y su continuación Pérez
de Ayala logró dar forma a algo semejante a su propia versión
del «habla total» de Valle-Inclán, aunque el énfasis, a pesar
de los fragmentos de dialecto asturiano y de rudas descripciones de la vida campesina, se ponga siempre en la artificiosidad
elegante y en la ornamentación lingüística.

Como *Belarmino y Apolonio*, *Luna de miel* y *Los trabajos*
pretende varias cosas. La historia, si es que puede llamarse así,
trata de la educación de los niños, y así, como era de esperar,
no faltan alusiones a Platón, Calderón (*La vida es sueño*) y
—dado que el núcleo de la cuestión es el conocimiento sexual—
al Jardín del Edén, aquí deliciosamente transformado en el
bucólico paraíso de El Collado. Pero el experimento moderno
sobre la educación de un príncipe-filósofo también contiene
una tesis sobre las «mores» sexuales de la España contemporánea y la funesta influencia de la Iglesia. Un tema secundario
de *Belarmino y Apolonio*, el de cómo el Mundo, la Carne y la
Iglesia se alían para corromper la pureza del amor juvenil, se

ve aquí desde un ángulo diferente. Sin embargo ello no significa que Pérez de Ayala, ya en su madurez, se estuviera convirtiendo en un realista social y moralizante. *Luna de miel* y su continuación, aun careciendo de poemas, son obras más poéticas que las «novelas poemáticas», y transforman exuberantemente la insulsa realidad en materia artística. Los personajes son espléndidamente irreales —arquetipos, símbolos, caricaturas— y la acción es elegantemente convencional.

Además, como era de esperar, los ingredientes puramente literarios se mezclan entre sí con fines primordialmente de diversión. Don Cástulo sostiene un largo debate consigo mismo acerca de si lo que sucede es clásico o romántico, trágico o cómico, realista o mítico. Como de costumbre hay referencias a otras obras literarias: Dante, Goethe, Rousseau y, sobre todo, en el título de la segunda parte, la alusión al *Persiles y Sigismunda* de Cervantes, a la que tantas veces se ha aludido y que ha sido tan poco estudiada o explicada. De hecho, una atenta comparación de las dos novelas es reveladora del espíritu festivo de algunos de los juegos literarios de Pérez de Ayala que tan claramente ejemplifican varios de los puntos de la lista establecida por Ortega sobre las tendencias del arte moderno («[...] a hacer que la obra de arte no sea sino obra de arte [...] a considerar el arte como juego y nada más [...] el arte [...] es una cosa sin trascendencia alguna [...]»). Pérez de Ayala refunde buena parte de los materiales cervantinos, pero sólo en el sentido de que muchos de los incidentes del *Persiles* reaparecen, en un orden diferente y con una forma cambiada, en la *Luna de miel* y en *Los trabajos*. La situación básica entre las parejas de enamorados es obviamente similar y ambos libros examinan, cada cual a su manera, la relación existente entre el amor y el sexo, pero la comparación de las dos obras no contribuye en nada a esclarecer ocultos significados en la versión de Pérez de Ayala, ni siquiera a indicarnos cómo interpretaba él la novela, más bien enigmática, de Cervantes.

Tigre Juan y su continuación *El curandero de su honra*

(1926) representan el punto culminante de Pérez de Ayala mezclando elementos de realidad y literatura en una soberbia narrativa. *Tigre Juan,* obra más profunda y seria que *Luna de miel,* utiliza la leyenda, el arte, el folklore, el sicoanálisis y la observación directa de la vida para crear una apasionante novela que, significativamente, se vale de términos musicales para indicar el «tempo» de sus capítulos, ya que es una obra de gran armonía y belleza formal. El tema de Don Juan llegó a ser una verdadera obsesión para los escritores de este período, pero fue Leopoldo Alas, el maestro de Pérez de Ayala en la universidad de Oviedo, quien sugirió por vez primera en *La regenta,* de 1884, que la clave de la conducta de Don Juan podía ser su carácter afeminado. Pérez de Ayala desarrolló la idea apelando a los descubrimientos freudianos para establecer la teoría, posteriormente recogida en el análisis clínico de Marañón, de que Don Juan es el prototipo de los hombres con impulsos heterosexuales débiles y un fuerte sentimiento de inseguridad sexual que les empuja constantemente a reforzar la flojedad de su deseos sexuales con el estímulo de la novedad. En *Tigre Juan,* el análisis que hace el joven Colás de Don Juan como un niño que no ha crecido, proporciona la posterior explicación —nuevamente en la línea de Freud— de que la naturaleza de las primeras relaciones de un hombre con una mujer (su madre) afecta a todas las demás.

Pero *Tigre Juan,* como queda bien claro por el título de su segunda parte, trata sobre todo del arquetipo diametralmente opuesto, Otelo, o el «marido calderoniano» que sospecha —como Tigre Juan llega efectivamente a decir— que todas las mujeres, exceptuando a la Virgen María y a su madre, son deshonestas de un modo innato, y que por lo tanto espera impacientemente a que su esposa le traicione, premedita su venganza y cuando imagina que el momento fatal ha llegado, manifiesta su profundo e intenso amor y su veneración en el acto culminante de dar la muerte. Los efusivos y tiernos abrazos de Juan —a su difunta esposa, a los niños de la plaza del mercado, a Colás y a Vespasiano— son potencialmente asesinos, como a menudo comprueban las víctimas. Una vaga conciencia del hecho llega incluso a abrirse paso en la mente de Juan al final de la novela. La función del subconsciente, freudiano y jungiano, se incorpora con toda claridad a este relato de la vida campesina, no sólo en una serie de sutiles revelaciones que no permiten conocer la verdadera personalidad de este ceñudo y acomplejado hombre que odia a las mujeres, sino también en elaborados episodios marginales como los referentes al reconocimiento de los instintos maternales del padre, la costumbre ancestral de la «covada» y la ingenua tentativa de Juan de simular que da el pecho.

No obstante, lo que más impresiona en esta hermosa novela no es su presentación de unos arquetipos polarizados, ni sus sondeos de profundidades sicológicas, sino la orquestación soberbiamente dirigida de sus partes. A pesar de que *Tigre Juan* retrata la realidad de un modo más directo que ninguna otra de las novelas de Pérez de Ayala desde *Troteras y danzaderas,* es pese a todo un mito poético. Un difícil equilibrio y una improbable amalgama se consiguen plenamente y se representan del modo más conciso en el personaje de Doña Iluminada: persona bien de carne y hueso, llena de sentido común, resignada a la realidad que percibe de una manera mucho más clara y honda que todos los demás de la novela, es por todo eso una esencia espiritualizada, remota y misteriosa de mujer, cuya personalidad impregna la novela como un perfume o una melodía. Lo mismo puede decirse, aunque en menor grado, de Colás y Herminia, personajes cuya esencia se capta con la economía de medios, la precisión y la vivacidad (como soñadas) de la mejor poesía. Esto es lo que da al libro su carácter mítico y, aunque haya personajes secundarios que proporcionan el realismo prosaico y la tosca comedia de la vida real, los principales son esencias puras que obran y hablan desde el centro de su experiencia y excluyen las anécdotas triviales de la vida. La conversación entre Herminia e Iluminada, por ejemplo, cuando esta última decide que Herminia reúne las condiciones para ser la esposa de Tigre Juan, no es realista. Los habitantes de Oviedo o de cualquier otra ciudad real no tienen el don de depurar sus pensamientos y emociones hasta convertirlos en diálogos quintaesenciados como éstos. Y sin embargo, no «hablan como un libro»: su lenguaje es natural de un modo que el arte puede inventar, pero que la naturaleza no puede copiar. Liberados de todo lo amorfo y lo disperso de las conversaciones y los actos verosímiles, los personajes expresan tan sólo el núcleo verdadero y significativo de su ser. De este manera, *Tigre Juan* y *El curandero de su honra* extraen un poema de la realidad humana, un poema que ya existe, que ya está presente, pero que necesita del artificio del poeta para separarse de la escoria insignificante que lo oscurece en la vida real.

Con *Tigre Juan* y *El curandero de su honra* termina la carrera de novelista de Pérez de Ayala, aunque entonces no tuviera más que cuarenta y seis años y pareciera estar ya en plena madurez creativa, y a pesar de que aún vivió treinta y seis años más. Nadie sabe exactamente por qué no volvió a cultivar la narrativa. En los años siguientes estuvo muy ocupado. Su fidelidad a la causa de la República fue recompensada con el puesto de embajador en Gran Bretaña (que abandonó al triunfar el Frente Popular en las elecciones de 1936) y la guerra civil hizo que se exiliara a la Argentina, de donde regresó definitivamente a Madrid en 1954. En sus últimos años escribió bastante, pero su producción en este período es muy trivial, insípidos artículos académicos para la primera página de *ABC* y cosas por el estilo. Al parecer Pérez de Ayala fue hombre perezoso y amante de la comodidad que aceptó fácilmente el hecho de que las novelas que había escrito no hubieran sido precisamente éxitos en el terreno comercial, por otra parte consideró imposible, tras su retorno a España, publicar el tipo de narrativa que había escrito antes de la guerra, así se limitó a no molestarse en perseverar en la vocación que hizo de él uno de los mejores novelistas españoles del siglo xx.

Gabriel Miró (1879-1930), aunque nació un año antes que Pérez de Ayala, tardó más en dar muestras de su gran talento.

Su contribución a la literatura de la generación del 98 fue nula, y su obra anterior a 1910 de muy escaso relieve. El propio Miró renegaba de lo que había escrito antes de 1904, y es muy posible que de haber vivido más tiempo hubiese eliminado todavía más escritos de su época juvenil, negando su autorización para que se incorporasen a sus obras completas. Tras media docena de obritas de poco alcance, la publicación en 1910 de una novela más sustancial, *Las cerezas del cementerio,* señala un hito decisivo en su carrera. Es interesante observar que al final de esta novela, el protagonista, Félix Valdivia, hace una especie de inventario moral y filosófico que determina en él una nueva visión de las cosas. Se nos dice que en este momento «había florecido dentro de su alma ese aroma que pincha y deja perfume de resignación, y se llama Ironía». Aunque Miró ya había empleado la ironía con anterioridad a 1910, el nacimiento de esa visión irónica en Félix corresponde a un acentuado aumento de su uso a partir de *Las cerezas.*

Esta novela posee ya muchas de las características que Miró iba a desarrollar magníficamente en sus obras posteriores: la exultante intensidad y exuberancia en la expresión de la belleza como algo que se capta por todos los sentidos, pero sobre todo por los de la vista, el olfato y el gusto, ha sido observada por todos los comentaristas y lo mismo podría decirse de su prodigiosa maestría lingüística, de su vocabulario enormemente rico y de su regionalismo valenciano. Lo que se ha dicho con menos frecuencia es que la búsqueda de la belleza y de la felicidad en Miró va siempre unida a una preocupación por la fealdad y la crueldad, que suele manifestarse en actos de un sadismo gratuito que los seres humanos ejecutan sobre animales pequeños e indefensos. En *Las cerezas* procura dejar bien claro que el brutal Alonso, que a lo largo de la novela mata o atormenta a un lagarto, a un gallo de pelea, a una paloma, a un mendigo idiota y lisiado, a varias moscas y a un murciélago, no es ningún monstruo aberrante, sino la personificación del aspecto más oscuro de la vida, inseparable de su totalidad. No sólo nos enteramos de que una vez Alonso cuidó a un

perro enfermo con una paciencia prodigiosa hasta devolverle la
salud, sino también de que Félix, encarnación de la sensibilidad
estética y de las ansias de alegría, descubre en sí mismo idén-
ticos impulsos oscuros a los que provocan la brutalidad de
Alonso. En el preludio al horrible incidente del hombre que
muerde al perro, y en su decepción al enterarse de que la «vieja» envenenada es sólo una «oveja», Félix comenta lleno de
remordimientos el placer que le producen las emociones crueles y salvajes. Para Miró la belleza no es la verdad y no rehúye
la realidad vulgar para encerrarse y sutilizar sus impresiones
en un mundo artificial que le sea propio. Una vez más inter-
viene aquí la cuestión de la perspectiva. Sus procedimientos
artísticos, destinados a trascender los horizontes normales del
tiempo y del espacio serán examinados a continuación, pero
por lo que se refiere a Las cerezas la perspectiva es importante
en un sentido diferente. A veces se da por supuesto que Félix
es el portavoz de Miró, sin embargo no es así. La novela trata
de un joven cuya sensibilidad y avidez de experiencias de belleza deforma su visión de la realidad, como él mismo comprende poco antes de su muerte. A este respecto, donde Miró
es más escrupuloso y manifiestamente honrado es en el modo
de tratar el personaje de la «señora de Giner» a quien vemos,
en el curso de casi toda la novela, a través de los ojos de
Félix y así nos la imaginamos como un alma exquisitamente
romántica, ligada trágicamente a un marido grosero al que
detesta y teme. Pero después de la muerte de Félix, se nos
permite arrojar sobre ella una última y devastadora mirada, y
entonces la vemos como un ama de casa más bien obesa, tonta
y sonriendo afectuosamente a su marido, preguntándose por
qué aquel extraño joven había insistido tanto en que ella debía de ser desgraciada, « y con mucha ternura quitóle al marido
las moscas que le chupaban en los lagrimales» (OC, 427) [19].
    La perspectiva crítica con la que Miró contempla a sus per-

---

19. La abreviatura OC se refiere a las páginas de G. Miró, Obras completas, 4.ª ed., Madrid, 1961.

sonajes enamorados de la belleza es aún más clara en el caso de Sigüenza, figura central de tres libros que contienen anécdotas, descripciones y recuerdos de carácter breve e impresionista: *Del vivir* (1904), *Libro de Sigüenza* (1917) y *Años y leguas* (1928). De Sigüenza se ha dicho muchas veces que era el *alter ego* de Miró; si lo es, ello no impide al escritor utilizarlo constantemente para demostrar cómo el entusiasmo por las experiencias estéticas puede conducirnos a una falsa interpretación del mundo. Una y otra vez Sigüenza es devuelto a las realidades terrenas, deshinchando sus fantasías de un modo irónico, triste o violento. En «Una tarde», por ejemplo, un día soleado, Sigüenza pasea a orillas del mar, la belleza es tan perfecta que sus pensamientos se dirigen hacia la pureza y la inocencia del Jardín del Edén antes de la Caída. Durante su paseo tiene que presenciar una espantosa escena en la que unos niños ahogan deliberadamente a su perro, mientras contemplan sus lastimosos esfuerzos con una curiosidad fríamente inocente. Explican: «lo atamos para ver cómo se ahogaba un perro y todo lo que hacía», y el capítulo termina: «Y se quedaron mirando la paz y hermosura de la tarde, que eran como un perfume que llegaba a todos los corazones» (*OC,* 591). En «Sigüenza, el pastor y el cordero», el orden de los hechos se invierte, ya que Sigüenza empieza por horrorizarse al ver cómo se sacrifica un cordero, pero termina por comprender que la espléndida comida que éste le ha proporcionado era la causa principal de la serenidad beatífica con que contempla la belleza de la naturaleza en el jardín después de la cena. Sin duda alguna Sigüenza consagra su vida a la búsqueda de la belleza y de la alegría pero, cuando no la halla, Miró nos dice sinceramente qué es lo que ha encontrado.

Las ideas de Miró acerca de su propia literatura y los procedimientos empleados en su narrativa, subrayan el hecho de que estaba mucho más interesado en saber y comprender que en deleitar. En las numerosas afirmaciones teóricas dispersas en sus libros acerca de su manera de contemplar el mundo, palabras como «saber», «interpretar», «exactitud» y «realidad» son

las más importantes. La perspectiva se utiliza también como
ayuda para conseguir una comprensión más plena ya que, para
Miró, la distancia implica un encanto en un sentido muy peculiar. En primer lugar observa que «la dicha puede producirse
por causas que, definidas concretamente, no son dichosas» (*OC*,
649) y ello es evidente en algunas de las experiencias de Sigüenza, pero Miró va más allá del habitual convencimiento
de que recordar los momentos tristes de nuestro pasado produce placer, y elabora una teoría de la percepción más amplia,
que puede muy bien sintetizarse en estas palabras de *El humo
dormido*:

> Hay episodios y zonas de nuestra vida que no se ven del
> todo hasta que los revivimos por el recuerdo; el recuerdo les
> aplica la plenitud de la conciencia; como hay emociones que
> no lo son del todo hasta que no reciben la fuerza lírica de
> la palabra, su palabra plena y exacta.
>
> (*OC*, 692)

Las experiencias que Miró trata de comprender aplicándo-
les la palabra plena y exacta, raramente serán gratas o bellas.
    La misma palabra plena y exacta tendrá a menudo función
simbólica, sobre todo en las dos últimas grandes novelas de
Miró, *Nuestro padre san Daniel* (1921) y *El obispo leproso*
(1926), aunque el simbolismo normalmente brota de relaciones naturales conceptuales. Por ejemplo, los capítulos segundo
y tercero de *Nuestro padre* están destinados a presentarnos la
existencia en Oleza de dos actitudes ante la vida que serán
fundamentales para la historia que Miró nos está contando, y
que inicialmente se identifican con los cultos rivales de san
Daniel y de la Virgen de El Moliner. Para acentuar la antí-
tesis, Miró recurre a todo un catálogo de parejas de imágenes
antitéticas —oscuridad-luz, muerte-vida, miedo-amor, esterili-
dad-fecundidad, masculinidad-femineidad, fuerza-gracia, pecado-
inocencia, etc.—, hábilmente introducidas y reforzadas a lo largo de las novelas, y que contribuyen poderosamente a dar
cuerpo a la atmósfera que Miró quiere describirnos, pero que

también son rápida y fácilmente inteligibles para cualquier
lector. Sin embargo, la capacidad evocadora de Miró y su
comunicación de «la plenitud de la conciencia» estriba, más
que en estas grandes imágenes abstractas, en su admirable
maestría para seleccionar el detalle que mejor define y sinte-
tiza la totalidad de una experiencia. Como dice el doctor Grifol
de *Nuestro padre*: «Creo que en el hombre, no es el conjunto
moral ni el de su persona, sino una minucia, lo que puede
guiarnos para conocerlo» (*OC*, 881). A veces está muy claro
cuál es la «minucia» más apropiada, como en el caso de la
gorra de piel de Nuño el Viejo en *El humo dormido,* de la que
Miró comenta:

> Ver la gorra velluda en el perchero del vestíbulo era
> sentir a Nuño más cerca y más firmemente que si él la lleva-
> ra [...] El gorro de Nuño el Viejo me ha explicado la razón
> y la fuerza evocadora de los símbolos y de muchos miste-
> rios.
>
> (*OC*, 670)

El arte de Miró consiste en elegir los detalles que muchos de nosotros hubiéramos pasado por alto, y luego de-
morarse en ellos para que den a conocer su significado pleno
y exacto. «Nadie burle», dice el juicioso Don Jesús de *El humo
dormido*, «de estas realidades de nuestras sensaciones donde
reside casi toda la verdad de nuestra vida» (*OC*, 698). Lo que
mueve a Don Jesús a hacer esta solemne aseveración no es
más que la observación de la ansiedad que nos domina cuando
momentáneamente perdemos algo que teníamos en la mano
hace un momento... y que no tardará en reaparecer, «muy
tranquilo, esperándonos». Su amigo el canónigo ha estado buscando incansablemente su petaca. Don Jesús se ha dado cuenta, pero no le ofrece la suya, porque el canónigo no quería
tabaco; quería encontrar su petaca.

El ejemplo es trivial, pero no sólo ilustra la aguda percepción que tiene Miró de las facetas pequeñas y reveladoras
de «la verdad de nuestra vida», sino también su interés por

el análisis exacto de la «minucia». En sus mejores páginas inserta estos detalles en unos esquemas de significados generales que conducen a afirmaciones hondas y penetrantes sobre la condición humana. Sin embargo, la seriedad en Miró no excluye la ironía bufa, y a menudo juega con la técnica del detalle revelador con ingenuidad y humor. A veces observa cómo la gente presta una absurda y respetuosa atención a una «minucia» que no tiene absolutamente ningún sentido, como el «heroico» dedo gordo del pie del viejo de *Nuestro padre* que asistió al brutal asesinato del Conde de España (*OC*, 795-796); otras, los detalles irónicos o incongruentes revelan subrepticiamente la verdadera personalidad de un personaje, así es cuando se recuerda a Don Daniel Egea que lleva el nombre del héroe de la cueva de los leones:

> [...] Y el señor Egea cruzaba valerosamente sus brazos, viéndose rodeado de feroces leones, enflaquecidos de hambre, que se le postraban y lamían desde las rodilleras hasta sus zapatillas de terciopelo malva, bordadas por doña Corazón Motos, prima del hidalgo y dueña de un obrador de chocolates y cirios de la calle de la Verónica.

(OC, 790)

La idea, lanzada por Ortega en 1927 en su ensayo sobre *El obispo leproso,* de que Miró es un formalista puro (sea cual sea el significado de esta expresión), cuyo culto por la belleza le impulsa a excluir de su obra la acción, las ideas y las emociones que la mayoría de lectores espera encontrar en la narrativa, no resiste un análisis serio, pero ha tardado mucho tiempo en morir. Su única justificación, aun siendo inadecuada, es la de que gran parte de la obra·de Miró no consiste en novelas sino en relatos breves como los que forman los libros de Sigüenza y *El humo dormido,* a los que hay que añadir las «estampas» de un libro en su época muy discutido, pero de importancia secundaria, *Figuras de la Pasión del Señor* (1916-1917) y de *El ángel, el molino, el caracol del faro* (1921). Después de *Las cerezas del cementerio* en 1910, Miró solamente publicó cuatro novelas, y una de ellas, *Niño y grande* (1922), ya había aparecido en una versión ligeramente distinta con el título de *Amores de Antón Hernando* en 1909. O sea que las únicas novelas escritas entre el comienzo del período de madurez de Miró y su prematura muerte a causa de la peritonitis a los cincuenta años, son *El abuelo del rey* (1915), *Nuestro padre san Daniel* (1921) y su continuación *El obispo leproso* (1926). Estas tres novelas bastan para destruir la leyenda del esteticismo deshumanizado de Miró y asegurarle un lugar entre los grandes novelistas. Pero ni siquiera es cierto que las «jornadas» y «estampas« de las obras restantes se limiten a la comunicación de una frenética y singular belleza. Los primeros seis relatos del *Libro de Sigüenza* llevan el título general de «Capítulos de la historia de España», y expresan diversas actitudes, siempre irónicas, sobre temas como la política, la educación, las clases sociales y la religión en la España contemporánea. El libro también contiene algunos relatos emotivos y humanos, sobre todo la pequeña obra maestra «La aldea en la ciudad», historia inmensamente compasiva y convincente de un día de la vida de un humilde y fracasado cura rural.

Las novelas tratan principalmente de la conducta humana y también de la emoción. La brevedad de *El abuelo del rey* no impide que sea una obra rica en ambos aspectos. Las vidas de tres generaciones de la familia Fernández-Pons se narran en pocas páginas, con un repertorio de personajes muy amplio, que va desde el caso trágico y patológico del primer Agustín (cuya morbosa pasión por su esposa muerta ilustra una de las observaciones de Sigüenza sobre las perspectivas del tiempo: hay personas de cuya existencia no somos verdaderamente conscientes hasta que han muerto o están lejos) hasta la mera caricatura del ratón de biblioteca Don César. Algunos de los personajes son realistas, pero en fin de cuentas el más importante acaba siendo Agustín, desaparecido y quizá muerto, cuya existencia ficticia y fantástica es tan real por la influencia que ejerce sobre su familia que llega a convertir a su abuelo en «el abuelo del rey» y a derramar sobre la ciudad de Sorosca el reflejo de su gloria. *El abuelo del rey* es también un análisis reflexivo, humorístico y tierno del tradicionalismo español. Como *Nuestro padre,* describe un momento peculiar e importante de cambio en la vida provinciana española, a comienzos del siglo, cuando la inmemorial Sorosca de la juventud de Don Arcadio y del archivo («frío, oscuro, silencioso») de Don César tiene que batirse en retirada ante el avance de La Marina, el barrio moderno de la ciudad, «que se insolentaba entre la piedra arcaica, sufrida, venerable», como dice Miró con la mezcla de nostalgia e ironía que siempre caracteriza su actitud ante la vida provinciana tradicional. El último y breve capítulo presenta una fría descripción, hecha en el lenguaje administrativo y municipal, de la demolición de las antiguas murallas de la ciudad antes de la llegada de la nueva carretera, que va a unir la población —como el ferrocarril en *El obispo leproso*— con el mundo moderno exterior.

Evidentemente, mucho de lo que se acaba de decir anticipa ya la materia de las dos partes de que consta la última y mejor de las novelas de Miró, que trata sobre el mismo momento, históricamente tan importante, de cambio social en esta capital de provincia, poblada por «capellanes y devotos», y una vez más dividida, como dice irónicamente Miró, en «dos mitades [...] la honesta y la relajada». En este caso la acción puede datarse de un modo preciso, lo cual es infrecuente en Miró, y ha de tener por lo tanto un sentido especial. Aunque Miró menciona a menudo la época del año y alude al paso del tiempo, su deseo de conseguir un efecto evocativo trascendiendo los horizontes inmediatos del espacio y del tiempo, casi siempre le conduce a ocultar las fechas exactas. Sus referencias suelen limitarse, pues, al tiempo cíclico, a la meteorología propia del mes, al calendario litúrgico o al aniversario de algún hecho memorable del pasado. Pero aquí una alusión al intento de regicidio de Otero sitúa la acción entre abril de 1880 y el verano de 1897 (con un intervalo de ocho años entre las dos partes de la novela). Es el período, según leemos en *El obispo leproso,* durante el cual el ferrocarril llegó, como resultado de la iniciativa del obispo, al mundo cerrado de Oleza-Orihuela. Su importancia simbólica se indica al final por el modo cómo conmuta la tradicional sentencia de soledad que pesa sobre las mujeres como la radiante Purita («¡Ya no me quedo para vestir imágenes!»), pero también deja a Don Magín, compendio de todo lo mejor de la antigua Oleza, una figura patéticamente sola, cada vez de menor tamaño en el andén de la estación («de lejos para siempre»). Éstos fueron los años de la niñez y la adolescencia de Miró. Aunque su visión de la antigua Oleza es hondamente crítica, comprendemos el sentido de sus palabras acerca de que lo triste del pasado puede adquirir un gran encanto cuando se evoca en la memoria. Por otra parte, éste es manifiestamente para Miró uno de los «episodios y zonas de nuestra vida que no se ven del todo hasta que los revivimos por el recuerdo». Miró explota los recursos de la memoria con objeto de lograr «la plenitud de la conciencia», una reconstrucción extremadamente sensible y sutil de un pasado que nunca volverá.

Pero sin duda alguna estas grandes novelas son mucho más que unas escenas de la vida provinciana, aunque el ambiente provinciano y clerical es un importante medio de realzar la intensidad dramática del tema principal. Este tema es la lucha entre los que aman la vida con un ansia directa e inocente de alegría, y los ascetas obsesionados por el pecado, que odian la vida y viven en la oscuridad tras los postigos cerrados, víctimas de lo que Sigüenza llamaba «un sadismo contra su corazón peligroso para los demás» (OC, 657). Aunque los personajes que son más tóxicamente malignos desde el punto de vista humano —Elvira, el padre Bellod— son también los más piadosos en un sentido convencional del término, estas novelas no tienen una tesis religiosa específica. Don Magín, francamente enamorado de Purita, y el obispo, que durante años enteros ha dedicado tiernos pensamientos a Paulina, son, junto con el ridículamente inocente Don Jeromillo, los sacerdotes más auténticamente cristianos de Oleza.

Los estudios sicológicos de magnífica concisión y energía

abundan en ambas obras. Miró tiene un don particular para mostrarnos cómo la vida hace que la gente haga lo que no quiere hacer, o lo que no quiere admitir que está haciendo. A este respecto, las grandes pasiones de Pablo por María Fulgencia o de Paulina por su hijo son quizá menos interesantes que la descripción extraordinariamente penetrante del devastador fuego interior que consume al granítico Don Álvaro o a su gélida hermana, o las páginas profundamente emotivas en las que se nos habla de cómo sus amigos, que se creen tan virtuosos, destruyen (como a un animalillo indefenso) al pobre Don Daniel. Sin embargo, los sádicos obesos que trataban de identificar la virtud y la respetabilidad con una represión masoquista de todos los impulsos inocentes hacia la felicidad, al final son derrotados. O así lo parece. Esta parte de la historia se cuenta en forma de un mito poético, y a través del símbolo de la lepra del obispo. Como todos los buenos mitos, éste es misterioso y queda abierto a diferentes interpretaciones. La más probable parece ser la que se plantea en la ingenua pregunta de la Madre Superiora del Convento de la Visitación: «¿Y es lepra, lepra de verdad lo que aflige a Su Ilustrísima?» «¡Y dicen que por los pecados de la diócesis!» (OC, 1.018). En el momento de su muerte, todo llega a su punto culminante, y Paulina y Pablo vuelven después de todo a la felicidad de «El Olivar». Mientras las campanas doblan por el hombre que ha tomado sobre sí todas las culpas de Oleza, madre e hijo se santiguan y emprenden la marcha, «silenciosos, camino de la felicidad» (OC, 1.052). El amortiguado y ambiguo desenlace de la novela sugiere que las conclusiones de Miró, como sus sentimientos ante la desaparición de la antigua Oleza, representan algo más complejo que la simple exposición del triunfo de un bando en la lucha que ha constituido el tema de la historia. Se invita al lector a que reflexione mucho por su cuenta, pero la impresión que recibe es que el martirio del obispo conquista para Oleza más la sabiduría que la victoria. La primitiva polarización de la novela en inocencia y malignidad queda ahora atemperada por la comprensión. Elvira, Ál-

LA NOVELA 93

varo y Amancio terminan por inspirar compasión antes que
desdén y cólera. Paulina y Pablo se alejan silenciosos, pen-
sativos, por el camino que lleva a la felicidad, pero posiblemente todavía están lejos de su destino: han descubierto que
seguir sus impulsos naturales no significa necesariamente ser
felices, han sufrido y han hecho sufrir a otros, y tal vez éste
sea el significado último del ejemplo del obispo. También él
amaba la vida con un júbilo puro y espontáneo. La vida le
respondió infligiéndole una repugnante enfermedad que le des-
figura. Sin embargo esta enfermedad nunca llega a afectar su
alma, y al soportarla con entereza le es posible contribuir a
dar a Oleza y a sus habitantes una madurez y una serenidad
civilizadas de las que antes carecían.

La obra de los cinco novelistas considerados hasta aquí
hizo de las tres primeras décadas del siglo xx un período excepcional dentro de la prosa narrativa española. Al lado de
escritores de tanta talla, otros de esta misma época, a pesar
de su interés y de su habilidad, sólo pueden ser objeto de
menciones relativamente breves.

Azorín (José Martínez Ruiz, 1873-1967) es una figura de
primer orden en la historia de las letras españolas, el inventor
y el miembro más indiscutible de la generación del 98, cuya
literatura enriqueció con su primeriza trilogía de novelas [20].
Pero después de 1904 su contribución a la narrativa tiene un
carácter bastante secundario. Durante muchos años no volvió a escribir novelas, pero publicó en cambio multitud de
volúmenes genéricamente inclasificables por los cuales es primordialmente conocido: repertorios de estampas breves y me-
ditativas de la vida española donde la descripción se mezcla
con la historia, los recuerdos literarios y las imaginaciones del
propio Azorín. *La ruta de don Quijote* (1905), *Los pueblos*
(1905), *España* (1909), *Castilla* (1912), *El paisaje de España
visto por los españoles* (1917) y *Una hora de España* (1924)

20 Shaw, *op. cit.*, págs. 236-238.

son sólo unos pocos ejemplos de los muchos títulos famosos de una larga lista de obras en las cuales Azorín se muestra progresivamente desengañado de sus ideales juveniles iconoclastas y reformistas y cada vez más próximo al conservadurismo y al tradicionalismo, desarrollando una visión de España en la que el consuelo llega a ser más importante que la verdad. En estas obras hay muchos elementos de narrativa de imaginación, pues aunque Azorín toma siempre como punto de partida un lugar real, un personaje o momento históricos o una obra literaria, deja vagar libremente la fantasía por un mundo de creación propia, donde el pasado y el presente se entrelazan, hay personajes históricos que coinciden con otros ficticios, y los ficticios son a veces invenciones azorinianas, a veces ajenas, pero en la mayoría de los casos una mezcla de ambas cosas. Esta última tendencia, de contar historias de propia invención sobre famosas figuras imaginarias, puede ser algo irritante y confuso cuando se da en estudios más específicamente literarios. Pero cuando su objetivo es puramente captar en una experiencia estética diversos aspectos de la vida tradicional española, la combinación de estos elementos suele ser intensamente evocadora.

Estos escritos en prosa producen una peculiar e inequívoca impresión de deliberada humildad. Sus propósitos son muy modestos. A pesar de que no faltan las referencias a grandes acontecimientos y a personajes famosos, el horror de Azorín por cualquier tipo de grandilocuencia le empuja a centrarse en lo mínimo y lo vulgar, y su visión, aun cuando describa todo un amplio paisaje castellano, está compuesta por unos pocos detalles sutilmente perfilados. Todo es breve en estos libros: sus capítulos de una o dos páginas, sus frases, incluso sus palabras. Para Azorín la sencillez y la claridad eran, al menos en este período, los ingredientes esenciales de un buen estilo. A pesar de que en *Una hora de España* (cap. 11) dijo que «lo primero en el estilo es la claridad», ni en la teoría ni en la práctica llegó nunca a ampliar este concepto, añadiéndole otras consideraciones. Mientras Valle-Inclán, Pérez de Ayala y Miró

enriquecían el lenguaje de la literatura, Azorín se preocupaba
tan sólo por hacerlo más claro y más sencillo.

En 1922 Azorín volvió a escribir novelas, aunque en su
Don Juan de este año el cambio era casi imperceptible. En la
obra no hay argumento, ni interés por la individualidad de los
personajes ni contenido ideológico, y en el fondo no es más
que un conjunto de nuevas series de descripciones, anécdotas
del pasado y del presente, y vislumbres de algunos habitantes
de una pequeña población castellana. La población es lo único
que da unidad a estos fragmentos. La única característica de
Don Juan que no se encontraba en los ensayos es la tentativa,
aparentemente maliciosa, de confundir al lector. Hay detalles
incongruentes que piden a gritos una explicación y que se dejan
sin explicar, como el personaje provocadoramente llamado Doctor Quijano, normal en todos los aspectos si se exceptúa el
hecho de que recibe las visitas de un ser invisible. Las alusiones
a la leyenda de Don Juan también pertenecen a esta categoría,
y este rasgo se da también en la siguiente novela de Azorín,
Doña Inés (1925), cuyo título sugiere que también tendrá algo
que ver con la leyenda, pero que es una vez más una serie
de viñetas estáticas vinculadas de un modo incongruente. *Don
Juan* lleva un prólogo y un epílogo en los que se le describe
como un gran pecador que se salvó, pero en la novela el momento en que le vemos más cerca del pecado es en la fugaz
atracción que siente por la joven Jeanette (cuyo padre es no
obstante el maestre Don Gonzalo). Semejantemente, Doña Inés,
que no tiene nada en común con la tímida enamorada de *Don
Juan Tenorio,* recibe sin embargo una carta que produce en
ella un fuerte efecto emotivo, pero nunca sabremos quién se
la manda ni lo que se dice en ella. Estas alusiones inesperadas
a la obra de Zorrilla —y no son las únicas— tienen un misterio tal que indican que la intención de Azorín era escribir algo
que careciese deliberadamente de sentido.

El prólogo a su novela siguiente, *Félix Vargas* (1928; más
tarde titulada *El caballero inactual*) proclama el nuevo objetivo
literario de suprimir las relaciones o conexiones «orgánicas»

formadas entre los objetos y los seres humanos por el espacio, el tiempo y la lógica; la novela cuenta la historia de un hombre que vive en tres siglos diferentes y en diferentes partes de Francia y de España al mismo tiempo, y cuyo mundo está poblado por personajes reales y ficticios. Los mismos principios parecen regir *Superrealismo* (1929; posteriormente titulado *El libro de Levante*). Pero estos principios no son ni surrealistas ni nuevos en la obra de Azorín. Lo que hace es formular como teoría literaria, llevándola a extremos extravagantes, su inveterada costumbre de fundir el pasado y el presente, los hechos y la imaginación, en un nuevo producto literario. Tal vez era ésta su manera de afirmar, cuando pasaba de los cincuenta y el siglo se encontraba en los felices veinte, que podía ser tan vanguardista como cualquiera. Aunque el experimento no deja de tener interés histórico, como otras tentativas de este período de superar el realismo convencional, carece de la coherencia de las exploraciones llevadas a cabo por un Valle-Inclán o un Pérez de Ayala en busca de nuevas posibilidades formales. Es difícil escapar a la incómoda sensación de que Azorín no sabía realmente qué hacía, sobre todo cuando emplea la palabra «superrealismo» para titular una de sus nuevas novelas; pues no trata en modo alguno de usar materiales proporcionados por el subconsciente o por el mundo de los sueños —siempre está más cercano de Bergson y Proust que de Freud y Bretón—, y el título no parece ser más que una especie de disculpa, amparada en la moda, por haberse tomado libertades con las formas novelísticas tradicionales.

Después de la guerra civil, Azorín siguió viviendo en Madrid hasta una edad muy avanzada, como una venerada reliquia del pasado. Continuó escribiendo libros de ensayos sobre la España tradicional, pero también escribió unas pocas novelas más, tales como *Capricho* (1942), *La isla sin aurora* (1944) y *Salvadora de Olbena* (1944). Estas novelas constituyen como un irónico anacronismo, pues mientras los jóvenes novelistas españoles estaban volviendo a los procedimientos realistas, sociales y moralizadores de finales del siglo XIX, las novelas completamente irreales del setentón Azorín seguían afirmando la necesidad de que el arte se apartase de la realidad. Estos libros todavía juegan con la perspectiva, se destruyen las leyes realistas del espacio, el tiempo y la personalidad, y recrean la vida según módulos estéticamente más interesantes. No gustaron a un público que volvía a opinar que la función del arte es tender un espejo a la vida. Azorín ha seguido siendo apreciado como el gran pintor del paisaje de la eterna España. Pero los años inmediatamente posteriores a la muerte de un autor suelen ser engañosos en cuanto al concepto que de él tendrá la posteridad, sobre todo si ha sido muy famoso durante largo tiempo, y no es imposible que a la larga las últimas experiencias de Azorín con el arte narrativo sean consideradas merecedoras de tanta atención como sus evocaciones nostálgicas del pasado de España.

Más improbable es que con el tiempo se reanime mucho el interés por las obras de Ramón Gómez de la Serna (1888-1963), cuya extravagante y pintoresca personalidad dejó tal huella en el mundo literario de su época que en los recuerdos y estudios sobre este período se le alude aun simplemente como «Ramón». Pero la guerra civil arrasó este mundo y llevó a Ramón a Buenos Aires, donde pasó los restantes años de su vida salvo en un efímero retorno a España (1949). Su popularidad se ha reducido hoy a unas proporciones que parecen más realistas, las de un escritor de considerable ingenio y originalidad que dispersó su talento en demasiadas obras de demasiados géneros distintos —novelas, cuentos, ensayos, artículos, recuerdos personales, incluso unas pocas obras teatrales—, todo llevando el sello de su decidida frivolidad —en pugna con angustias personales muy complejas a veces— y de un exuberante desorden. Pero a pesar de la diversidad de sus actividades literarias, casi siempre se le recuerda por las llamadas «greguerías». Sin duda a Gómez de la Serna el hecho de haber inventado la «greguería» le proporcionaba una profunda satisfacción, a juzgar por el modo como añadía constantemente teorías *post factum* acerca de este género en las sucesivas ediciones y antolo-

gías de los millares de ejemplos que publicó. Muchas veces
se ha discutido hasta qué punto el culto de la metáfora brillante y sorprendente en la poesía y en la prosa españolas de
los años veinte procede de Gómez de la Serna. Si por un lado
afirmaba haber inventado la «greguería» en 1910, él mismo
admitía que había habido escritores que cultivaron este género,
o algo parecido a él, por lo menos desde la época del Califato
de Córdoba. Lo que es menos discutible es la importancia central de la «greguería» dentro de su obra, incluyendo sus novelas y ensayos. De acuerdo con su teoría, la «greguería» es una
metáfora a la que se añade el humor, una intuición ingeniosa
y explosiva de las relaciones que existen entre las cosas. En
realidad, basta hojear unas cuantas páginas de «greguerías» para
comprobar que tienen un carácter muy diverso. A veces contienen como una sugestión de surrealismo —«La calavera es
un reloj muerto»—, otras son sencillamente una inesperada asociación de pequeños detalles de la realidad casi sin ningún elemento de fantasía —«Los porteros leen el periódico como si
estuviesen enterándose de los chismes de vecindad»—, y con
excesiva frecuencia son poco más que insípidos chistes de carácter muy pueril, como «La T es el martillo del abecedario» o
«El mar debía tener un agujerito por donde irse desaguando».
Lo que siempre tienen en común es su implacable trivialidad.
Hasta las más audaces y poéticas parecen reprimidas por el
miedo de que alguien acuse a su autor de haber escrito algo
verdaderamente penetrante o hermoso.

Este aparente temor da unidad a la variada producción literaria de Gómez de la Serna. Defiende tan seriamente la idea
de que en la vida no hay absolutamente nada serio, que su
culto del disparate divertido llega a ser casi morbosamente nihi-
lista y cínico. En el prólogo a la edición de 1941 de una de sus
primeras novelas, *El doctor inverosímil* (1914; pero muy ampliada en ediciones posteriores), hace la arriesgadísima afirmación de que fue el primero que introdujo las técnicas del análisis freudiano en la narrativa española. Pero el libro no es
más que una acumulación banal de «greguerías» desarrolladas.

El doctor inverosímil acierta, por ejemplo, a diagnosticar en el caso de un paciente aquejado de una misteriosa enfermedad mortal, que «no hay nada que conserve la corrupción como unos guantes de cabritilla demasiado anticuados», y ordena tirar estos guantes, tras lo cual el paciente se restablece por completo. Las «greguerías» se incorporan frecuentemente a sus novelas; por ejemplo, la leve trama argumental de *El secreto del acueducto* (1922), casi no es más que un pretexto para un chorro de reflexiones epigramáticas sobre el acueducto de Segovia.

La relación existente entre la vida y el arte en las novelas de madurez de Gómez de la Serna, revelan con toda claridad que es otra víctima de la «angustia vital» que ha buscado refugio en el arte. Las historias que nos cuenta tienden a ser sórdidas y pesimistas, sobre todo cuando tratan del amor y del sexo, y el espectro de la muerte arroja una sombra cada vez mayor sobre unas vidas desgraciadas y sin sentido. Esta misma determinación de huir de la sordidez de la realidad y de la existencia humana, refugiándose en el artificio baladí, ha llevado a Gómez de la Serna a sustituir o a reinterpretar el mundo que le rodea. Una de sus mejores novelas, *El novelista* (1923), aunque sin dejar de tratar de huir de las desagradables verdades de la vida lanzándose al juego de la «greguería», también tiene en cuenta (en cierto modo, de la misma manera que *Belarmino y Apolonio*) la cuestión de los diferentes enfoques que puede tener la experiencia humana. Como el libro de Pérez de Ayala, *El novelista* es una novela sobre cómo escribir novelas, y el protagonista lleva el perspectivismo hasta un extremo tan material como el de alquilar pisos en diversos barrios de Madrid y escribir diferentemente en cada uno de ellos, con objeto de combinar múltiples puntos de vista en su visión de la vida de la ciudad. Incluso en las novelas de Gómez de la Serna que parecen tener un argumento más sólido y unos materiales extraídos de la realidad en bruto, como *El torero Caracho* (1926), derivan continuamente hacia la deliberada transformación de esta materia prima demasiado cruda en un artificio más tolerable, y siguen dedicándose a la observación por sí misma, con el objeto de afirmar que el juego del arte es un feliz alivio de la carga de la vida.

En sus últimas novelas, sobre todo en *Las tres gracias* (1949) y *Piso bajo* (1961; pero con un prólogo datado en 1957), historias de la vida en un Madrid desaparecido que seguía perdurando en la imaginación de un anciano que se encontraba al otro lado del Atlántico, Gómez de la Serna muestra aun con más claridad que antes hasta qué punto su arte había sido el producto de una visión profundamente pesimista de la vida. Éstas son obras melancólicas, y si *Piso bajo,* su última novela, trata de salvar algunas ilusiones de idealismo y de felicidad de la experiencia, también contiene la triste constatación de que «la vida es la más profunda desapariencia, todo en ella es verdad, demasiado verdad». En la última página encontramos la última «greguería» de Gómez de la Serna, refiriéndose a la vida extraña y solitaria del científico Pedro Savedra, consagrado a descubrir los últimos misterios del átomo: «Su vida había sido atrevida, pero siempre entre Dios y la muerte, dándose cuenta de que el hombre está entre paréntesis de muertos».

Otras de sus novelas intentan captar, por el habitual procedimiento del encadenamiento greguerístico, ambientes insólitos —*Cinelandia* (1927), el mundo de la producción cinematográfica; *Policéfalo y señora* (1930), el charolado universo de los millonarios americanos en Europa; *Seis falsas novelas* (1927), relatos breves, recrean prototipos narrativos ruso, alemán, africano, mongol, etc.—, pero quizá la más ambiciosa y humanizada narrativa ramoniana esté en las novelas que él llamó de «la nebulosa»: *El incongruente* (1922), *¡Rebeca!* (1936), *El hombre perdido* (1944).

Rigurosamente contemporáneo de Gómez de la Serna, Benjamín Jarnés (1888-1949) fue también un hombre muy de su tiempo, y dado que la literatura de aquella época es hoy escasamente apreciada, en nuestros días se le lee poco. Pero mientras la fama de Gómez de la Serna todavía depende de un

modo muy precario de los recuerdos cada vez más lejanos de
su pintoresca personalidad, Jarnés fue durante toda su vida
un oscuro funcionario público, y si se le recuerda en mayor o
menor grado es tan sólo por lo que escribió. Pero lo que escribió, aunque no corresponda al gusto de hoy, es más sustancial que lo que escribió Gómez de la Serna, y está más cerca
de los logros de sus grandes contemporáneos.

De un colaborador habitual de la orteguiana *Revista de
Occidente* y crítico literario a la moda de los años veinte, atento a todas las últimas experiencias del arte europeo, sólo cabía esperar que en su propia narrativa tratase la realidad como
un material en bruto que había que destrozar y rehacer en una
experiencia nueva y diferente. Otro delito del que le acusa el
gusto moderno es el de haber sido un soberbio estilista que
exaltaba la capacidad del lenguaje para explorar, embellecer y
alegrar la vida, mientras que no se preocupaba demasiado por
contar una historia interesante ni por hacer una descripción
directa y reconocible de las circunstancias de la vida cotidiana.
Jarnés es otro escritor que, al refundir historias ya conocidas y
temas literarios, nos recuerda que está lejos de proponerse
copiar la vida. Aparte de sus biografías semificticias como *Sor
Patrocinio, la monja de las llagas* (1929) y *Zumalacárregui*
(1931), *La vida de san Alejo* (1928) cuenta una leyenda bien
conocida de los españoles, al igual que *Viviana y Merlín* (1929),
en la que el autor y Viviana se muestran de acuerdo en que la
versión de Tennyson es una calumnia. *Teoría de zumbel* (1930)
es obra estrechamente vinculada al *Quijote*, y las *Escenas junto
a la muerte* (1931) no son más que variaciones sobre temas literarios, incluyendo una interesante y nueva versión de *El alcalde
de Zalamea* a modo de película, con una Charlie Chaplin triste
y romántico añadido al reparto original; *Lo rojo y lo azul,* para
el caso de que la alusión del título no pareciese lo suficientemente clara, se subtitula «Homenaje a Stendhal».

La comparación de Jarnés con Miró es ineludible. Jarnés
comparte con Miró un estilo elaboradamente artificioso, con
una gran riqueza de metáforas y símbolos concisos y poéticos, y

un afán por extraer hasta la última gota de significación de los pequeños detalles de la experiencia; para no hablar de la jubilosa exaltación del placer sensual y del recelo ante cualquier clase de ascetismo, desde el masoquismo religioso de san Alejo hasta el neoplatonismo negador de la vida que impera en la corte del rey Arturo (se nos dice como presagio funesto que Plotino es uno de los autores favoritos de Merlín). En *El convidado de papel* (1928), la insensata represión de la alegría inocente se asocia de un modo expreso con la Iglesia y con las ideas de la burguesía contemporánea sobre la respetabilidad.

Pero en otros aspectos la obra de Jarnés tiene sorprendentes semejanzas con la de Unamuno. A partir aproximadamente de 1928, muchos de sus personajes se preguntan quiénes son y se inquietan por este problema, qué es lo que constituye su identidad distintiva. Una de las razones que tiene san Alejo para huir de su aristocrático hogar y de su encantadora esposa el día de la boda, es la de que lo predecible de su vida le parece equivalente al anonimato. *Locura y muerte de nadie* (1929) trata de los esfuerzos de un tal Juan Sánchez para adquirir una identidad definida delante de los demás, siendo un gran ladrón, un notorio cornudo, una persona de ilustre linaje, cualquier cosa que le haga memorable. Pero todo es en vano; la gente sigue confundiéndole con Juan Martínez, y cuando le atropella un camión lo que se dice es que ha muerto «un peatón». Un epílogo subraya por lo tanto la total ausencia en el mundo de cualquier indicio de que él haya pasado por él. *Teoría del zumbel* incluye confrontaciones al estilo de Unamuno entre el autor y los personajes rebeldes, y una muchacha, que al comienzo de la novela está vacía de identidad porque nunca ha tenido que elegir una norma de conducta, considera la posibilidad de cambiar la identidad propia por un acto de voluntad. *Escenas junto a la muerte* se llama así porque el protagonista ha quedado tan terriblemente impresionado ante el espectáculo de su propia personalidad —a la que alude como «el otro»— que trata de suicidarse. Otro aspecto del problema de la auténtica existencia aparece en *Lo rojo y lo azul* en la obsesión de Julio por la idea de que la mayoría de nosotros priva a nuestras vidas de significado viviendo cada momento no por sí mismo, sino como una preparación para algo que está en el futuro.

Nada más evidente que Jarnés está hondamente preocupado por el sentido y el poder de la vida real, y que bajo este punto de vista sus novelas son todo lo contrario de «deshumanizadas». Pero su manera artística se adapta perfectamente a las observaciones de Ortega sobre las tendencias del arte moderno. Informar acerca de «qué tratan» sus novelas es aludir a uno de sus rasgos menos importantes. También como Miró, se consagra absorbentemente al acto mismo de la observación, y los fragmentos de realidad que sirven de pretexto a sus experiencias narrativas suelen ser muy irrelevantes. El comienzo de la primera de las *Escenas junto a la muerte* nos ofrece un buen ejemplo de ello. Nuestro héroe, el humilde «opositor número 7», está en una biblioteca tomando aburridas notas de un libro de historia y observando a una bonita muchacha que a juzgar por el libro que tiene sobre la mesa parece ser estudiante de medicina, aunque en aquellos momentos está ocupada en escribir una carta. Con estos materiales dispersos Jarnés consigue un despliegue sumamente divertido de sus dotes creadoras y estilísticas que hace pensar en un Joyce regocijado. Sus procedimientos están mucho más cerca de los de la poesía contemporánea que de los de la narrativa tradicional; no serviría de nada pedir que nos expliquen llanamente qué quiere decir, ni tampoco en términos de pura narrativa, qué pasa. Al principio del capítulo cuarto de la *Teoría del zumbel,* por ejemplo, Saulo sufre una serie de experiencias que una vez analizadas detenidamente resultan ser las propias de un choque automovilístico. Los hechos hubieran podido contarse de una manera explícita en pocas frases, la acción dura unos minutos, e incluso las sensaciones mentales de Saulo hubieran podido registrarse de un modo inteligible en uno o dos párrafos, pero Jarnés dedica ocho páginas a lo que constituye un ambicioso poema en prosa sobre un accidente de circulación.

A pesar de que este tipo de poesía en prosa es la esencia de su originalidad y de su maestría, las últimas novelas de Jarnés muestran una tendencia a apartarse de este género orientándose hacia un estilo de narración más convencional. Sin duda alguna sigue siendo discutible si este cambio representa una pérdida o un beneficio para la literatura; su obra tardía, aunque más similar al tipo de narrativa que han cultivado la mayoría de los escritores, sigue siendo excelente. El cambio se produjo de un modo súbito. La diferencia, por ejemplo, entre *Paula y Paulita,* de 1929, y *Lo rojo y lo azul,* de 1932, es muy acentuada. La primera obra carece prácticamente de acción, y se sitúa en una atmósfera como soñada de un apacible balneario, mientras que *Lo rojo* se ambienta en el mundo muy real de la Barcelona y la Zaragoza contemporáneas, y trata directamente de temas tan poco poéticos como las diferencias de las clases sociales, la dura vida de unas muchachas al borde de la prostitución y un frustrado intento de golpe de estado revolucionario a cargo de los obreros y soldados de Zaragoza. Los personajes de esta segunda novela se han convertido en profundamente humanos si se les compara con sus predecesores en la obra de Jarnés. En la *Teoría del zumbel* el autor había informado a sus criaturas de ficción de que en realidad no tenían nada de personajes. Los verdaderos personajes de su novela, decía, eran «un zumbel, un reloj, un telegrama», símbolos que en el libro desempeñan un papel de gran importancia, y que se relacionan con los comentarios del prólogo sobre la experiencia consciente e inconsciente, personal y colectiva. Los personajes simbólicos de la novela no son por lo tanto más que objetos que Jarnés usa con fines experimentales en esta sutil e inteligente parábola sobre las motivaciones de la conducta humana. Pero en *Lo rojo* los personajes son gente de carne y hueso, observada con ingenio y humor muy brillantes, que provocan respuestas de compasión, irrisión, identificación. La novela acaba comunicando el desánimo de Jarnés ante la perspectiva de sangrientas disensiones políticas ya visibles al comienzo de los años treinta, y con un intenso alegato —en la humanísima descripción del fracaso de Julio para cumplir con su deber político— en favor de soluciones para los problemas sociales y políticos de España que no requieran la muerte de ningún inocente.

Después de esta novela, Jarnés, como tantos otros escritores, se vio cada vez más directamente envuelto en política. Luego vino la guerra, que para él significó el destierro y una salud muy quebrantada. Aunque todavía escribió algo más, todo parece indicar que su caso fue uno de los muchos en que los acontecimientos políticos privaron a España de la mejor obra de un escritor que se acercaba a la plenitud de su talento.

Las novelas mejores y más interesantes de este período, exceptuando el caso de Baroja, están inspiradas por la convicción de que la función del arte es convertir la realidad insulsa e incoherente en algo más lleno de sentido o más atrayente. Pero naturalmente esto no significa que la novela tradicional de anécdota y descripción hubiera dejado de existir, ni siquiera que su popularidad menguara por estos años. Por lo tanto, antes de terminar es forzoso aludir a ese tipo de autores cuyas obras se leían entonces en España. Uno de los más leídos de todos seguía siendo Vicente Blasco Ibáñez (1867-1928). El creador del republicanismo valenciano —donde su figura alcanzó dimensiones de mito— comenzó en órbita naturalista con relatos como *Arroz y tartana* (1894), *La barraca* (1898) y *Cañas y barro* (1902), cuyo carácter regional valenciano no nos debe hacer confundir al escritor con un simple epígono del eglógico mundo de Pereda. En las novelas regionales de Blasco confluye la idea naturalista —tan visible, por ejemplo, en la Pardo Bazán y en la obra primeriza del noventa y ocho— de la esencial perversidad de la vida natural y, por otra parte, es patente el análisis complementario y políticamente muy avanzado que tales novelas ofrecen de las relaciones y conflictos sociales en la ciudad, la huerta y la albufera, ingredientes de la vida valenciana a finales del siglo pasado. Más adelante, Blasco publicó —en llamativo paralelismo de la trilogía barojiana *La lucha por la vida*— cuatro nuevos relatos (*La catedral,* 1903; *El intruso,* 1904; *La bodega,* 1904-1905; *La horda,* 1905) donde trató respectivamente del clericalismo toledano, de los conflictos sociales en Bilbao, de la célebre algarada anarquista de Jerez en 1896, y de la vida en los bajos fondos madrileños. Su etapa posterior tiene una calidad inferior, ya fuera de sus intentos de novela sicológica (*La maja desnuda,* 1906), en sus chafarrinones históricos (*A los pies de Venus,* 1926) o en los relatos inspirados en la guerra europea que le granjearon una popularidad internacional como no ha disfrutado ningún otro escritor español (*Los cuatro jinetes del Apocalipsis,* 1916; *Mare nostrum,* 1917). Las tendencias naturalistas de la primera época de Blasco fueron continuadas en las novelas de Felipe Trigo (1865-1916), Eduardo Zamacois (1876-1972) y Pedro Mata (1875-1946), que se beneficiaron de la reputación de ser más o menos pornográficas, aunque las mejores de ellas —como *La opinión ajena* (1913) y *El delito de todos* (1933), de Zamacois— contienen muchos elementos de aguda crítica social de carácter izquierdista.

Trigo es, con larga diferencia, el más importante de los tres escritores mencionados. Médico de profesión y temperamento egolátrico depresivo (se suicidó en pleno apogeo de su popularidad), parte de presupuestos naturalistas y decadentistas —mescolanza que hace muy difícil la lectura de su prosa congestionada y torpísima—, mientras que su ideología permanece en el vago limbo de su pansexualismo avasallador (y en su función liberatoria, muy actual) mezclado a la nostalgia de lo que él llamó «socialismo individualista». Buena parte de sus novelas —objeto de un escándalo que aun ha llegado hasta nosotros— recomponen una difícil autobiografía de adolescente enfrentado a la vida provinciana; así en *Las ingenuas* (1901), *La sed de amar* (1905), *En la carrera* (1909), etc. En cualquiera de ellas, sin embargo, la crítica social se superpone al lancinante testimonio personal y aun triunfa enteramente en sus dos vigorosos retratos del caciquismo español: *El médico rural* (1912) y *Jarrapellejos* (1914).

Todavía más claramente comprometido es el realismo social de Manuel Ciges Aparicio (1873-1936) en novelas como *Villavieja* (1914), y en su último libro, que es también el mejor de los suyos, *Los caimanes* (1931); por otro lado, en narradores como José López Pinillos, «Parmeno» (1875-1922) —en relatos como *Doña Mesalina* (1910), *Las águilas* (1911) y *Cintas rojas* (1916)— y Eugenio Noel (1885-1936) —en *Las siete cucas* (1927)—, ambos procedentes del periodismo, el temperamento políticamente radical se implica en un retablo de la España rural indudablemente vigoroso y visto a veces con equívoca complacencia (que ha hecho pensar en que sean un precedente del relato *tremendista* de posguerra). Las ideas del otro extremo ideológico fueron defendidas por el inmensamente popular Ricardo León (1877-1943), ultraconservador y católico, fanáticamente tradicionalista, y que no se privaba de manifestarlo así en novelas de tesis tan agresivas como *Casta de hidalgos* (1908) y *El amor de los amores* (1917). Una nostalgia menos insensata de los antiguos valores de una época desaparecida forma también parte de los argumentos de Concha Espina (1877-1955). Algunas de sus novelas son descripciones más bien insípidas de las vidas de señoritas sentimentales, espirituales pero muy poco interesantes, casos como los que el lector supone que debió ser el de Concha Espina: *La niña de Luzmela* (1909), *La rosa de los vientos* (1916). Pero en otras novelas hay un contenido social inesperadamente fuerte: *La esfinge maragata* (1914), a pesar de que su intriga principal es de un sentimentalismo muy primario, nos permite asomarnos de un modo franco e inquisitivo a las miserias de la vida provinciana de León, y *El metal de los muertos* (1920), que es con mucho su mejor libro, es una crónica verdaderamente impresionante de las terribles condiciones en que vivían y trabajaban los mineros de Río Tinto, en Huelva (aunque cambia los nombres), y está animada por una indignación que casi convierte la obra en un alegato socialista.

El único escritor auténticamente popular que se desvió de los procedimientos de la anécdota realista fue Wenceslao Fernández Flórez (1884-1964), aunque fuera en todos los sentidos conservador y escribiera duras sátiras del arte de vanguardia y minoritario. Sus sátiras políticas durante la República —*Aventuras del caballero Rogelio de Amaral* (1933)— y en años posteriores —*Una isla en el mar rojo* (1938), *La novela número 13* (1941)— y su incondicional servicio al diario conservador *ABC* —donde publicó entre 1915 y 1934 sus célebres crónicas parlamentarias *Acotaciones de un oyente*—, explican que a menudo las opiniones críticas sobre él, tanto si son de un bando como del otro, degeneren en manifiestos políticos. Pero hasta los años treinta el núcleo de su sátira fue más social que político. Fernández Flórez protestaba, no sin cierta razón, de que le considerasen como un simple humorista. Su obra tiene el propósito no poco serio de comentar las flaquezas y la locura de los hombres. A veces lo hace de un modo naturalista —*La procesión de los días* (1915), *Volvoreta* (1917), *Ha entrado un ladrón* (1920)—, pero muestra más ingenio en las fantasías alegóricas como *El secreto de Barba Azul* (1923) y en la más famosa de sus novelas, *Las siete columnas* (1926). Esta última presenta de un modo que hubiese hecho las delicias de los hombres de la Ilustración, la tesis de que los siete pecados capitales son las bases de la sociedad estable y civilizada que conocemos y amamos. Detrás de la fantasía hay tal vez la intención de ridiculizar la visión utópica de la naturaleza humana que subyace en el pensamiento anarquista (por ejemplo, la «retirada» del pecado de la avaricia en la novela produce la ruina total de la agricultura y de la industria), pero, en general, Fernández Flórez se interesa más por la sicología que por la política, y su alegoría ofrece una aceptable glosa del absurdo de la condición humana, con la que seguramente hubieran estado de acuerdo la mayoría de los grandes escritores de este período.

Fernández Flórez fue uno de los pocos escritores españoles cuya obra no se vio gravemente afectada por la guerra civil y el nuevo régimen. Para la mayor parte de ellos la guerra significó el fin de una época, para algunos el fin de su labor más ambiciosa, para unos pocos el fin de sus vidas. El puñado de importantes novelistas que ya tenían edad suficiente para haber contribuido a la mejor prosa narrativa de este período, pero que aún eran lo bastante jóvenes, o tenían la suficiente elasticidad, para encajar el golpe del exilio, de modo que su obra no puede definirse ni como perteneciente al período anterior a la guerra, ni al de la posguerra, serán objeto de comentarios en otro lugar.

Cabría, no obstante, hacer siquiera fuera breve mención de la abortada promoción de narradores sociales que en los años treinta supusieron el testimonio de un significativo viraje de las opiniones de los escritores del país y, desde luego, el influjo de unas similares preocupaciones en la literatura universal de la época. Joaquín Arderíus (1890-   ), por ejemplo, parte de los presupuestos ideológicos de la novela erótica a lo Trigo y de un absurdo mundo de degradación que recuerda al peor romanticismo de Gorki (aspectos en los que sus relatos se equiparan a algunos de Antonio de Hoyos y Vinent y a todos los de Ángel Samblancat), pero en alguna de sus novelas —El comedor de la Pensión Venecia (1930) o Campesinos (1931)— logra acercarse con evidente vigor al mundo de frustración de los pequeñoburgueses o a la subversión campesina. Más moderado en ideas y estilo es Manuel D. Benavides (1895-1947) en sus reflejos del primer medio de aquellos como son Cándido, hijo de Cándido (1930) y Un hombre de treinta años (1933), aunque, en ese sentido, aparte de narraciones tan equilibradas como El blocao (1928) de José Díaz Fernández y La turbina (1930) de César M. Arconada, los mejores logros correspondan a la primera etapa de la producción de Ramón J. Sender, a quien, sin embargo, consideraremos en el capítulo final referente a la literatura de posguerra. De la misma edad que Sender es Andrés Carranque de Ríos (1902-1936) que supo incorporar lo mejor de la sencillez barojiana a algunos afortunados cuentos y narraciones largas de signo social; las últimas —Uno (1934), La vida difícil (1935) y Cinematógrafo (1936)— no merecen el olvido en que han caído hoy.

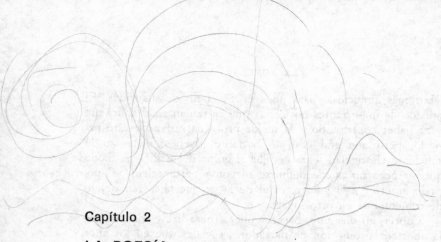

Capítulo 2

LA POESÍA

Una época en la que la mejor literatura se escribe por y para una minoría selecta, es indudablemente propicia a la poesía, y, en efecto, las cuatro primeras décadas del siglo xx fueron un período tan brillante para la poesía española como para la prosa. El siglo empezó sobre la cresta de la ola modernista. A diferencia de la noción de «generación del 98», «modernismo» no es un término acuñado por los historiadores de la literatura que examinan un período pasado. A finales del siglo xix un grupo de escritores jóvenes que se llamaban a sí mismos «modernistas» inició una enérgica cruzada de protesta y reforma, dedicándose durante algunos años a actividades literarias colectivas —revistas, reuniones, manifiestos— bajo la bandera del modernismo. Sólo posteriormente, cuando el modernismo ya no era un grito de combate y sus productos habían llegado a ser aceptados en España, empezaron a darse más cuenta de lo que les distinguía entre sí, y todavía más tarde los críticos empezaron a tratar de definir la esencia del modernismo y a separarlo de otras corrientes literarias de la época.

El proceso de definición está aún en marcha. Sin embargo, es evidente que el modernismo fue, entre otras cosas, una resurrección de la angustia que caracterizó a la literatura europea romántica, que durante un tiempo pareció haber sido ahuyentada por las seguridades de la fe que tenía el siglo XIX en el racionalismo cientificista. La angustia tiene raíces filosóficas profundas, que alcanzan hasta la muerte de Dios y la desaparición de todo lo que su presencia antaño había garantizado. La nueva poesía apunta a menudo en este sentido con sus habituales temas de la niñez lejana, los paraísos perdidos y los antiguos jardines cerrados y ordenados. Los modernistas, como los románticos, no sólo admitían el cruel absurdo de la vida humana en general, sino que mostraban además un especial resentimiento contra la época en la que habían tenido la desgracia de nacer, una época de fealdad, materialista y filistea, en la que el artista se sentía extraviado. Su respuesta fue afirmar que la misión del arte era proporcionar el sentido y la belleza de los que carecía la vida.

Como el resto de su generación, los modernistas despreciaban la literatura del pasado inmediato, que había considerado como su objetivo artístico la fiel representación de la realidad, y había exaltado la novela realista como modelo de ideales estéticos. El modernismo, como su nombre indica, significa ruptura con todo esto y el intento de hacer cosas nuevas de nuevos modos. En la poesía modernista florecieron nuevos temas, nuevas técnicas, nuevos metros y un nuevo vocabulario como nunca había llegado a darse en el período romántico.

El modernismo fue también conscientemente cosmopolita. Sus cultivadores comprendieron que estaban participando, aunque quizá de un modo un poco tardío, en una revolución de la sensibilidad que no se limitaba a España, ni siquiera a Europa, pero cuyo centro era indiscutiblemente París. Tanto si los escritores españoles habían necesitado o no al nicaragüense Rubén Darío para que llamara la atención sobre la importancia de la reciente poesía francesa, de Hugo a los simbolistas, hacia el 1900 los poetas se inspiraban directamente en Francia y, excepto en aspectos formales, el modernismo español debe mucho más a Verlaine que a Darío.

Naturalmente que no se trata de negar la importancia que tuvieron para la literatura española obras como *Azul* (1888) y

Prosas profanas (1896) de Rubén Darío. Estos libros contribuyeron a crear un nuevo tipo de poesía en lengua castellana. Pero su efecto fue más el de liberar a los poetas españoles de antiguas inhibiciones que el de proporcionar un modelo que imitar. En este aspecto, el histórico debate acerca de si fue Rubén o el poeta español Salvador Rueda quien inició el movimiento modernista en España, aunque no muy importante en sí mismo, no deja de ser revelador de la evolución poética de los años del cambio de siglo.

Rueda (1857-1933) empezó a publicar libros de versos en 1883, cinco años antes de la aparición de *Azul*. Su poesía revela un claro deseo de romper con las fórmulas de los años ochenta y de volver a la búsqueda de la belleza, el color y la armonía. Sus innovaciones métricas, que de hecho se anticipan a algunas de las de Rubén Darío, darían pie a que posteriormente Rueda afirmase que había sido él y no Darío el padre del modernismo. Indudablemente Rueda también ejerció cierta influencia en los poetas españoles jóvenes, pero su poesía carece, sin duda alguna, de muchos de los elementos que suelen asociarse al modernismo. Aunque escribió poemas sobre cisnes y lirios, se trata (por lo demás como todo el resto de su obra) de descripciones o meditaciones sobre lo que ve ante sí, y no contienen nada de la magia y el misterio de las invenciones modernistas. Uno de sus poemas que es pieza obligada en las antologías es su descripción de una sandía, y del mismo modo entonó himnos laudatorios a las virtudes del pan. Más fundamental es el hecho de que se sienta bastante satisfecho con el mundo tal como es: está orgulloso de ser español, ama a su patria, y especialmente a su Andalucía natal a la que ensalza de un modo ingenuo y superficial, como no se hubiese permitido hacer ningún poeta que se respetase de la generación de Juan Ramón Jiménez. La realidad es que Rueda fue un poeta relativamente poco culto y exigente, que reflejó a su modo el comienzo de una nueva sensibilidad poética, que sin duda alguna también hubiera encontrado su expresión en España sin su ayuda y sin la de Rubén, aunque ambos señalan el camino del tipo de poesía que los poetas más jóvenes querían escribir.

La poesía que los jóvenes poetas españoles empezaban a hacer a comienzos de siglo se apartó inmediatamente de la de Rubén Darío en varios aspectos, de modo que hay que dar al término modernismo un sentido muy amplio si tiene que abarcar a Rubén y a la obra primeriza de los hermanos Machado, Villaespesa, Juan Ramón y Valle-Inclán. A veces estas diferencias se han exagerado. Es cierto que los escritores españoles (con la excepción de Valle-Inclán en las *Sonetas*) tendían a rechazar la ornamentación exótica y exterior de los poemas rubenianos, su sensual mensaje de belleza y la musicalidad de virtuoso de su lenguaje. Pero Rubén es mucho más que esto. Desde el principio fue un simbolista, al menos en el sentido amplio de que su poesía aspiraba a crear un «estado de alma» y a captar las esencias que se encontraban debajo de la superficie cambiante de las cosas. Su objetivo no es describir las cosas porque son bellas, sino evocar los sentimientos que inspiran. Sus cisnes en los lagos de azur, por ejemplo, no son de plumas, sino —como dice en *Blasón*— de pérfumes, armiño, luz blanca, seda y sueños.

Por otra parte los poetas españoles buscaban unas vías de interiorización de un modo casi siempre ajeno a Rubén, y si a menudo usaban procedimientos aprendidos en la lectura de *Azul* y *Prosas profanas,* los aplicaban a la creación de una poesía triste, vaga, introspectiva, muy diferente de la rubeniana. La influencia de Bécquer empezaba a dejarse sentir. El título del primer libro de Manuel Machado era *Alma,* el de Juan Ramón *Almas de violeta* y el de Antonio Machado *Soledades*; el torrente de poesía publicada por Villaespesa en este período está lleno de confesiones íntimas y de autocompasión, y recuerda más a Espronceda que a los versos de *Prosas profanas.* Sin embargo, Villaespesa (1866-1936) escribía de una manera muy distinta de la de los románticos españoles; su poesía, quizá debido a que sus dotes poéticas son limitadas, demuestra más claramente que la de sus contemporáneos mayores, la deuda

directa contraída con Francia. Luis Cernuda no se equivoca
al llamar a Villaespesa «el puente por donde el modernismo
pasa a una nueva generación de escritores» [1], y es un puente
construido con materiales franceses. Las «visiones de países
lejanos e imposibles» de Rubén, sus princesas y centauros, raramente aparecen aquí. En vez de esto encontramos paisajes melancólicos, empañados por la luz moribunda del atardecer o por
la triste lluvia otoñal, y ese constante «parque viejo», con sus
rosas, sus sombrías avenidas de árboles y el murmullo de las
fuentes que lloran... el «jardín de mis recuerdos», como le
llama Villaespesa en uno de sus poemas. Todo eso se evoca
con el «mot vague» del «Art poétique» de Verlaine, con el propósito de describir no una escena, sino la impresión que nos
produce. El deseo de Villaespesa de «pintar flores no como son,
y sí como las vemos», está lejos de formularse de una manera
tan sutil como en las famosas formulaciones de Mallarmé, pero
es evidente que apunta en la misma dirección. Lo malo es que
sus intuiciones poéticas no son ni profundas ni sutiles, y
rara vez arranca un sentimiento de emoción, de gratitud o
de descubrimiento en el lector. Sus poemas más típicos se
limitan a contemplar el crepúsculo o la lluvia, o se cobijan
en jardines semiolvidados, y se recrean en la tristeza. Dos versos de su «Balada de la saudade y el corazón» nos dan una
representativa síntesis de toda su poesía. Se ha preguntado
al corazón cómo definir la «saudade» portuguesa, y el poema
termina: «Y el corazón, no sabiendo / qué contestar, suspi-
ró [...]». Villaespesa desempeñó un importante papel personal ayudando a descubrir a otros poetas jóvenes, sobre todo
a Juan Ramón, y aun les alentó en su carrera poética, pero sus
propios poemas no han resistido la prueba de los cambios de
gusto, y hoy en día se le lee poco.

Algo del mismo olvido, aunque por razones distintas y con
menos justicia, ha oscurecido también la fama de Manuel Machado (1874-1947). Entre estos motivos figuran el bien poco

1. L. Cernuda, *Estudios sobre poesía española contemporánea*, Madrid,
1957, pág. 85.

significativo de que la reputación de su hermano menor Antonio haya eclipsado la suya, el hecho de que la mayor parte de
sus mejores obras se escribiesen cuando era aún muy joven
y el descrédito que le valió en ciertos ambientes el apoyo prestado a la dictadura de Primo de Rivera y, más importante
aún, a la causa de Franco, para la que compuso desconcertantes
poemas de propaganda. Estos factores han reducido a Machado en la opinión de muchos a la estatura de un poeta menor,
autor de un puñado de excelentes poemas, pero cuya apatía le
condujo al escapismo estético mientras otros poetas hacían
cosas más importantes.

La principal injusticia de esta idea sobre Manuel Machado
consiste en que ignora la alta, aunque desigual, versatilidad
de su producción poética y de su talento. Su primer libro
de poemas, que es también el mejor, *Alma* (1902), manifiesta
una gran variedad de habilidades. En la época en que lo
escribió ya era muy conocido en el mundo literario y había
vivido dos años en París, donde había ensanchado sus horizontes literarios y adquirido la suficiente confianza en sí mismo
para escribir cualquier cosa absolutamente moderna. Algunos de
los poemas de *Alma* exploran, a menudo con impresionantes
símbolos, el tema sugerido por el título de la obra, un mundo
interior de profundas ansias, de esperanzas y temores, des-
cendiendo hasta lo más hondo de las mismas galerías del alma
que su hermano Antonio sondeaba por estos mismos años.
El profundo pesimismo existencial de *Alma* es tan serio como
el de las *Soledades*, mucho mejor conocidas, de Antonio.
Alma también contiene el primero y más famoso de los intentos de Machado de dar en un poema la impresión producida
por una pintura, «Felipe IV». La experiencia la habían hecho
antes que él varios poetas franceses, pero fue el primer ejemplo español de ese tipo de poesía descriptiva y pictórica, que
más tarde cultivaría abundantemente y con fortuna. También
en *Alma*, otro tipo de evocación de una época pretérita es
«Castilla», intensa interpretación de un episodio del *Poema
del Cid*. El contraste entre la robusta fuerza descriptiva de este

poema y la lánguida sutileza de «Felipe IV» da buena idea de la versatilidad de las dotes poéticas del Machado de este período.

Dos estilos más enriquecen la variedad del arte machadiano. *Alma* también ofrece ejemplos de su interés por hacer una poesía inspirada en el folklore andaluz (para la cual contaba con muchos materiales procedentes de las recopilaciones de su padre y de Agustín Durán, con quien su familia estaba emparentada), r la que en años posteriores iba a dedicarle mayor atenci·'ni, y de la que aún se encuentran ecos en la obra de poetas posteriores como Lorca y Alberti. Otra de sus múltiples facetas, ésta muy original por lo que se refiere a la literatura española, fue su poesía sobre el dolor y la sordidez de la vida en las ciudades modernas, que aparece principalmente en los versos «antipoéticos» y crueles de *El mal poema* (1909).

En 1910, poco después de haber publicado *El mal poema,* contrajo matrimonio con su prima Eulalia Cáceres, que había sido su novia desde la adolescencia, y cambió de manera de vivir. Aunque siguió siendo una figura importante —mucho más que su hermano— de los ambientes sociales y literarios, y cc 'inuó escribiendo poesía, incluso de vez en cuando buenos poemas, la ·'lidad de su obra después de su matrimonio menguó de un modo aún más acentuado que su cantidad. El público siguió leyendo sus libros. El volumen de poemas andaluces *Cante hondo,* de 1912, fue una de las obras que le proporcionaron mayores beneficios económicos, pero ya empezaba a convertirse en un respetado personaje del pasado. Sus últimos años fueron desazonantes y tristes. La República le alarmó y provocó su desaprobación; la guerra significó el alejamiento de los dos hermanos, con hondo pesar de ambos, y por fin la muerte de Antonio. La nueva España, privada de la mayor parte de sus mejores escritores, trató de devolverle la consideración de un poeta importante cuando hacía ya mucho tiempo que había dejado de serlo. Lo mejor de Manuel Machado forma parte del espléndido florecimiento del modernismo español, y pertenece por lo tanto a la primera década del siglo, ya que al final de esta década el modernismo ya había sido transformado decisivamente en otras cosas por poetas de más envergadura que Manuel Machado, entre otros su hermano Antonio.

Para muchos españoles de hoy, Antonio Machado (1875-1939) ocupa entre sus contemporáneos un lugar semejante al de Baroja, pues si se reconoce respetuosamente la categoría literaria y la importancia de poetas como Rubén y Juan Ramón, o como Valle-Inclán y Pérez de Ayala, lo cierto es que Antonio Machado es el lírico de su generación cuya obra se lee más en España. Como en el caso de Baroja, las razones son en parte de gusto literario y en parte de tipo ideológico. Para muchísimos lectores, Machado es por encima de todo el autor de ciertos poemas de la segunda parte de *Campos de Castilla,* que expresan del modo más directo sus ideas acerca de los problemas españoles. Y sin embargo estos poemas no son ni los más característicos ni los mejores que escribió. Educado en la Institución Libre de Enseñanza y habiendo vivido en un ambiente fervorosamente progresista, en el que el cabeza de familia era profesor universitario y positivista, al abandonar su casa Machado parece haber sentido la necesidad de descansar de la seriedad moral y de las preocupaciones sociales. La primera parte de su vida de adulto en Madrid y París fue tan bohemia como la de su hermano, y su primer libro de poemas, *Soledades* (1903; corregido y aumentado con el título de *Soledades, galerías y otros poemas,* 1907) se adscribe inequívocamente al movimiento modernista español.

De nuevo es preciso recalcar lo de español, porque en *Soledades* no hay ni faunos, ni princesas, ni cisnes, y como el propio Machado dijo en el prólogo a la edición de 1917, aunque admiraba a Rubén, «el maestro incomparable de la forma y la sensación», quería seguir desde el comienzo un camino diferente «mirando hacia dentro». *Soledades* así lo hace, y constituye una honda meditación sobre los temas del tiempo y la memoria. La mayoría de los poemas se compusieron cuando Machado tenía entre veinte y treinta años, pero su tono es el de un viejo triste y cansado, cuya alma está vacía de la poesía que tiempo atrás le deleitó: poesía no en el sentido de versos escritos, sino en el de experiencias ya lejanas de belleza y felicidad que el implacable fluir del tiempo se ha llevado para siempre. Este fluir que termina inexorablemente en la muerte, fue, como en el caso de Unamuno, la preocupación de toda su vida. El primer poema de *Soledades* nos habla ya de ese «tictac del reloj» que iba a resonar en toda la poesía machadiana: un sonido odioso, pues el tiempo presente es siempre amargo y estéril. Éste es el punto de partida de su meditación poética, y los hermosos poemas de este primer libro de versos están jalonados por la constante repetición de palabras melancólicas —«hastío», «monotonía», «bostezo», «amargura», «llorar»— cuyo mensaje se resume en estos versos sin equívoco posible:

> Ya nuestra vida es tiempo, y nuestra sola cuita
> son las desesperantes posturas que tomamos
> para aguardar... Mas Ella no faltará a la cita.
>
> (XXXV) [2]

Y no obstante, recuerda en otros poemas, hubo un tiempo en el que parecía que la vida podía ser algo más que elegir una postura en la que esperar a la muerte. La alegría pasó una vez ante la puerta del poeta. Quizá no vuelva a pasar, pero su recuerdo perdura, como la fragancia de las rosas marchitas, en un presente sin alegría. Sin embargo, el recuerdo puede significar cosas diferentes, como dijo Henri Bergson, en términos en los que Machado, cuando asistió a las clases del filósofo francés en 1910, iba a reconocer como una formulación de sus propias intuiciones. Recordar que tiempo atrás conocimos la felicidad no nos hace felices, más bien todo lo contrario. Pero hay una manera fugaz y vaga de revivir las

---

2. Las cifras romanas corresponden al número del poema en cualquiera de las ediciones de las *Poesías completas* de Machado.

emociones de las experiencias pasadas, y a esta manera Machado le aplica, en un sentido peculiar, la palabra «soñar». Como
Bergson observaba, la costumbre de distinguir el tiempo pasado del presente posee una claridad lógica útil, pero tiene
poco que ver con la realidad de la conciencia, en la que el
pasado siempre perdura de un modo u otro en el presente.
Los «sueños» de Machado hacen de esta perduración el objetivo central y el tema de la poesía; hay medios de escapar
del «tictac del reloj» penetrando en un mundo tejido con las
sutiles membranas de la memoria. «De toda la memoria, sólo
vale / el don preclaro de evocar los sueños» (LXXXIX), es su
afirmación más clara y concisa de esta idea. Pero la evocación deliberada del pasado en el estado de vigilia es difícil,
y las *Soledades* machadianas persiguen las sombras de los
sueños con actitudes que oscilan entre la esperanza y la desesperación. En sus poemas es característica la forma de un diálogo, con las estaciones, el amanecer, la noche, haciendo preguntas para las cuales a menudo no hay respuesta.

Aunque insiste en buscar el consuelo del sueño que impregna el gris presente con la luminosidad de los recuerdos, más
que el sueño recuperado es el acto de buscar lo que constituye
el tema de *Soledades*. Por esta razón los poemas cruzan miste-
riosamente una y otra vez las fronteras que separan el sueño
de la realidad, el pasado del presente. A menudo arrancan de
la contemplación de una escena real y presente, o de un momento del pasado al cual Machado trata entonces de aportar
el recuerdo de un pasado más remoto. También describen cosas
reales, pero los objetos descritos evocan entonces otras cosas
del mundo de los sueños, y así se cargan de un sentido superior
al del simple valor descriptivo. A veces, como en un verso
como «Donde acaba el pobre río la inmensa mar nos espera»
(XIII), o en un poema como «La noria» (XLVI), el simbolismo
es tan transparente que es posible decir en seguida qué es lo
que representa en realidad cada imagen. Pero *Soledades* también muestra la importancia especial que tenía para Machado
un reducido número de imágenes que repite una y otra vez,

y que con toda evidencia no tienen un «significado» único
ni sencillo, sino que se emplean por su múltiple poder evocativo y como fuente de diversas meditaciones. La imagen del
jardín, por ejemplo, sin duda alguna a veces recuerda el jardín
concreto de Sevilla que Machado conoció en su niñez [3], y así
sugiere el tema del paraíso perdido de la infancia. En el «Retrato» retrospectivo con el que se abre *Campos de Castilla,*
Machado lo describe con precisiones como «un huerto claro,
donde madura el limonero» (XCVII). Pero muchos de los
jardines de sus poemas son muy distintos. En un poema posterior de tono diferente, el mismo jardín real con su limonero
se convierte en «un huerto sombrío» (CXXV), y en *Soledades,*
el jardín, además de ser un «jardín encantado del ayer», es
también a veces un lugar oscuro, húmedo y triste. Cuando su
talante es desesperado, el jardín que imagina (generalmente
en estos casos no es un «huerto», sino un «jardín» o un «parque»), más que el luminoso recuerdo infantil, es el parque melancólico, abandonado y aristocrático de Verlaine, Valle-Inclán,
Juan Ramón y los otros modernistas, y de él se desprende un
tipo de nostalgia muy distinta. La misma fecunda variedad de
significados contiene la imagen de la fuente, que en *Soledades*
tiene funciones muy diversas. Canta la dichosa canción de la
niñez perdida del poeta, solloza monótonamente, como un eco
al tedio de la existencia presente, fluye como la vida y el
tiempo cayendo en la taza de mármol de la muerte y se seca
como la alegría del poeta. Semejantemente, los «caminos» que
serpean por los poemas de Machado son a veces los verdaderos
caminos polvorientos por los que él había andado tan a menudo,
a veces los caminos de la vida que conducen a los horizontes
del ocaso, otras los de sus recorridos por las galerías del alma,
cuyas vueltas y revueltas sigue sin saber adónde le llevarán.
Esta incertidumbre última se acentúa en la poesía de los años
posteriores con la comparación del camino de la vida con la

---

3. Véase D. Alonso, *Poetas españoles contemporáneos,* Madrid, 1958, páginas 140-146.

estela que deja una nave, clara imagen existencial de la vida
como simplemente la historia de lo que hace un hombre. El resplandor del crepúsculo que tan a menudo ilumina los caminos,
puede también contribuir a crear una atmósfera tranquila que
alienta a la memoria a soñar sus sueños, pero puede ser
igualmente la luz de una «tarde cenicienta y mustia»
(LXXXVII), que provoca angustiadas reflexiones sobre la vejez
y la muerte.

A pesar de las agudas intuiciones y de las emotivas evocaciones de esta poesía introspectiva, Machado llegó a tener
la sensación de que no estaba logrando nada. Quizá no comprendió que expresaba de un modo desgarrador el doloroso
sentimiento de no lograr nada, y que conseguía como muy
pocos poemas en castellano el objetivo propuesto: «Mirar lo
que está lejos / dentro del alma» (LXI). Sea como fuere, su siguiente libro de poemas, que es también el más famoso, *Campos
de Castilla* (1912; aumentado en una segunda edición de 1917),
deliberadamente se orienta hacia afuera, hacia el paisaje, los
hombres, la historia, meditando sobre la situación de España
y el carácter eterno de sus habitantes. Éste es el libro que hace
de Machado «el poeta de la generación del 98». Aunque el
cambio es celebrado por algunos lectores como el momento en
que sale de su cavilosa incertidumbre y encuentra su voz fuerte
y auténtica, como mínimo la pérdida es tan grande como la
ganancia. *Campos de Castilla* contiene algunos poemas belli-
simos, cuando Machado filtra sus impresiones a través de su
aguda sensibilidad poética; pero era un poeta dotado sobre
todo de perspicacia introspectiva, y el cambio de dirección
produjo una poesía menos honda, y en ocasiones francamente
trivial.

Este cambio de actitud tiene relación con hechos muy importantes de su vida privada. En 1907 abandonó sus hábitos
bohemios por la oscura existencia de catedrático de instituto
en Soria, donde, como el vasco Unamuno y el valenciano
Azorín, el andaluz Machado sintió la poderosa atracción de
esta región central de España, austera y pedregosa. Tras vivir

dos años en la vieja y tranquila ciudad, en su meseta alta y helada, Machado, que tenía entonces treinta y cuatro años, contrajo matrimonio con una muchacha de dieciséis. Por poco tiempo Leonor llenó su gran soledad íntima con un amor tierno y profundo. Pero en 1911, mientras se encontraban visitando París, la joven esposa de Machado mostró los primeros sín-tomas de que se estaba muriendo de tuberculosis. En Soria durante un año el poeta la cuidó desesperadamente, pero Leonor murió en agosto de 1912. Después de su muerte se trasladó a otra tranquila población provinciana, Baeza, en la parte norte de su Andalucía natal, donde siguió escribiendo poemas que se incorporaron a la edición de 1917 de *Campos de Castilla,* pero que en la mayoría de los casos sólo tienen una relación muy leve con el tema que indica el título del libro.

En los primeros poemas de esta obra, el material básico de Machado es la evocación del paisaje real, el áspero erial castellano que tan bien se adapta a su estilo directo y robusto, y en el que un puñado de imágenes y de frases cumplen tan bién su cometido descriptivo, que no se preocupa por buscar alternativas, sino que se limita a repetirlas. No obstante, las descripciones se convierten fácilmente en meditaciones, y los temas principales de *Soledades* siguen aún presentes, aunque de una forma distinta, porque Machado está ahora observando como un fenómeno nacional lo que antes había sido para él una cuestión de zozobra interior: la monotonía gris y la esterilidad del presente, con indicios de un esplendor pretérito ya desaparecido. Hubo un tiempo, en la infancia de Castilla, en el que Soria ocupaba un puesto de frontera, tensa y fuerte, como una ballesta a la cabeza de una nación de guerreros indo-mables espoleados por altos ideales. Ahora todo son ruinas y decadencia; la raza de héroes ha degenerado en unos campesinos hoscos, a los que Machado describe invariablemente (a pesar de haberse ganado la reputación de ser un poeta del pueblo) como una población fea, viciosa y adusta de «atónitos palurdos sin danzas ni canciones», que se rigen por supersticiones primi-tivas e instintos primarios.

Gran parte de su poesía descriptiva, con sus concisos destellos que recuerdan la antigua grandeza de Castilla, es intensa y convincente, y posee una abrupta belleza que hubiese bastado para hacer de él un gran poeta aunque no hubiera escrito nada más. Hay también otras cosas admirables en *Campos de Castilla,* como los siete poemas emocionados y trágicos, escritos en Baeza, sobre el tema de la muerte de Leonor, o el largo poema narrativo «La tierra de Álvargonzález». Este último es algo más bien infrecuente, un romance moderno que resume muchos de los temas de *Campos de Castilla* y trata de proyectar una visión reformista de los males de la España moderna a través de un tratamiento legendario de la maldad humana elemental. Unamuno sentía una gran admiración por el poema, pero hay en él pasajes que incurren en los mismos errores de los poemas más flojos del resto del volumen, que son aquellos en los que Machado habla llanamente acerca de sus opiniones sobre los problemas sociales y políticos de España. Su punto de vista, en principio admirable y digno de encomio, era esencialmente el que había aprendido en la Institución Libre de Enseñanza y que con frecuencia no se convierte en buena poesía. «Llanto de las virtudes y coplas por la muerte de don Guido» es aceptable como un ejercicio menor de carácter irónico, y «Del pasado efímero», «Los olivos» y «El mañana efímero» contienen algunos versos memorables; pero sus pretensiones de diagnosticar una enfermedad nacional no resisten una crítica rigurosa, y su contenido intelectual es nebuloso y a veces hueramente retórico. La súbita aparición en algunos de estos poemas de «buenos aldeanos» y «benditos labradores» parece como una recaída en actitudes sentimentales y llenas de buenos deseos. En cualquier caso, no se nos aclara cómo hay que distinguirlos de los «palurdos» degenerados y cejijuntos de la otra clase.

Después de la muerte de Leonor, Machado confesó que sus facultades poéticas estaban exhaustas: «Se ha dormido la voz en mi garganta» (CXLI). En un poema escrito poco después de su retorno a Andalucía observaba tristemente que sus recuerdos de la niñez carecían del elemento del sueño —«mas falta el hilo que el recuerdo anuda / al corazón» (CXXV)— aunque en «A José María Palacio» (CXXVI), que Machado fecha menos de un mes después del poema anterior, el «don preclaro» parece volver a operar en sus emotivas evocaciones de Castilla y de Leonor. Hasta el final de su vida siguió siendo capaz de escribir poemas magníficos, con todo el vigor y la belleza de su primera voz poética. Pero raramente los escribió. En Baeza empezó a dedicar cada vez más tiempo al estudio de la filosofía y a expresar sus propias reflexiones filosóficas en aforismos como los de «Proverbios y cantares» de *Campos de Castilla* (CXXXVI) y *Nuevas canciones* (CLXI). Fue también por esta época cuando inventó sus dos «profesores apócrifos», Abel Martín y Juan de Mairena. Machado finge recopilar sus poemas, frases y fragmentos de clases y conferencias, acompañándolos de sus propios comentarios, lo cual le permite prolongar su continuo diálogo consigo mismo y presentar ideas suyas dentro de un marco en el que la ironía le evita tener que hablar abiertamente. Muchos de estos fragmentos y poemas, sobre todo los que se recogen en *Juan de Mairena,* tratan de la poesía, y junto con los aforismos poéticos machadianos constituyen un importante conjunto de ideas suyas sobre el tema. Parte de estos textos manifiestan su desagrado ante el ornato poético barroco y el gongorismo y el culto de la metáfora por sí misma, rasgos que consideraba característicos de la nueva generación de poetas españoles, pero sus comentarios más interesantes se refieren a la relación del tiempo con la poesía y la diferencia existente entre poesía y lógica. Estos comentarios están dispersos en toda su obra tardía, pero se resumen de un modo más conciso y meditado en la «Poética» que publicó en 1931 en la antología de Gerardo Diego titulada *Poesía española.* Los comentarios de Machado merecen una atención más demorada, pero sus puntos esenciales establecen que la poesía moderna, a diferencia de la lógica, tiene que intentar extraer lo que es eternamente verdadero de lo que cambia sin cesar, y que el modo de hacerlo es reconocer

que la esencia de la vida es, paradójicamente, su temporalidad.
Y concluye diciendo:

> El poeta profesa, más o menos conscientemente, una meta-
> física existencialista, en la cual el tiempo alcanza un valor
> absoluto. Inquietud, angustia, temores, resignación, esperan-
> za, impaciencia que el poeta canta, son signos del tiempo,
> y al par, revelaciones del ser en la conciencia humana.

He ahí una penetrante observación de carácter general y una
reveladora afirmación que ilustra los propios objetivos poéticos de Machado. Lo curioso es, sin embargo, que a partir
de 1917 su propia poesía responde cada vez menos a sus teorías,
y que su poesía filosófica es predominantemente abstracta e
intelectual [4]. La única gran excepción es «Poema de un día»
(CXXVIII), que combina lo mejor de Machado en una meditación filosófica que brota directamente de un agudo sentido
del paso del tiempo en la atmósfera real y monótona de un
día lluvioso de Baeza.

En 1917 Machado se trasladó a Segovia, donde su vida
exterior se hizo más activa. Se vio implicado en el movimiento
de extensión universitaria y pasó gran parte de su tiempo en
Madrid. De 1926 en adelante escribió diversas obras en colaboración con su hermano Manuel. Un amor otoñal, pero al
parecer muy feliz, inspiró el grupo de poemas titulado «Canciones a Guiomar». Cuando se proclamó la República, se consagró a los proyectos culturales y educativos del nuevo régimen,
y en el curso de la guerra permaneció en España escribiendo
y dando conferencias al servicio de la causa republicana en la
medida en que se lo permitía su quebrantada salud. El avance
final de los ejércitos nacionales le obligó por fin a salir de
España, cruzó los Pirineos con su anciana madre una fría
noche de enero de 1939 y fue a refugiarse en el pequeño
puerto francés de Collioure. Allí murió y fue enterrado un
mes más tarde, y allí siguen aún sus restos mortales.

4. D. Alonso, *Cuatro poetas españoles*, Madrid, 1962, págs. 137-185.

A primera vista, ningún poeta parece estar más lejos de Machado que Juan Ramón Jiménez (1881-1958), el pálido esteta y enfermizo solitario que al parecer pasó la mayor parte de su vida huyendo de los problemas del mundo, recluido en las obsesiones personales de su arte, su hipocondría, su morboso temor a la muerte y todo un largo catálogo de manías de menos importancia. Pese a lo cual Machado y Juan Ramón tienen más cosas en común de lo que a menudo se reconoce, sobre todo en su obra primeriza, cuando Juan Ramón estuvo muy lejos de ser un solitario total. Llamado a Madrid en el año 1900 por Rubén Darío y Villaespesa para librar la batalla en favor del modernismo, realizó la indispensable visita a París, donde conoció directamente la obra de Verlaine, Mallarmé y los simbolistas. Durante cinco años, aunque su delicada salud le obligase a retirarse por largos períodos a un sanatorio del Guadarrama, desempeñó una parte muy activa en la vida literaria madrileña. En 1905 regresó a su ciudad natal de Moguer con objeto de dedicarse de un modo más completo a escribir y a leer durante los siete años siguientes, pero no por eso dejó de mantener abundantes contactos con el mundo exterior, y siguió atentamente la evolución de la poesía tanto dentro como fuera de España.

Sin embargo, es cierto que ningún poeta se consagró tan totalmente a su arte como Juan Ramón Jiménez. Para él la poesía era un medio de buscar la salvación personal, lo que hace su obra difícil y para algunos lectores irritante por su autoanálisis tan completo y a veces tan hermético. A pesar de que su inveterada costumbre de corregir, suprimir y reordenar selectivamente su inmensa producción poética demuestra hasta qué punto le preocupaba cómo iba a leerse su obra, en último término para él la comunicación es algo secundario. En la «Poética» que publicó en la primera edición (1932) de la antología de Gerardo Diego, decía: «Yo tengo escondida en mi casa, por su gusto y el mío, a la Poesía. Y nuestra relación es la de los apasionados». En la segunda edición aumentada (1934) se negó a que se publicara ni un poema.

La generosa recompensa que se obtiene después de leer los
poemas de Juan Ramón es, en cierto modo, simplemente el
subproducto de su apasionada relación con la poesía. Es posible que el lector tenga la sensación de no ser más que un
intruso que curiosea a escondidas contemplando la experiencia
narcisista y extática del poeta, y que sea incapaz de identificarse con sus fines primordiales. E incluso es posible que le
parezca que estos fines primordiales ·tienen algo que ver con
la locura.

El sentimentalismo adolescente de los dos primeros libros
de poemas de Juan Ramón, *Ninfeas* y *Almas de violeta* (1900),
le movieron a repudiarlos en años posteriores. Después de
estos libros, toda su vasta producción poética a lo largo de
medio siglo es una búsqueda unitaria e incansable de una
modalidad de Absoluto a través de la poesía, a través de
la pugna por encontrar el lenguaje y los conceptos adecuados
a su experiencia. Los poemas de lo que se suele llamar su
«primera época» —desde las *Rimas* (1902) hasta los *Sonetos
espirituales* (1914-1915)— tienen como temas característicos
la creación y la imposibilidad de captar su significado o nuestra
relación con ella. Pero al mismo tiempo Juan Ramón es consciente de un modo torturador de su intenso anhelo de captar
algo que se esconde detrás de la superficie de las cosas, sin
saber lo que es. «Que triste es amarlo todo, / sin saber lo
que se ama» (*TA*, 12)[5]. En esta época lo que más le
inquieta y le duele es la fugacidad de todo lo vivo, y en este
aspecto guarda muchas semejanzas con Machado. Muchos poemas son meditaciones sobre el tema de su propia muerte, pero
normalmente con una actitud que no tiene nada de morbosa
ni subjetiva. Poemas como «El viaje definitivo» (*TA*, 123), que
empieza «[...] Y yo me iré. Y se quedarán los pájaros / can-

5. Las cifras señaladas con la sigla *TA* corresponden al número del poema
en la selección que hizo el propio Juan Ramón, *Tercera antolojía* (Madrid,
1957). Las fechas de cada uno de los libros son también las que da el autor, y
corresponden al período en que se escribieron los poemas, no a la fecha de
publicación.

tando», resume con elegante sencillez un cruel enigma que
es conocido de la mayoría de nosotros. Pocos poetas han obte-
nido una poesía tan hermosa como la de Juan Ramón a partir
de la tristeza de contemplar las cosas vivas como cosas destinadas a morir, o de la melancolía de los comienzos bellos y
esperanzados —primavera, amanecer, capullos de flores— que
conocerán muy pronto su fin. Los símbolos con ayuda de los
cuales explora el misterio del tiempo y de lo esencial son
bastante convencionales, pero los enriquece con implicaciones
de orden personal. Aunque utiliza como símbolos de vida y
esperanza todos los aspectos de la vida natural que por sí
mismos se prestan fácilmente a semejante asociación de ideas,
su actitud ante estos signos es de frustración, y a veces de
odio, porque la esperanza es engañosa. Un símbolo de la vida,
para Juan Ramón, es antes que nada un símbolo de lo que
tarde o temprano morirá. Así se aleja de ellos y va a parar
a sus opuestos, buscando entre los símbolos de muerte y de
caducidad algo más verdadero, más próximo a la esencia eterna
y absoluta que es su objetivo.

En esta poesía hay pocos elementos esotéricos o que queden
más allá del reino de la experiencia ordinaria. Poemas como el
que empieza

> Tú acompañas mi llanto, marzo triste,
> con tu agua.
> —Jardín, ¡cómo tus rosas nuevas
> se pudren ya en el·fondo de mi alma!— [...]

> (*TA*, 254)

manejan con toda evidencia imágenes inmediatamente inteligibles para expresar la angustia de un hombre sensitivo y
melancólico ante la inexorable manera en que el tiempo arre-
bata todas las promesas de alegría que brinda la vida. Tampoco
es difícil compenetrarse con sus intuiciones acerca de cómo un
estado de caducidad o muerte —el invierno, el crepúsculo, la
noche, la luz de la luna— es más impenetrable al paso del

tiempo, y por lo tanto más consolador, que una situación de nacimiento o de comienzo vital. Pero Juan Ramón llega más lejos en su búsqueda de una esencia eterna dentro de la temporalidad. En cierta ocasión afirmó que siempre había sido y siempre sería platónico [6], y así llegamos a un punto en el que los lectores que no han sido ni serán platónicos han de empezar a apartarse de él. Ello equivale a decir que Juan Ramón ansiaba creer que tras la apariencia de las cosas hay una esencia absoluta y eterna que existe independientemente de la conciencia humana, y que el Poeta puede poseer el privilegio de tener intuiciones de esta esencia inmanente en los avatares de su experiencia cotidiana. Un reciente estudio sobre la poesía de Juan Ramón asegura que el poeta estaba convencido de que «el contenido síquico de cualquier creación verbal es eterno o independiente del destino de esta creación en cuanto entidad empírica» [7], y que el hecho de nombrar elementos de su experiencia (es decir, el contenido síquico de sus poemas) trascendería y sobreviviría a la existencia física de sus libros de versos. La respuesta de los noplatónicos a semejante concepto ha de ser el calificarlo de error, y de que Juan Ramón, como Platón, se equivocaba por completo, pero de un modo que era fecundo en percepciones incidentales. Los anhelos platónicos de un poema como «La espiga» (TA, 122), que habla de un

> anhelo inextinguible
> ante la norma única de la espiga perfecta,
> de una suprema forma, que eleve a lo imposible
> el alma, ¡oh poesía! infinita, áurea, recta!

pueden inspirar respeto como nostalgias de un imposible, pero cuando se convierten en afirmaciones el poeta toma un camino místico por el que pocos pueden seguirle.

6. «Soy, fui y seré platónico [...]», J. R. Jiménez, *La corriente infinita*, Madrid, 1961, pág. 178.
7. P. R. Olson, *Circle of Paradox. Time and Essence in the Poetry of Juan Ramón Jiménez*, Baltimore, 1967, pág. 19.

Pero, sorprendentemente, el camino seguido por Juan Ramón, le condujo a su objetivo. Hasta 1916, por todos sus atisbos de inmortalidad, su poesía nos transmite un mensaje de frustración y desesperanza. En 1916 cruzó el Atlántico y se casó con Zenobia Camprubí Aymar en los Estados Unidos. Ambas experiencias debían ser de una importancia fundamental para su poesía. Su esposa era una mujer de vasta cultura, excelente traductora de poesía (sobre todo de la de Rabindranath Tagore), que le ayudó muchísimo en su obra literaria. También realizó la dura tarea de soportarle, cuidarle y ocuparse de todos los aspectos prácticos de su vida, con el fin de que pudiese aislarse del mundo y enterrarse en «la Obra», como él llamaba siempre a su labor poética. Pero el viaje a América y el regreso provocó asimismo una crisis en su poesía. La experiencia de permanecer en alta mar durante una serie de días le pareció profundamente turbadora, y al tratar de formularse ante sí mismo la singularidad del océano, su poesía y su búsqueda dieron un importante paso hacia adelante. La experiencia se cuenta, de un modo imposible de resumir, en los poemas y en las prosas del *Diario de un poeta reciencasado* (1916), título que Juan Ramón cambió en 1948 por el de *Diario de poeta y mar* con la intención de subrayar la importancia de su experiencia oceánica. Experiencia muy notable: sólo un hombre tan identificado con la idea de que la poesía es un camino hacia la verdad última podía llegar a obtener una nueva concepción del significado de su propia vida a partir de una lucha con las palabras, ya que durante el viaje Juan Ramón empezó a entrever la posibilidad de que el encanto divino que buscaba y que le había hecho llorar de ansias por algo indefinible, podía residir dentro de sí mismo. La visión del Absoluto como algo a su alcance, unas veces le exalta, y otras le provoca cautelosos comentarios irónicos sobre su propia exaltación. Pero en dos «Nocturnos» escritos en el viaje de regreso, habla de cómo su alma está a punto de tomar posesión de un «imperio infinito» (*TA*, 328) y de un «dominio eterno» (*TA*, 329):

Su siguiente libro de poemas llevaba el audaz título de *Eternidades* (1916-1917), y se abre con una serie de afirmaciones —semejantes a las que había hecho dos años antes W. B. Yeats, casi con toda seguridad conocidas por Juan Ramón— anunciando su desacuerdo con toda su poesía anterior, que consideraba demasiado adornada y ahogada bajo el peso excesivo de las imágenes. A partir de ahora, dice, la inteligencia será su musa, y su tarea poética captar «el nombre exacto de las cosas» (*TA,* 339). La inteligencia y la exactitud no habían estado ausentes de su obra primeriza; siempre le había preocupado el sentido de lo que decía. Pero con frecuencia había tratado de transmitirlo de un modo vago e impresionista, como exigía Verlaine. Ahora sus poemas se hacen mucho más conceptuales y mucho más difíciles. Es preciso acercarse a cada uno de ellos como a un problema mental complejo y sutil que sólo después de una paciente reflexión nos entregará su significado pleno. Aunque esto también podría decirse de gran parte de la buena poesía, por lo común es posible enterarse de algo en una primera y rápida lectura del poema, mientras que en esta poesía juanramoniana este tipo de lectura no comunica absolutamente nada.

Esta «poesía desnuda», como él la llamaba, más libre en la forma y más epigramática que su obra anterior —como si ahora temiese que los esquemas métricos, la rima y la asonancia pudieran distraer la atención del impacto que el poema ha de causar en el intelecto— sigue un camino sorprendentemente místico y que asciende hasta un éxtasis final, confiando cada vez más en los triunfos sucesivos del autodescubrimiento. Un gran triunfo fue el de aceptar, al menos en su poesía, la muerte. Como ocurre a menudo en los poemas de Juan Ramón, sus poemas sobre la muerte invitan al lector a considerar diferentes niveles interpretativos. En un nivel más profundo y metafísico, su idea del significado de la muerte parecerá a muchos lectores una simple bobada. Juan Ramón comprendió que una manera de realizar el característico deseo del místico de aniquilar la conciencia individual en una totalidad mayor, es simplemente morir, e hizo un gran uso de esta idea en su poesía. Pero como siempre, su penetrante inteligencia y sus intuiciones consiguieron enriquecer tan extraña idea con experiencias humanas más comunes, ya que también se daba perfectamente cuenta de la manera mucho más inmediata en que la muerte da sentido a la vida. Si nunca muriésemos, la mayor parte de lo que queremos decir al hablar de la vida perdería su significado e incluso su valor.' Éste es el concepto que maneja brillantemente en el poema «¿Cómo, muerte, tenerte miedo?» (*TA,* 469), invirtiendo claramente la idea tradicional de la muerte. Su muerte sólo tiene sentido existencial mientras aún vive. Cuando muera, se producirá la muerte de su muerte y así

> [...] ¿No seré yo,
> muerte, tu muerte, a quien tú, muerte,
> debes temer, mimar, amar?

De este modo, las paradojas simbólicas que recorren toda su poesía, que empezó como pregunta angustiada, empiezan a transformarse' en exultantes afirmaciones de tipo platónico. Su tema común es el de que en el mundo ideal que hay detrás del «real», las cualidades aparentes de muchas cosas se convierten en sus opuestas. Por ejemplo, su antigua idea de que la primavera era un símbolo de muerte, mientras que el otoño representaba algo más próximo al ideal (*TA,* 275) se desarrolla plenamente en la definición del otoño como «inmortal primavera» (*TA,* 387). Uno de sus muchos poemas titulados «La muerte» (*TA,* 359) se inicia también describiendo la muerte como «Vida, divina vida», una consumación que se desea fervorosamente. La diferencia entre Juan Ramón y los místicos más ortodoxamente platónicos o religiosos es que él no aspira a renunciar al mundo físico y fugaz. En realidad, lo que nos dice es cómo cada vez más el mundo trascendental de las ideas da sentido y alegría al mundo material. El sucederse de las estaciones de la naturaleza ya no causa melancolía, porque tras ellas existe «la estación total». El camino de la vida

tendrá un fin, pero eso no importa, porque junto a él fluye
«la corriente infinita», el río de la eternidad. La alegría que
Juan Ramón descubre en esta dualidad no es propia de la
mayor parte de las experiencias místicas. El título originario
del último de sus grandes libros, *Animal de fondo* (1947),
alude a sí mismo, ser de profundidades divinas y eternas, pero
que sigue siendo un animal humano. En 1949 el libro volvió a
publicarse bajo el título general de su nueva segunda parte,
Dios deseado y deseante. Este dios es insólito y misterioso,
aunque a primera vista pueda no parecerlo. En sus notas a
Animal de fondo (*TA*, 1.016-1.019) Juan Ramón se describe
a sí mismo como un místico panteísta, y habla de «un dios
vivido por el hombre en forma de conciencia inmanente», de
modo que puede parecer natural suponer que el «dios deseado
y deseante» significa su propio anhelo divino interior encon-
trando el objeto de su deseo en el mundo externo. Pero no es
tan sencillo como eso, ni mucho menos. En un poema como
«La forma que me queda» (*TA*, 688) resulta claro que la divinidad que él descubre en la naturaleza es el «dios deseante»
y que el «dios deseado» reside en su propia alma. Sin embargo,
por lo común los dos se funden en una única e inefable experiencia de éxtasis y certidumbre, la esplendorosa culminación
de toda una vida de búsqueda poética.
     O así hubiese debido ser. Pero Juan Ramón era incapaz
de mantener su visión en el curso de los años que le quedaban
de vida, años que fueron muy agitados. Su salud decaía y
pasaba largas temporadas en un hospital. Zenobia tenía un
cáncer, y aunque una operación les dio unos años más de
esperanza, su esposa murió en 1956, pocos días después de que
Juan Ramón hubiese sido galardonado con el premio Nobel.
La escasa poesía que escribió en sus últimos años es de tono
muy amortiguado, y raras veces alude a las prodigiosas experiencias que se registran en *Dios deseado y deseante*. Pero la
recaída de Juan Ramón en la melancolía y en la ansiedad hace
aún más notable su exaltación anterior. Como la mayoría de
los místicos ortodoxos, sin duda alguna se había sentido en un

estado de gracia, justificado tal vez como una recompensa por sus largos años de fe y de fervor; también como otros místicos, pudo comprobar que este estado no era duradero, y sus últimos años los pasó esperando, dócil y vanamente, su retorno.

Toda la poesía analizada hasta aquí refleja en mayor o menor grado una serie de presupuestos que le dan cierta unidad y que proceden en su mayor parte de la poesía francesa y de Bécquer, quien introdujo en la poesía española la idea de que el don peculiar del poeta no pertenece al campo de la expresión, sino de la captación de lo inexpresable, de modo que su labor y su tortura consisten sobre todo en luchar con las insuficiencias del lenguaje. Dado que la nueva poesía quería reaccionar contra la absurda fealdad y la vulgaridad de la vida moderna, quedaba bien claro que no podía dirigirse a un público muy amplio. Los poetas de este período, más que los de cualquier otra época anterior, escribían prácticamente los unos para los otros.

Como ya puede suponerse, la poesía de Unamuno adopta una postura de oposición a todos estos principios. Aunque sólo empezó a publicar poesía en 1907, con su volumen *Poesías,* hay que recordar que tenía tres años más que Rubén Darío y diecisiete más que Juan Ramón. Los autores que habían formado su gusto poético no habían sido Mallarmé y Verlaine, sino Dante, Milton, Leopardi, Tennyson y Carducci. Unamuno era enemigo de la musicalidad, de la sensualidad y del exceso de imágenes en la poesía, y escribía unos versos ásperos y toscos que a menudo tienen la misma fuerza y emoción que sus obras en prosa. Ello hace que sus logros como poeta sean difíciles de señalar. Cernuda opinaba de él que era el mejor poeta de su tiempo, y que si se le había dejado de lado era sencillamente porque su poesía quedaba fuera de todas las modas formales y de contenido [8]. Es indudable que fue así. En versos directos y bruscos, trata de los temas que más

8. Cernuda, *op. cit.,* págs 89-101.

hondamente preocupaban a Unamuno, las relaciones humanas, España y las ansias de Dios y de inmortalidad. Una de sus empresas poéticas más ambiciosas, en unos años en los que la poesía tendía a ser breve y pagana, fue su larga meditación religiosa *El Cristo de Velázquez* (1920), inspirado en el famoso cuadro del Prado. Más adelante, intentó una poesía amorosa, entre becqueriana y campoamorina, en *Teresa. Rimas de un poeta desconocido* (1922) y, por otra parte, vertió muchos de sus problemas personales y políticos en los sonetos *De Fuerteventura a París* (1923), recuerdo de su confinamiento en tiempos de la Dictadura.

Pero incluso Cernuda admite que considera a Unamuno un gran poeta en todos sus escritos, es decir, un poeta en el sentido de que no era un pensador sistemático y analítico, sino que prefería expresar sus intuiciones y emociones de un modo espontáneo. Éste es un punto de vista legítimo: sería excesivamente pedante insistir en que el término poético no puede aplicarse a *Del sentimiento trágico* o a *San Manuel Bueno*. Pero en el sentido más convencional de la palabra poesía, hay que reconocer que Unamuno era dogmáticamente insensible a los valores de cualquier poesía diferente a la suya. Al insistir en que la poesía no era como la música, por ejemplo, entendía la palabra música en el sentido de sonidos armoniosos, mientras que otros poetas, sobre todo a partir de Verlaine y los simbolistas, habían prestado atención a las posibilidades de la poesía para producir directamente unas emociones como hace la música, y como Schopenhauer había dicho, para hablar a algo más sutil que el intelecto. De ahí el título de Verlaine, *Romances sans paroles,* y en otro aspecto, la definición que da Juan Ramón del poeta como alguien que «coge el encanto de cualquier cosa [...] y deja caer la cosa misma». Acerca de las imágenes, Unamuno es igualmente insensible:

> ¿Imágenes? Estorban del lamento
> la desnudez profunda,
> ahogan en flores
> la solitaria nota honda y robusta [...]

Dejando de lado el hecho de que estos versos también emplean imágenes, la idea que expresan no tiene en cuenta el conciso poder de la imagen para forzar al lector a hacer una asociación de conceptos en un acto de descubrimiento personal. Por otra parte, si las imágenes son una distracción, el metro y la asonancia también deberían serlo, y sin embargo, Unamuno fue rigurosamente fiel a las estructuras poéticas formales, y muchos de sus mejores poemas son sonetos.

Lo que no quiere reconocer es que, puesto que la forma natural de la expresión verbal es la prosa, cuando un escritor —al menos en la época moderna— cultiva la poesía según lo que solemos entender por esta palabra, es porque quiere conseguir unos fines que cree fuera del alcance de la prosa. Unamuno no concibe la poesía en estos términos, y el resultado es que lo más válido de su poesía es exactamente lo mismo que es válido en su prosa. Sus versos son a menudo impresionantes por su fuerza intelectual y la profundidad de su sentimiento, pero carecen de cualidades poéticas. Ello no equivale a decir que para ser poética, la poesía debe ahora encajarse en las fórmulas de un Verlaine o un Juan Ramón —algunos poemas de *Campos de Castilla* son una prueba fehaciente de lo contrario—, pero sí tenemos derecho a esperar de la poesía moderna que proporcione implícitamente una respuesta a la pregunta de por qué el autor no ha dicho lo que tenía que decir simple y llanamente en prosa. Y esto es lo que ocurre muchas veces en el libro póstumo que recoge los casi dos mil poemas que Unamuno escribió entre 1928 y 1936, como apasionante diario lírico que glosa ideas, recuerdos y personales paradojas en breves poemitas que a veces recuerdan inevitablemente las *doloras* de Campoamor: nos referimos al *Cancionero* (publicado en 1953 por Federico de Onís) en el que, desde luego, se hallan algunos de los mejores versos del escritor vasco.

El extraordinario florecimiento poético que se produjo en los años veinte y treinta gracias a un grupo de grandes escritores que a veces se conocen con el nombre de «generación de 1927», debe mucho a los poetas mencionados hasta aquí. Esta generación, cuyas figuras más descollantes son Guillén, Lorca, Alberti, Salinas, Cernuda y Aleixandre (y cuya obra considerada como conjunto nos llevará inevitablemente más allá de los límites del período estudiado en este capítulo) nunca dejó de considerar a Unamuno, a los Machado, a Juan Ramón, a Rubén Darío, y a Bécquer antes que ellos, con respeto, incluso cuando algunos de estos maestros empezaron a manifestar su desaprobación por lo que estaban haciendo los más jóvenes. Pero la continuidad de la evolución se vio inevitablemente alterada por la ruptura que significó la primera guerra mundial y sus consecuencias políticas, sociales y sicológicas tanto en España como en el resto de Europa. Las artes acusaron la experiencia traumática de una guerra horrible, y se impuso la turbadora sensación de que de ella había nacido una nueva época, con un excitado estallido de ligereza. En realidad, los primeros síntomas del alud de «ismos» que cayó sobre el arte se habían dado en España antes de la guerra. Ya en 1909, Gómez de la Serna, siempre en la vanguardia de todo, había presentado a los españoles el futurismo de Marinetti con su impulso iconoclasta de romper totalmente con el pasado y su delirante exaltación de las máquinas, el ruido, la velocidad y la violencia del siglo XX. Pero hasta 1918, el grupo ultraísta no inició sus esfuerzos para incorporar a España a las corrientes del cubismo, dadaísmo, surrealismo y demás movimientos de vanguardia, que se estaban imponiendo en Europa. Los manifiestos del ultraísmo merecen escasa atención (y sus resultados directos en la poesía absolutamente nulos), pero aportaron algo importante a la mejor poesía de este período, proclamando, con más energía de lo que hasta entonces se había hecho, la necesidad de liberar a la poesía de la razón y de la lógica, considerando el arte como un juego disparatado que no tenía reglas, yuxtaponiendo con traviesa audacia imágenes y conceptos incongruentes y tomando diversos elementos del creacionismo. Este «ismo» se introdujo en España principalmente gracias a los contactos con el poeta chileno Vicente

Huidobro (1893-1948), residente en París (donde escribió parte de su obra en francés), que afirmaba haber inventado el creacionismo y publicó multitud de atroces ejemplos de él. En el fondo todo eso no era tan nuevo. Se trataba simplemente de una versión exagerada de lo que se suele conocer como «arte autónomo», cuya idea central postula la eliminación en el arte de cualquier vestigio de intenciones representativas o de semejanza. Cada obra ha de ser una entidad nueva, ind pendiente, creada, como decía Huidobro, como la naturaleza crea un árbol. Cuando el arte en cuestión es la poesía, obviamente las imágenes adquieren una importancia central y una función especialísima. Ya no se entienden como metáforas de algo distinto, no son siquiera ni el juanramoniano «encanto de cualquier cosa», sino experiencias síquicas que se bastan a sí mismas, como la experiencia de una frase musical.

Poetas mejores que Huidobro o los ultraístas aprovecharon lo que creyeron útil para su arte de la oleada de teorías vanguardistas extravagantes y autopropagandísticas que siguieron a la guerra. De este modo se atrajeron la grave desaprobación de poetas como Unamuno, Antonio Machado y Juan Ramón, que consideraban la poesía como un medio profundamente serio de dar sentido a la experiencia humana, y siempre como algo íntimamente vinculado a la verdad. Los poetas de más edad tenían razón al creer que la abigarrada bufonería artística de la era del jazz y su multitud de pequeñas estrellas fugaces era básicamente una chifladura efímera; su poesía hoy nos parece incomparablemente más moderna que las antiguallas de los ultraístas. Pero se equivocaban al creer que la poesía seria tenía que seguir exclusivamente su ejemplo y evitar todas aquellas modas febriles que brotaron en los años veinte. Los poetas más jóvenes, para su obra sumamente original y personal, se inspiraron en lo que más les atrajo, en sus inmediatos predecesores españoles, en el arte experimental europeo contemporáneo y también en una amplia selección de los antiguos escritores españoles. Su admiración por Góngora —el Góngora de las *Soledades*— y su conmemoración del tercer centenario de su muerte, fue lo que les valió el nombre de generación de 1927. En el caso de Góngora su objetivo era atraer la atención sobre una gran poesía que había sido infravalorada dado que Menéndez Pelayo la había juzgado desfavorablemente en el siglo XIX, pero eran también conscientes y orgullosos de ser los herederos de una literatura en la que figuraban todos los nombres consagrados, y que en el curso de los siglos se había inspirado más que ninguna otra literatura culta en la poesía popular y en la canción. El romance sobre todo atrajo la atención de muchos de ellos.

Es evidente que, aceptemos o no el discutible término de «generación» para designar el conjunto de estos escritores, su obra suscitó en lo que tenía de unitaria un extraordinario entusiasmo por la poesía en todos los medios literarios del país y aun logró que el lirismo ejerciera algo parecido a una dictadura expresiva que se proyectó sobre la crisis universal de la novela y aun sobre el ensayo. Por otra parte, y aun dejando a un lado las evidentes diferencias que establece cada individualidad poética, el talante común de la generación cambió visiblemente en torno a 1928-1931: el impacto literario del surrealismo, la crisis mundial de 1929 y la convocatoria reformista de la República española de 1931 dividen con bastante precisión dos etapas en la evolución de la poesía española de las dos décadas de entreguerras. Tal cambio es perfectamente perceptible en la enorme cantidad de revistas poéticas que aunaron desde fechas muy tempranas el esplendor lírico de este período. Señalaremos la existencia de algunas de ellas y dejaremos aparte otras que, como *España* o *Revista de Occidente* (muy particularmente ésta en su doble faceta de información y edición), hemos recordado ya en el capítulo inicial. Revistas ultraístas fueron, por ejemplo, *Grecia* (1918), *Ultra* (1921) y *Horizonte* (1923); fundación de Juan Ramón e importante ingrediente en la creación de una conciencia de grupo fue *Índice* (1923), revista y editorial, casi simultánea a la publicación del suplemento literario del diario *La Verdad* (1926) de Murcia, posteriormente convertido por Jorge Guillén y

Juan Guerrero en la revista *Verso y Prosa* (1927); ese mismo
año nació, por obra de Manuel Altolaguirre y Emilio Prados
la malagueña revista *Litoral* y tres años anterior es la publicación coruñesa *Alfar*. La dispersión geográfica de publicaciones agudizada en la década siguiente es un significativo dato:
así surgieron *Mediodía* en Sevilla, *Papel de Aleluyas* en Huelva, *Carmen* (y su suplemento *Lola*) en Gijón y aun después
Isla en Cádiz, *Murta* en Valencia, *Nordeste* en Zaragoza y
otras muchas madrileñas como *Caballo Verde para la Poesía*,
Hoja Literaria, *Literatura*, etc.

Federico García Lorca (1898-1936) es todavía hoy la figura más famosa, aunque no necesariamente la mayor, de su generación. Gran parte de su fama la debe a las leyendas, como
las hubiera llamado Unamuno, que tienen una importancia
relativa respecto a su poesía. En primer lugar, fue un hombre
de una personalidad arrolladora y los recuerdos de los que
le conocieron le describen invariablemente como el centro
de un grupo de admiradores. Cuando se trasladó de Granada
a Madrid en 1919, vivió en la Residencia de Estudiantes,
aquella gran creación de la Junta para Ampliación de Estudios
(tan vinculada a la Institución Libre de Enseñanza), cuya importancia como centro de intercambios culturales fue incalculable, y allí evidentemente conquistó a todos los que le ro-
deaban con sus múltiples talentos. Luego está la leyenda política. Tanto si el asesinato de Lorca en 1936 tuvo móviles políticos como si fue un episodio frecuente en una retaguardia ate-
rrorizada (pues no parece que hubiera ninguna motivación más
personal) y a pesar de que su interés por la política fuese
reducido, representó para él la fama universal como el gran
poeta muerto en plena juventud por lo que insistentemente se
ha llamado «la barbarie fascista». Finalmente existe la leyenda
de Lorca como un poeta espontáneo, aniñado, cuyo arte brota
como mágicamente de unas intuiciones que desafían los análisis racionales; una versión de esta leyenda para la exportación
le convierte en un primitivo inspirado, cantando los exóticos
mitos y costumbres de su tribu andaluza no-europea.

El período 1920-1924, cuando Lorca compuso *Libro de poemas, Poema del cante jondo, Primeras canciones* y *Canciones,* fue cuando estuvo más cercano de esta última leyenda, aunque nunca demasiado. Muchos de los poemas de su primer libro son muy semejantes a los de las *Soledades* de Machado, e incluso usa las mismas imágenes para cavilar tristemente sobre el tiempo y la muerte. Pero a medida que Lorca se va abriendo paso hacia su nuevo estilo, su melancolía más bien literaria va cediendo lugar a una vigorosa inyección de inspiración popular y a una bulliciosa audacia en la invención de la metáfora. Sin embargo, estas dos características de su arte tienen que matizarse debidamente. Lorca conocía muy bien el folklore andaluz y ante él adopta una actitud muy poco sentimental: el *Poema del cante jondo,* por ejemplo, elige todos los aspectos más sombríos de la canción flamenca, olvidando que hasta el cante jondo más auténtico y tradicional tiene sus facetas alegres y ligeras, que Lorca casi siempre prefiere ignorar. Apenas hay un poema en todo el volumen que no contenga alguna nota triste o trágica, y, en ese orden de cosas, las *Canciones,* que reúnen los poemas más sencillos y alegres que Lorca escribió en toda su vida, en realidad no son ni una cosa ni otra. A pesar de que utilizan canciones tradicionales infantiles (a menudo dirigidas explícitamente a niños) y aunque a veces parece complacerse en la absurda incongruencia de estos versos, las *Canciones* pronto evidencian que el interés de Lorca por el folklore infantil y por la reacción de los niños ante los versos y las canciones, es propio de una persona adulta y muy complicada. Un poema como su «Nocturno esquemático», de sólo cuatro versos, no deja de ser característico de las *Canciones*:

> Hinojo, serpiente y junco
> Aroma, rastro y penumbra.
> Aire, tierra y soledad.
>   (La escala llega a la luna.)

Sin lugar a dudas, está lejos de su intención reproducir ingenuas canciones inocentes. Los temas de la frustración, lo perdido y la muerte ensombrecen el carácter juguetón que parecen tener los poemas y en muchos de ellos aparece un motivo sexual que no tiene ya nada ni de infantil ni de juguetón. Poemas como «Nocturno esquemático» ni son para niños ni tratan de ellos, y los críticos que han intentado comprender algo de sus imágenes más desconcertantes han hecho muy bien orientando sus búsquedas en la dirección de Freud, Jung y Frazer, sin olvidar por ello el folklore andaluz.

Todo ello puede aplicarse igualmente, si no con mayor motivo, al siguiente libro de Lorca, el *Romancero gitano* (1928; pero escrito entre 1924 y 1927). Hasta qué punto sabía Lorca lo que estaba haciendo en su poesía es una cuestión que ha sido objeto de muchas discusiones, y en este sentido, sus propias afirmaciones acerca de su poesía varían muchísimo. En su «Poética» para la antología de Gerardo Diego, dice: «Si es verdad que soy poeta por la gracia de Dios —o del demonio—, también lo soy por la gracia de la técnica y del esfuerzo, y de darme cuenta en absoluto de lo que es un poema». En una carta a Jorge Guillén, escrita mientras estaba trabajando en el *Romancero,* es muy explícito acerca de sus intenciones: «[...] procuro armonizar lo *mitológico gitano* con lo puramente vulgar de los días presentes», y dice que espera que los gitanos entenderán sus imágenes [9]. Por otra parte, en una conferencia sobre el *Romancero* que pronunció en 1926, pero que sólo recientemente ha sido publicada, avisa de la imposibilidad de «explicar el sentido» de algunas de sus imágenes, y hace la afirmación, más bien desalentadora, de que en su «Romance sonámbulo» —probablemente el poema más leído y comentado de toda la obra lorquiana— «[...] nadie sabe lo que pasa, ni aun yo, porque el misterio poético es también misterio para el poeta que lo comunica, pero que muchas veces lo ignora» [10].

Semejante confesión puede servir para recordar a los que

9. F. García Lorca, *Obras completas,* 4.ª ed., Madrid, 1960, págs. 1.563-1.564.
10. «Comentarios al *Romancero gitano*», *RO,* 77, 1969, págs. 129-137.

quieren ocuparse seriamente de la poesía de Lorca de dos dificultades características que presenta. En primer lugar, el hecho evidente de algunas asociaciones de palabras muy enig- (1) máticas que el propio Lorca pudo no haber comprendido. La famosa imagen, tan repetida, del «buey de agua», ha sido explicada incansablemente por editores y comentaristas, así como por el propio Lorca, pero sin duda alguna hay otras muchas metáforas más desconcertantes que ésta, que tiene un origen sencillo, pero desconocido para la mayoría, en algún detalle de la vida andaluza o de la experiencia personal del poeta. El segundo problema es el de que, si el simbolismo lorquiano (2) es a veces de carácter universal, inteligible para todos, a veces contiene alusiones muy personales. Por ejemplo, al comienzo del «Romance del emplazado» encontramos los versos siguientes:

> [...]
> Sino que limpios y duros
> escuderos desvelados,
> mis ojos miran un norte
> de metales y peñascos
> donde mi cuerpo sin venas
> consulta naipes helados

Las imágenes de ese avanzar dormido hacia montañas magnéticas de un hombre que ya está muerto, porque sabe que ha sido emplazado a morir, son expresiones perfectamente congruentes de la creencia de los gitanos (verdadera o inventada por Lorca, eso importa poco) de que una vez prescrita la muerte no hay nada que hacer salvo echarse en el suelo y morir con dignidad. Por otra parte el romance termina describiendo la muerte del Amargo en estos términos:

> Y la sábana impecable,
> de duro acento romano,
> daba equilibrio a la muerte
> con las rectas de sus paños.

Versos que se explican por la idea personal que tenía Lorca acerca de que siglos de dominación romana habían dejado una huella inueleble en el carácter andaluz, dando a este pueblo un sentido de la importancia de hacer de la muerte un final de la vida conscientemente digno y armonioso.

Pero hay también en la poesía de Lorca muchos símbolos temáticos evidentemente importantes que son muy difíciles de descifrar. El «Romance sonámbulo» está lleno de ellos, y empieza con uno de los más problemáticos de todos:

> Verde que te quiero verde.
> Verde viento. Verdes ramas.

De poco serviría hacer vagas suposiciones acerca de lo que podrían significar tales símbolos, o acerca de lo que pueden significar en otras literaturas y en la mitología [11]. Símbolos como la luna, los colores, los caballos, el agua, los peces, están destinados a transmitir ciertas impresiones, no necesariamente precisas ni siquiera siempre las mismas, pero tampoco arbitrarias ni fortuitas. Sólo tratando de descubrir lo que son, pueden apreciarse plenamente los ricos recursos del arte poético lorquiano.

Sin embargo hay que admitir que la tarea se hace extremadamente difícil en gran parte de la poesía que Lorca compuso después de este libro, y sobre todo en *Poeta en Nueva York* (1940; escrito entre 1929 y 1930). Cuando Lorca visitó los Estados Unidos en 1929 quedó horrorizado por la naturaleza brutalmente discorde de lo que vio en el Nueva York del famoso crac de Wall-Street, y también por lo que echó de menos: falta de raíces naturales, ausencia de una mitología unificadora o de un sueño colectivo que dieran sentido a una sociedad anónima, violenta y disgregada. A estos poemas se les ha llamado surrealistas y, desde luego, en esta época Lorca estaba familiarizado con las teorías francesas, pero sus poemas

11. Cf. J. M. Aguirre, «El sonambulismo de García Lorca», *BHS*, XLIV, 1967, págs. 267-285.

sólo tienen que ver con ellas en el sentido de que su confusión
y su inquietud se reflejan directamente en un desazonante tor-
bellino de imágenes frenéticas y torturadas de vaciedad, frialdad
y violencia. Cuando recurre a las fuerzas naturales —flores,
animales, los negros de Harlem, los cambios de las estaciones—
aparecen o atrapadas, prisioneras de la sangre o el fango, o
vagando como almas en pena por un desierto de materias estériles. Una temporada en la campiña de Nueva Inglaterra le dio
cierto respiro y una relativa paz, pero dedicó este tiempo a
escribir acerca de un sentido de la desesperación más personal.
Cuando volvió a Nueva York completó su libro con nuevas
denuncias de la odiosa civilización urbana, y luego pasó como
con una sensación de alivio a Cuba. Sin embargo parece probable que la poesía de Lorca también hubiese cambiado por
estos años incluso sin la experiencia de su estancia en los
Estados Unidos. Sabemos por sus cartas y sus conversaciones
con amigos, que marchó al extranjero empujado por un sentimiento de frustración respecto a su vida en España. Después
de *Poeta en Nueva York* escribió menos poesía, dedicando la
mayor parte de sus esfuerzos al teatro. Pero la mayor parte de
la poesía que escribió lleva el sello de la angustia y del tor-
mento interior que siguen expresándose en imágenes difíciles
y con frecuencia oscuras, como es el caso de las doce «gacelas»
y nueve «casidas» que componen el *Diván del Tamarit,* escrito
en 1936, donde el pretexto popular se mezcla a un alucinado
esoterismo muy próximo, por ejemplo, al de su obra teatral
El público. La única gran excepción es su *Llanto por Ignacio
Sánchez Mejías,* la emocionada elegía que compuso cuando
este torero intelectual, amigo de muchos de los poetas de la
generación de Lorca, murió en el ruedo en 1934. Las cuatro
partes del poema representan la función tradicional del la-
mento fúnebre, purificando las emociones iniciales de sorpresa
y horror, primero por la lamentación ritual, luego por la
serena meditación sobre la muerte y el fin de las cosas, y
finalmente por una oración funeraria serenamente filosófica.
La primera parte evoca confusas impresiones de la sangre

sobre la arena y la muerte en la enfermería, y refleja un estado
de ánimo demasiado impresionado todavía como para separar
la realidad trágica de detalles tan insignificantes como la repetición obsesiva de «a las cinco de la tarde». La segunda parte,
«La sangre derramada», está aún muy próxima al hecho mismo,
y es un estallido de dolor personal que habla de la necesidad
de huir del hecho de la muerte de Ignacio. Pero también trata
de comprender el significado de la muerte en términos de la
mitología simbólica del *Romancero gitano,* y aunque los términos pueden relacionarse a veces con creencias mitológicas
antiguas y universales, proceden de un modo más inmediato
de la visión que tiene Lorca de la cultura popular andaluza.
Lo que dice de la muerte y del toreo en el arte español en su
conferencia «Teoría y juego del duende» [12] a menudo aclara los
conceptos y las imágenes de esta parte del *Llanto.* La tercera
parte, «Cuerpo presente», es la despedida de Lorca a su amigo,
la aceptación dolorida pero firme de que la muerte, aunque de
un modo misterioso, ha llamado definitivamente a «Ignacio
el bien nacido». La parte final, «Alma ausente», reflexiona, de
una manera bastante similar a la del «Viaje definitivo» de Juan
Ramón, sobre cómo el mundo que había sido familiar a Ignacio seguirá existiendo sin dar ninguna señal de estar privado de
su presencia. Sin embargo, el canto del poeta hará perdurar
el recuerdo de Ignacio «para luego», dice Lorca. Y efectivamente el tiempo ha demostrado que así ha sido. Ignacio Sánchez Mejías ha seguido viviendo en innumerables imaginaciones
gracias al llanto lorquiano. La sinceridad de su dolor, sus
imágenes densas y bellas y su pausada dignidad hacen de él una
magnífica obra, no sólo como gran elegía, sino también como
una demostración de las extraordinarias posibilidades de un
poeta para plasmar un dolor personal, dejando de lado su
obra dramática y las oscuras preocupaciones íntimas que llenan
su poesía tardía para darnos este último e impresionante monumento a sus dotes poéticas.

12. *Obras completas,* págs. 36-48.

Aunque el *Libro de poemas* lorquiano de 1921 fue el primer volumen de versos importante publicado por los poetas
que hoy en día suelen agruparse en su generación, el miembro
de ésta que tenía más edad era Pedro Salinas (1892-1951).
Como otros muchos de sus compañeros de generación, Salinas
fue profesor universitario y publicó estudios muy notables
sobre literatura española, sobre todo después de abandonar
definitivamente España en 1939. Su obra poética anterior a la
guerra civil consta de los libros *Presagios* (1923), *Seguro azar*
(1929), *Fábula y signo* (1931), *La voz a ti debida* (1933) y
Razón de amor (1936). Tenía más de treinta años cuando publicó su primer libro de poemas, pero la frivolidad de los
años veinte y las extravagancias del ultraísmo encuentran eco
en su obra primeriza. Su segundo y tercer libros, sobre todo,
exaltan la excitación de un mundo de automóviles veloces,
cines, luces eléctricas, teléfonos, radiadores, máquinas de escribir, y manifiestan un sentido festivo y de exuberancia verbal
que comparten la mayoría de sus coetáneos en esta época de
tan frágil alegría.

Pero, en conjunto, la obra de Salinas anterior a 1936 demuestra que éstos son simples adornos de un propósito poético
único y prolongado, y de un tema básico constante: la paradó-
jica manera como la aparente claridad y solidez de la realidad
exterior se convierte, en la experiencia subjetiva que de ella
tenemos, en una misteriosa suma de impresiones fugaces y
tenues y de intuiciones que es muy difícil nombrar o expresar
con exactitud. El objetivo de su poesía es por lo tanto explorar
la relación existente entre la realidad exterior y la interior, y
explotar los atisbos y premoniciones de esta experiencia íntima
de que en el mundo externo hay algo más de lo que ven los
ojos. Algunos lectores han visto en tal empresa como una búsqueda de algo semejante a las ideas platónicas, y hay que reconocer que el propio Salinas no ha dejado de favorecer vagamente tal opinión al definir la poesía (en la antología de
Gerardo Diego) como «una aventura hacia lo absoluto», palabras que suenan como las de otro Juan Ramón. Y en efecto,

entre las travesuras y los caprichos de su obra primeriza, y sobre todo en *Presagios,* hay poemas en los que le vemos triste y desconcertado, como el joven Juan Ramón, contemplando las cosas reales y tratando de descifrar su enigma, sintiendo una «eterna ambición de asir / lo inasidero». En el primer poema de *Presagios* sus pensamientos se despegan de la tierra, en la que tiene firmemente asentados los pies, suben a la cabeza y luego van hasta

> la idea pura, y en la idea pura
> el mañana, la llave
> —mañana— de lo eterno.

Pero su larga indagación acerca de las relaciones que hay entre la realidad interior y la exterior contradice estos indicios platónicos, y llega a ser completamente distinta de la de Juan Ramón. Sigue fascinado por el mundo exterior, por su perfecta explicabilidad y su existencia en sí. En «Vocación» abre los ojos y encuentra el mundo perfecto a la clara luz del día: luego los cierra y sólo encuentra duda y confusión. La lacónica nota con que termina el poema es de resignación melancólica: «Cerré los ojos». Pero pronto vuelve a abrirlos, maravillados ante la certidumbre de lo que ven. En *Seguro azar* y *Fábula y signo* se mueve incansablemente entre los dos mundos que sugieren estos títulos paradójicos, comparándolos sin cesar, siempre perplejo por su incompatibilidad, especialmente fascinado por la «geometría sin angustia» de las cosas que pueden contarse y medirse exactamente, o de las cosas que permanecen inmóviles y sólidas en el tiempo y en el espacio, como el Escorial, al que dedica dos de sus poemas más sugerentes.

Por fortuna, no va a permanecer siempre en este estado de impotencia perpleja. Ya en *Fábula y signo* la yuxtaposición de los dos mundos origina sutiles intuiciones sobre la naturaleza de ambos, y estas intuiciones llegan a adquirir gran interés en *La voz a ti debida,* un libro de poemas sobre el amor. Estos poemas no son himnos de júbilo o de tristeza, sino descubri-

mientos acerca de lo que es el amor, en los detalles de sus
estados de ánimo y momentos. Decir que Salinas trata de
definir la esencia del amor sería dar un aire demasiado abstracto
a la cuestión, aunque en último término es esto lo que intenta.
Su punto de partida son los sentimientos humanos corrientes
en una relación amorosa real con una mujer real y concreta.
Luego empieza a analizar y a definir pormenores de su experiencia con toda la sensibilidad y la precisión de que es capaz.
En cierto sentido, pues, deja a la mujer atrás, fuera de sí mismo, pero no se trata, como algunos lectores parecen suponer,
ni de «evadirse» a un mundo más elevado de espíritus puros,
ni de tratar la realidad de su amada, como Bécquer hizo a veces,
como un estorbo que se entromete en su experiencia íntima.
Versos como «Su gran obra de amor / era dejarme solo»
necesitan integrarse cuidadosamente en su contexto para no
interpretarse equivocadamente. En realidad estos dos versos
terminan con afectuosa ironía un poema anecdótico en el cual
cuenta cómo su amada, creyéndole dormido, deja el cuarto a
oscuras y sale de puntillas. Él estaba despierto, pero no podía
llamarla, ya que de hacerlo hubiera destruido la obra de su
amoroso desvelo. En estos poemas Salinas nunca se sale de la
experiencia concreta de su amor real, sino sólo profundiza en
él; el «tú» ideal, conceptualizado, en el que a menudo parecen
disolverse el cuerpo y los labios de la mujer, no sólo no tiene
nada que ver con ninguna modalidad del Eterno Femenino,
sino que es el intento de Salinas de ahondar en su comprensión
de qué es lo que él ama en aquella mujer.

La voz a ti debida es la cumbre de la producción poética
de Salinas. Su libro siguiente, *Razón de amor,* el último publicado antes de que la guerra y el exilio transformaran su mundo,
está atravesado por la angustia que suscitan en él la huida del
tiempo y la fugacidad de la dicha. Las búsquedas vehementes
de sus poemas anteriores se convierten en dudas melancólicas
y vanas y en un estado de ánimo de triste resignación. Claro
está que de todo esto puede extraerse también poesía, y en
ocasiones la penetrante inteligencia de Salinas destila, con tanta

maestría como siempre lo había hecho, la esencia de sentimientos e impresiones. Después de abandonar España escribió *El contemplado* (1946), donde trata de recobrar su optimismo orientándose otra vez hacia el exterior y observando la luminosa realidad de las playas del Caribe, pero *Todo más claro* (1949) y *Confianza* (1954), a pesar de sus títulos, se componen principalmente de sombrías reflexiones sobre la civilización moderna y la amenaza de la bomba atómica. En todos estos libros hay poemas muy hermosos, así como también en el volumen publicado póstumamente, *Volverse sombra y otros poemas* (1957), pero en su vejez Salinas se muestra a menudo sorprendentemente farragoso y difuso. Por otra parte, su actitud sombría y temerosa, de melancólica resignación, es un mal estimulante para un poeta cuyo valor reside en hacer descubrimientos sutiles. La garantía de su perdurabilidad como gran poeta seguirá siendo su obra escrita antes de 1936.

Con pocas excepciones, los poetas de esta generación empiezan su carrera con un talante entusiástico y de jubilosa euforia poética, que más tarde se degrada, abruptamente en algunos casos, de un modo más gradual en otros, cayendo en sombrías preocupaciones acerca de la condición humana. Sin duda ello se debió, más que al factor de la madurez, a la crisis universal de la frágil euforia originada por el final de una guerra que debía acabar con todas las guerras. En otros países, el arrebato de una nueva desesperación hizo que el pensamiento de algunos hombres volviera a dirigirse hacia Dios, pero en España muy pocos encontraron consuelo en la religión.

Un poeta que representa una excepción parcial a esta norma general de la alegre frivolidad que se despeña en desesperación, es Jorge Guillén, nacido en 1893, pero más lento que sus compañeros en consolidar su obra poética juvenil en un importante volumen de versos, *Cántico* (1928). La ausencia de crisis dramáticas de tipo espiritual o artístico en su evolución, se subraya con el hecho de que durante más de veinte años trabajase en lo que es esencialmente un solo libro, ya que *Cántico* fue corregido y aumentado en las ediciones sucesivas de 1936, 1945 y 1950. Además, mientras la poesía de todos sus contemporáneos en los años veinte reflejaba en mayor o menor medida la idea de que el arte era un medio de burlarse estrepitosamente de la vida, la alegría de vivir fue en Guillén desde su mismo comienzo un sentimiento serio y profundo, y *Cántico* es, en su mayor parte, un extraordinario himno a la perfección de las cosas tal como son.

Guillén, como Salinas en sus mejores momentos, somete los hechos de la experiencia cotidiana al análisis de una inteligencia clara y analítica con objeto de extraer lo que para él es su significado puro y esplendoroso. Su credo poético, expresado en una carta que sirve de «Poética» en la antología de Diego, es «poesía bastante pura, *ma non troppo*». Ello equivale a decir que su propósito, como el de Salinas y el de Valéry, poeta este último a quien conocía y admiraba, y al que tradujo, es depurar lo esencial de la experiencia y desechar la escoria formal y anecdótica; pero al mismo tiempo nunca perdió de vista el hecho de que la poesía no es un estado espiritual inefable, sino poemas escritos en una página y obtenidos a partir del material en bruto de nuestra común experiencia humana.

La acusación de intelectualismo abstracto y «deshumanizado» que suele hacerse a Guillén ha sido durante mucho tiempo como un juego de bolos que los comentaristas se complacen en plantar para poderlo derribar luego; ya casi se ha olvidado quién formuló esta acusación y por qué. Pero lo curioso es, o era, que este poeta de emociones humanas exuberantes, que canta los detalles humildes y familiares de la vida cotidiana, no describe ni los detalles ni sus emociones, sino que filtra sus impresiones a través de su inteligencia y las convierte en conceptos precisos, que presenta en estructuras poéticas rigurosamente disciplinadas, formas clásicas españolas en su mayor parte, pero manipuladas con la confianza que le otorga su absoluta maestría técnica. Guillén amaba el orden, la exactitud y el equilibrio en todas las cosas, y la perfección formal de sus poemas se extendía a la equilibrada mesura de la estructura total de cada edición de *Cántico*. Dado que lo que quiere comunicar por encima de todo es la maravilla y el deleite que le proporcionan las cosas habituales, las impresiones de los sentidos, aunque están presentes en sus poemas, no son más que un trampolín que le proyecta rápidamente hacia una fusión extática de emoción e inteligencia. «Beato sillón» no trata de un sillón, sino de una complacencia beatífica y segura que siente respecto a la vida; y en un poema largo y denso como «Sol en la boda», aunque hay alusiones a una boda real —flores fragantes, velas, música, un gentío bajo el castaño de la calle, frente a la iglesia— e incluso una débil línea narrativa a medida que avanza la ceremonia, estas alusiones son tan rápidas que apenas se advierten, tan sólo un trasfondo para los extraordinarios esfuerzos de Guillén para arrancar de esta boda el sentido total de todos estos nuevos comienzos.

La lectura más superficial de unos cuantos poemas de *Cántico* revela ya el mensaje central del libro, aunque sólo fuera porque Guillén lo repite tan a menudo y con tanta fruición. Es la «fábula», el «prodigio», la «maravilla» del mundo normal en que vivimos, ante lo cual su actitud es de arrobamiento y pasmo, aunque de un modo que él considera como completamente normal. Las maravillas son «maravillas concretas», «prodigios no mágicos». No se pone en trance ni pretende captar significados de otros mundos que están ocultos a los simples mortales. Sencillamente a él le es dado saborear con más frecuencia y mantener por más tiempo que la mayoría de la gente, la exaltada alegría que todos hemos conocido en un momento u otro de estar vivos en un mundo bien hecho. La inteligencia clara y ordenada de Guillén a menudo juzga apropiado expresar este sentido de la perfección en términos geométricos, contornos definidos, simetría de líneas. Como Juan Ramón, goza viendo caer las hojas de otoño que revelan así el esqueleto de los árboles desnudos. Pero su alegría no puede ser más distinta del goce juanramoniano ante una aproximación mortal a un ideal misterioso, porque Guillén también amaba los brotes primaverales y el esplendor del verano, y en otoño también se complacía en la creciente precisión con que las ramas desnudas se definen a sí mismas, aceptándolas como un testimonio más de la segura y clara belleza del mundo creado. Otra reveladora comparación con Juan Ramón Jiménez la ofrece el frecuente uso que hace Guillén de imágenes de redondez ideal. Ambos poetas emplean el círculo y la esfera como expresiones de plenitud, pero si los círculos de Juan Ramón son símbolos místicos y neoplatónicos de divinidad, cuyo centro está en todas partes y cuya circunferencia en ninguna, como establece la tradición, en Guillén la «perfección del círculo» es una expresión mucho menos oscura de un sentido de plenitud, de un permanecer bajo un sol de mediodía en el centro de un orbe de perfección que alcanza hasta el último confín del horizonte.

Sin duda alguna el autor de *Cántico* era un hombre afortunado, dotado de unas predisposiciones serenas y jubilosas, y su libro es un himno de gratitud por la maravilla de la creación. La óptica que predomina en *Cántico* puede incluso llegar a ser desazonante para algunos lectores, que pueden razonablemente preguntarse si de veras es digno de respeto un hombre maduro que ha conseguido conservar intacto un optimismo tan ingenuo en la España y la Europa del siglo xx. Claro está que la óptica en sí no engendra buena poesía; si en Guillén no hubiera nada más que esto, su obra no sobresaldría del nivel de las canciones populares entontecedoras que nos aconsejan atender tan sólo al lado bueno de la realidad y hacer un recuento de los beneficios que nos reporta. Por eso en cierto modo es un alivio poder observar que Guillén reconoce la existencia de la fealdad, la confusión, el sufrimiento y la muerte. En *Cántico* este reconocimiento aparece con poca frecuencia y sirve sobre todo para encarecer, por contraste, el júbilo de Guillén de poder volver a salir a la luz del sol; pero por lo menos da como una especie de garantía de la autenticidad de este júbilo, y lo hace un poco más accesible a sensibilidades menos optimistas. En último término, Guillén no es portador de un mensaje único y claro. A menudo es muy difícil captar lo que quiere comunicarnos, aunque la dificultad no pueda atribuirse a la oscuridad, sino más bien a una claridad excesivamente penetrante. Sus poemas exigen un esfuerzo intelectual como mínimo tan grande como el que dio forma poética a sus ideas y sentimientos. En la carta que Gerardo Diego publicó como su «Poética», Guillén explica que por poesía pura él entiende sencillamente lo que queda en un poema después de haber eliminado todo lo que no es poesía. Si la idea parece elemental cuando se expone de una manera tan simple, una atenta lectura de cualquiera de sus poemas, sobre todo de los largos, nos indica algo de lo que quiere significar. La pureza es fundamentalmente una cuestión de concisión, de omitir todas las explicaciones necesarias en la prosa. A veces Guillén comprime sus conceptos en una cápsula poética tan densa que su fuerza explosiva es demasiado grande para la mente del lector; aquí estriba la dificultad, y también la diferencia última entre poesía y prosa. Tomando como ejemplo una explosión muy ligera de «Sol en la boda», Guillén dice de estos dos jóvenes que se han acercado al altar: «Nuevamente aquí están con su aventura / los dos eternos siempre juveniles». Casi ninguna de estas palabras hubiesen tenido el mismo sentido en un pasaje en prosa (los dos no se habían casado anteriormente, etc.); Guillén salta desde el hecho concreto a una serie de intuiciones poéticas relativas al significado de la boda de cualquier persona en la existencia total de cualquiera. Tres versos después nos recuerda, con soberbia concisión, que su destino les conducirá a una «final profundidad marina», tres palabras usuales que cuando se juntan en este contexto no sólo constituyen una imagen bellamente tranquila de la inmersión en la muerte, sino que además llenan la mente con ecos de otras voces literarias tan dispares como las de Valéry, Machado y Jorge Manrique.

Una vez completo *Cántico* en su edición de 1950, Guillén empezó a construir otro gran edificio poético, *Clamor,* que consta de *Maremágnum* (1957), *Que van a dar a la mar* (1960) y *A la altura de las circunstancias* (1963). Los títulos ya sugieren el cambio de tono que en los poemas va a sorprender al lector de *Cántico*. Por fin Guillén parece ceder bajo el peso de la angustia que abrumaba a la mayoría de sus contemporáneos, deja de cantar y emite un terrible grito de dolor y de repulsa ante la fealdad, la crueldad y la confusión de un mundo satánico. Se trata además del mundo concreto y contemporáneo de la guerra civil y de la mundial, que se precipita hacia el suicidio nuclear, un mundo en el que Guillén envejece y se siente cada vez más perdido y desamparado. Sin embargo, como él mismo ha dicho, *Clamor* no es una negación de *Cántico*. La «altura de las circunstancias», tanto personales como históricas, ha inclinado la balanza. El sufrimiento y la inseguridad que siempre habían acechado amenazadoramente al borde de su jubilosa visión, ahora lo invaden todo y sumergen su alegría. Pero esto sólo significa que se ha hecho mucho más difícil sentir exaltación y esperanza, no que éstas sean imposibles, y el torturado clamor que parece a veces engendrar verdadera oscuridad en la poesía de Guillén, cede paso de vez en cuando a momentos de lucidez y serenidad.

En un tercer volumen sustancial, *Homenaje* (1967), que según Guillén será su última obra, se sitúa en una posición en cierto modo intermedia entre *Cántico* y *Clamor*, más concreta y accesible que en el primer libro, menos angustiada y amarga que en el segundo. Para él el arte representa un gran consuelo. Muchos de estos poemas son verdaderos homenajes a otros poetas antiguos y modernos, españoles y extranjeros. Así Guillén hace desembocar toda una vida de lecturas y una aguda reflexión crítica sobre lo que ha leído, en sutiles afirmaciones poéticas sobre la continuidad de la poesía como una gran tradición viva, y del inestimable poder del arte para salvar tesoros del naufragio del tiempo. Guillén sigue escribiendo, pero el impresionante monumento que componen *Cántico*, *Clamor* y *Homenaje* —obras a las que ha dado el título general de *Aire nuestro*— no necesita adiciones ni embellecimientos para quedar como uno de los mayores logros poéticos de nuestra época, cumpliéndose así totalmente el deseo expresado en la «Dedicatoria final» de la última edición de *Cántico*: Guillén se dirige a «ese lector posible que será amigo nuestro: ávido de compartir la vida como fuente, de consumar la plenitud del ser en la fiel plenitud de las palabras».

Otro miembro de esta generación que sigue aún hoy escribiendo poesía es Vicente Aleixandre (1898-   ), aunque a diferencia de Guillén, que ha vivido en el extranjero y cuyos contactos con España han sido escasos durante los últimos treinta años, Aleixandre volvió a·España poco después de la guerra civil para convertirse en una importante figura de la vida literaria del país y ejercer una influencia considerable sobre los poetas españoles más jóvenes. Su primer libro, *Ámbito* (1928), se parece al *Cántico* guilleniano del mismo año por su exultante celebración de la alegría de estar vivo, pero en pocas cosas más. Sus incontenibles gritos de placer y goce sensual, carne desnuda y noches de pasión, carecen de la disciplina intelectual y estética del arrebato más profundo de Guillén. La misma falta de control aqueja a los dos libros siguientes de Aleixandre, *Pasión de la tierra* (1935; escrito entre 1928 y 1929), recopilación de poemas en prosa en buena parte incomprensibles, cuyas divagaciones íntimas y subconscientes más tarde Aleixandre trataría de disculpar llamándolas freudianas, y *Espadas como labios* (1932), que también insiste en la suprema importancia de la libertad mental y poética. Qué duda cabe de que esta libertad es algo hermoso y necesario en su debido lugar, pero Aleixandre parece creer en esta época que lo es todo en la poesía, que es su fin último. Su infatigable entusiasmo por juntar de un modo desconcertante conceptos incongruentes, a menudo uniéndolos tan sólo con un simple o más bien insolentemente inútil «o» o «como» (así en «Espadas como labios»), o «hecho de», es un rasgo de ingenio que no suele llevar poéticamente muy lejos. Es posible que haga vibrar ciertas cuerdas en la sensibilidad del lector, pero también hará que algunos lectores recuerden con aprobación el comentario de Guillén en una de sus conferencias pronunciadas en Harvard en 1958: «No hay charlatanería más huera que la del subconsciente cuando se abandona

a su trivialidad». El joven Aleixandre estaba persuadido de
tener grandes intuiciones, y al parecer pocas veces se preguntó
si éstas resultaban válidas para el lector.

Sin embargo, los tres libros siguientes de Aleixandre, *La
destrucción o el amor* (1935), *Mundo a solas* (1950; pero
escrito antes de la guerra civil) y *Sombra del paraíso* (1944),
poseen la madurez y el autodominio. necesarios para convertir
su vívida imaginación poética en un instrumento idóneo para
la creación de gran poesía. Cada uno de los tres libros se concibió con un carácter unitario, y sus poemas adquieren mucho
más sentido dentro del contexto de la totalidad del libro que
si se leen separadamente. Sus temas son míticos, en el sentido
primario de que ofrecen un relato poético, no racional, de por
qué el universo es tal como es. *La destrucción o el amor* habla
de una fuerza natural y elemental que une todas las cosas
vivientes, y aquí el «o» del título no es gratuito. A su manera,
Aleixandre observa, como los sicoanalistas y los profanos han
hecho antes y después de él, la verdadera relación que existe
entre el amor y la violencia destructora, y expresándola en
intensas imágenes que desafían, pero esta vez también recom-
pensando el esfuerzo, a la imaginación. Hasta cierto punto,
la selva regida por esta fuerza elemental tiene realidad, pues
Aleixandre está pensando en su revelación efectiva en animales
de presa y en sus víctimas. Pero la selva y sus moradores también ocupan sus lugares simbólicos en una cosmogonía mitoló-
gica, y están envueltos por un lado por las frías y negras profundidades de un océano sin amor y sin vida, y por otro por
un cielo de azur al cual los habitantes del bosque aspiran al
tiempo que se evaden del mar muerto. Sin llegar a ser una
alegoría de la vida del hombre, el libro abunda en imágenes
alusivas de gran vigor sobre la condición humana. Los otros dos
se refieren de un modo más concreto al lugar del hombre en el
cosmos: su mito principal, más humano pero expresado de un
modo menos vigoroso en ambos libros que en *La destrucción
o el amor,* es el del paraíso perdido, y presentan una desampa-
rada visión de la desolación y la desesperanza humanas en un

mundo desgastado, corrompido y efímero, en el que sólo la mirada escrutadora del poeta puede llegar a advertir los últimos residuos, casi desaparecidos, del alba prodigiosa de la creación. El antiguo anhelo de escapar a un mundo hostil para volver a una inocencia y una seguridad primigenias —del Edén, de la niñez, del seno materno—, reapareció con gran fuerza en el siglo XX, en reacción contra la noción predominante en el siglo anterior de que la Edad de Oro estaba en el futuro. En estos libros Aleixandre da forma imaginativa al sueño y a la desesperación que lo origina. Pero fue su última incursión por el ámbito de los mitos y del subconsciente. Su siguiente obra importante, y la última de la que vale la pena hablar, *Historia del corazón* (1954), se consagra, como la poesía de la España de la posguerra tendía a hacer, a la vida ordinaria de la humanidad. La imaginación poética de Aleixandre, que años atrás se había elevado tan audazmente que corría sin cesar el riesgo de una caída mortal en la oscuridad, ahora vuela casi a ras de suelo. Escribe sencillamente, de cosas sencillas, de niños, de perros, de la vejez; aunque escribe de un modo meditado, con sentimiento y sólo incurriendo ocasionalmente en el sentimentalismo, no es el tipo de poesía para el cual estuviera dotado Aleixandre. Después de 1954 ha seguido escribiendo, pero, a diferencia de Guillén, sin duda su obra hubiese atraído menos atención de no ir firmada por un nombre famoso. Algunos hitos importantes de esta etapa han sido *En un vasto dominio* (1962), *Presencias* (1965), *Retratos con nombre* (1965) y *Poemas de la consumación* (1968).

El ejemplo más dramático de la trayectoria personal y artística seguida por los poetas de esta generación es el de Rafael Alberti (1902-   ). Nacido y criado en el Puerto de Santa María, en la costa atlántica andaluza, al igual que Lorca estaba dotado de una gran facilidad aparente de hacer poesía con cualquier cosa. También como Lorca, empezó a escribir una poesía que está en deuda con las canciones folklóricas e infantiles, pero sobre todo con la venerable tradición española de incorporar el frescor y la sencillez de estas canciones a la literatura culta. Su primer libro, *Marinero en tierra* (1924), escrito mientras se encontraba enfermo en un sanatorio de la sierra madrileña, está lleno de gracia juguetona y de versos absurdos; pero las olas y las barcas de la bahía de Cádiz, que llaman a ese Alberti prisionero de la tierra, pertenecen a la niñez y a la libertad que ha perdido, y su deseo de hundirse y dejarse llevar por el agua en los jardines submarinos de la madre de la vida apuntan hacia la nostalgia de algo que está más atrás que la misma niñez. Sin embargo, la nota de melancolía personal no es más que una débil tonalidad, y desaparece por completo en *La amante* (1926), relato poético de un viaje en automóvil desde Madrid a la costa del norte y regreso. Estos breves poemas de extremada sencillez evocan canciones tradicionales y comentan como al desgaire lo que Alberti tiene ante los ojos. Versos de una gran delicadeza, pero también muy triviales. En su tercer libro, *El alba del alhelí* (1927), todavía predomina un tono risueño, pero su estilo y sus actitudes empiezan a hacerse más complejas. Además de simples canciones de amor andaluzas, hay poemas cuyas imágenes y conceptos buscan la ingenuidad; otros, como su autorretrato irónico, «El tonto de Rafael», manifiestan un provocativo deseo de sorprender y escandalizar, que anticipa el disparatado humor estilo cine mudo de su *Yo era un tonto y lo que he visto me ha hecho dos tontos,* de 1929.

Pero un cambio más radical se produjo en *Cal y canto* (1929,) escrito durante 1926 y 1927, bajo la doble influencia de Góngora (a quien Alberti admiraba en esta época con más fervor que cualquiera de sus amigos) y de su interés por el ultraísmo. En la mayoría de los poemas mantiene prudentemente separados estos dos estilos tan diferentes (aunque no totalmente incompatibles). Sus poemas gongorinos, que incluyen una «Soledad tercera», aspiran a una belleza difícil en un reino enrarecido de imágenes y conceptos intrincados que exigen paciente reflexión y un laborioso desciframiento. Otros poemas, de tipo muy distinto, aturden al lector con desconcer-

tantes escenas del mundo de la época moderna, vertiginoso y
cacofónico. No obstante Alberti se siente menos inclinado que
los ultraístas a glorificarlo e insiste más bien en su rota in-
coherencia y en su frialdad. De vez en cuando junta los dos
estilos, o por lo menos, ensaya con sutileza gongorina, más
que con la táctica de choque ultraísta, temas como el del mundo
del cine, o la gracia y la gloria de un famoso guardameta de
fútbol. Si la expresión «arte por el arte» significa algo, esto
designaría el *Cal y canto* de Alberti y su manera de abordar
cualquier tema —un telegrama, un marinero borracho— como
pretexto para exhibir su absoluto dominio de complicados recursos poéticos.

Cuando Alberti terminó *Cal y canto* solamente tenía veinticinco años. A esta edad sufrió de un modo súbito una intensa
crisis emocional, agravada por la enfermedad, cuyos orígenes
ha descrito con cierta extensión, aunque no de un modo muy
preciso, en *La arboleda perdida* (1959). Es asombroso que esta
caída en un infierno personal de desesperación y asco no des-
truyera su impulso poético; por el contrario, su dramática decisión de dejar constancia de tan terrible experiencia dio origen
al mejor de sus libros, *Sobre los ángeles* (1929). A diferencia
de Lorca, cuya estancia en el infierno perturbó tanto su control
creativo que hizo emerger las numerosas e impenetrables imágenes puramente personales del *Poeta en Nueva York,* la auto-
disciplina de Alberti raras veces llega a alterarse; a pesar del
carácter profundamente introspectivo de su queja, nunca pierde
de vista el hecho de que su intención es comunicarla a los
demás. Como es lógico, poemas que tratan de ahondar en la
sensación de ser un cadáver deshecho y ambulante en un
mundo repugnante destrozado y hostil, no son fáciles de lectura. Por otra parte el libro, que empieza con un poema titulado «Paraíso perdido», contiene muchas referencias a la niñez
de Alberti y a su educación en el colegio de los jesuitas del
Puerto, de modo que era de esperar que encontrásemos asociaciones personales que no fueran fácilmente inteligibles para

todos [13]. Pero estas dificultades en pocas ocasiones son insuperables. *Sobre los ángeles* no es más surrealista que el Apocalipsis, y es mucho más explícito. Los títulos de los poemas indican invariablemente sus temas con suficiente claridad. Los ángeles de la mayor parte de los poemas representan fuerzas que gobiernan diferentes facetas o estados de ánimo de la naturaleza íntima de Alberti como él ahora las ve, y sus reacciones respecto al mundo exterior, de modo que cada ángel concentra la atención del poeta en un aspecto de su estado espiritual o en una zona de recuerdos referentes a su vida pasada. Esta atención se envuelve entonces en terribles metáforas de amargura, repulsión, nostalgia —y ocasionalmente de esperanza y de paz, porque también hay ángeles buenos—, que sin duda alguna exigen del lector un esfuerzo imaginativo, pero también le invitan a compartir y a comprender una gran experiencia. La experiencia en sí no es agradable. Alberti estaba físicamente enfermo, y su sentimiento de infelicidad le llevó hasta el borde de la insania mental. Pero su inteligencia poética y su visión seguían intactas, y por ello fue capaz de transformar una catástrofe personal en una de las obras más intensas e imaginativas que ha dado la poesía española del presente siglo.

El extraordinario impulso y total entrega con que esta generación se consagró a la poesía en los años veinte tendió a perder fuerza en todos ellos hacia el final de esta década En 1930 Alberti publicó una especie de prolongación de *Sobre los ángeles,* titulada *Sermones y moradas.* Sus temas son los mismos, la libertad de estructura métrica que había adoptado en *Sobre los ángeles* ahora se hace total, y la poesía se identifica casi con la prosa. Pero la intensidad y la inmediatez del libro anterior han menguado, y el resultado da la penosa impresión de que Alberti ha llegado a dominar su crisis, pero quisiera exprimir otro libro de ella. A partir de 1930 su obra poética fue relegada por actividades políticas. En 1931 ingresó en el Partido Comunista y trabajó incansablemente por esta causa

13. Véase G. W. Connell, «The Autobiographical Element in *Sobre los ángeles*», BHS, XL, 1963, págs. 160-173.

durante la República y la guerra civil. A pesar de que la poesía propagandística que escribió —y que ha seguido escribiendo— ha sido justamente considerada como muy inferior al resto de su producción, es obligado recordar que se trata de poesía de circunstancias en el sentido más estricto de la expresión. La mayoría de los poemas que escribió durante la guerra civil los compuso para sus recitaciones a las tropas en los frentes de batalla, recitaciones que se recuerdan con gratitud y emoción por jefes tan duros como Líster. En el destierro la obra de Alberti ha sido variada y desigual, y lo mejor de ella es *A la pintura* (1952), donde consigue extraer una poesía de gran sensibilidad de su notable talento de pintor y de su amor por la pintura, y *Retornos de lo vivo lejano* (1952), poemas de grave nostalgia que renuevan algo de la profundidad y del vigor de sus mejores obras anteriores a la guerra.

Luis Cernuda (1902-1963), aunque tres meses mayor que Alberti, tardó más en darse a conocer como poeta. Razones familiares le retuvieron en Sevilla hasta 1928, y había tenido pocos contactos directos con otros poetas si se exceptúa a Salinas, que fue profesor suyo en la universidad de Sevilla. El primer libro de poemas que publicó, *Perfil del aire* (1927), no fue bien acogido, y algunos los consideraron como simples imitaciones de Guillén. En esta época Cernuda era un joven morbosamente tímido e introvertido, y las frustraciones de sus primeros años engendraron resentimientos que más tarde iban a aflorar en su poesía y en sus escritos acerca de sus contemporáneos. *Perfil del aire* (que posteriormente corrigió y llamó en 1936 *Primeras poesías*), a pesar de todo sólo recuerda a *Cántico* en su elegante maestría y en sus formas clásicas. Sus temas, como los de *Égloga, elegía, oda* que siguieron en 1928, son melancólicos y muestran a Cernuda como otro poeta sensible al mito de un paraíso perdido, reemplazado por una realidad que se asemeja a una prisión de «hastío», soledad y belleza que sólo florece para marchitarse y morir; en esta realidad Cernuda se siente condenado a la tortura peculiar de aspirar a un mundo ideal y eterno que sabe que nunca alcanzará. Aunque la forma de esta poesía recuerda a la literatura de los Siglos de Oro, los sentimientos son exactamente los de Bécquer.

En 1928 pudo por fin dejar Sevilla por Madrid, y luego por Toulouse donde enseñó durante un año antes de regresar a Madrid. Por esta época se interesó por la teoría surrealista, que, según confesión propia, influyó en sus tres siguientes libros de poesía, *Un río, un amor, Los placeres prohibidos* y *Donde habite el olvido,* escritos entre 1929 y 1933. Esto no significa, como tampoco en los casos de Lorca y ni siquiera de Aleixandre, que supeditara incondicionalmente su arte a la libre voz de su subconsciente. Lo que más le atraía en el surrealismo era su rebelión total, no sólo contra las convenciones artísticas, sino también contra todas las normas de una sociedad que a Cernuda le parecía despreciable y hostil, como afirmó con extraordinaria violencia en la «Poética» aparecida en la primera edición de la antología de Diego. La libertad surrealista ofrecía la oportunidad de una mayor honradez consigo mismo —cuestión siempre de primordial importancia para Cernuda—, de mayor libertad para decir lo que veía cuando miraba en su interior, sobre todo teniendo en cuenta que sus descubrimientos, como las extrañas asociaciones de ideas de sus poemas en prosa o la homosexualidad de su dolorosa poesía de amor, no se prestaban a una lectura convencional. *Un río, un amor* y *Los placeres prohibidos* alcanzan momentos de jubilosa experiencia de amor y belleza, pero están ensombrecidos por un sentimiento aún más fuerte de soledad y de vacío interior, además de por la afirmación del tema que iba a proporcionar el título del conjunto de la obra poética de Cernuda, *La realidad y· el deseo*: la realidad es una prisión de la que no puede huir para realizar las aspiraciones ideales que no puede eliminar, y que le parecen como los últimos ecos de un paraíso perdido. Pocos poetas han vivido el mito de la Caída con un dolor tan efectivo y personal como Cernuda. *Donde habite el olvido* (el título procede de Bécquer) constituye una melancólica prolongación de los otros dos libros, en un tono de desilusión más tranquilo, más claro. Habla de la muerte del amor y del amor de la muerte, como una huida final, tal como lo entendieron los románticos, hacia algo más verdadero y menos equívoco que la vida. Cernuda es también consciente de su peculiar e ineludible vocación de poeta, y éste pasa a ser un importante tema en sus poemas siguientes, *Invocaciones*. Otra vez las resonancias de Bécquer son muy sensibles. Una de las causas de su sentimiento de soledad es haber de vivir en «esta sucia tierra donde el poeta se ahoga».

La poesía de Cernuda tiene una insólita combinación de fuerzas que la mantienen en un estado de perpetua tensión. Su actitud ante el mundo circundante y su idea del lugar que el poeta ocupa en él han sido la causa de que muchos lectores le considerasen como un auténtico romántico, y en este sentido recuerda a Bécquer de un modo realmente notable, pero Cernuda no es solamente esto. Aunque su sensación de extrañamiento ante un mundo hostil y burgués le empuja a huir de él por medio del arte, en busca de un paraíso que aún recuerda vagamente y entreví de un modo fugaz, no ignora el hecho de que su vida no sólo tiene que ver con el «deseo», sino también con la «realidad», y que su misión consiste asimismo en dar un sentido a esta última, o al menos en definir y explorar su respuesta ante ella. Pero la guera civil transformó violentamente su realidad y, pese a su deseo de ponerse al servicio de la causa republicana, no pasó de ser un simple observador, casi siempre desde el extranjero, y los poemas de este período, *Las nubes,* aunque reflejan sentimientos provocados por el conflicto, no tratan de la guerra. Luego vivió durante catorce años en Gran Bretaña, llevando una tranquila y oscura existencia al margen de la realidad, leyendo mucho —sobre todo Hölderlin, en quien reconoció un espíritu muy afín al suyo, y poesía inglesa (y crítica, que según él, le enseñó a prescindir en su obra del engaño sentimental y de la elocuencia)— y engrosando sin cesar el corpus de su poesía que en las ediciones sucesivas de 1936, 1940 y 1958 siguió llevando el título de *La realidad y el deseo.* Los temas de su poesía, como el título, siguen siendo los mismos, pero su estilo adquiere mayor variedad y madurez, y aumenta su preocupación por hablar de un modo claro y directo acerca de su vida y sus circunstancias. Muchos de los poemas de *Vivir sin estar viviendo,* escritos entre 1944 y 1949, contienen profundas intuiciones poéticas en un lenguaje llano y a veces casi prosaico, que le hace ganar en vigor. Cernuda está también conquistando algo que casi podría llamarse la serenidad, y aunque nunca ha dejado de creer que su exigente vocación de poeta significa sufrimiento y soledad, algunos de sus poemas afirman casi con satisfacción las recompensas de su alta vocación, los momentos de visionario que, aunque sólo son momentos, parecen atisbos de eternidad y del paraíso perdido.

En 1952, después de enseñar durante cinco años en Massachusetts, se trasladó a México, donde, en el curso de unas vacaciones de su labor docente, se enamoró profundamente y fue feliz. Sus últimos años fueron fructíferos en estudios poéticos, prosa poética y poesía. *Con las horas contadas,* que completó la edición de 1958 de *La realidad y el deseo,* habla a menudo con jubilosos acentos de la alegría que le proporcionan ciertos momentos de amor y de belleza y su servicio a la poesía. Cernuda aún iba a escribir otro libro de poemas antes de su muerte, y éste es quizás el mejor de todos los suyos: *Desolación de la quimera* (1962). Es sin duda alguna la obra de un hombre de gran honradez personal que se prepara para morir, haciendo un sincero balance de sus actitudes ante la vida, el arte, su país y él mismo. No tiene que retractarse ni disculparse de nada. Cernuda no ha encontrado el paraíso ni a Dios, no ha perdonado a sus enemigos, ni a la hipocresía de la sociedad burguesa y sus repugnantes convenciones (el matrimonio, la familia), y no quiere ningún trato con «[...] esa España obscena y deprimente / En la que regentea hoy la canalla». En el espléndido poema que lleva el título que preside el volumen, reafirma su creencia de que el pago que ha de recibir la divina locura del poeta consistirá inevitablemente en «la aridez, la

ruina y la muerte». Pero Cernuda se enfrenta con entereza con
todo esto, con una dignidad que ilustra y justifica la serena confianza de esta sencilla afirmación: «He aprendido / El oficio
de hombre duramente».

La preeminencia de los seis poetas analizados hasta aquí no
debe hacer olvidar el hecho de que éste fue un período tan
prolífico como brillante para la poesía española. Pero la falta
de espacio sólo permite recordar brevemente que otros autores
que, bien que no alcanzaran, o no supieran mantenerse en las
alturas de sus grandes contemporáneos, también escribieron
poemas interesantes y excelentes. Cabría considerar por ejemplo
a una promoción de poetas bastante homogénea que tomaron
del modernismo los elementos simbolistas y sus innovaciones
métricas, pero cultivaron un tipo de poema meditativo, algo
retórico y, desde luego, muy personal y hasta humorístico que,
en sus aspectos más superficiales —tendencia a lo abstracto,
metáforas— prenuncia características de la promoción vanguardista posterior. Entre estos «posmodernistas» (como los llamó
Federico de Onís) está Ramón Pérez de Ayala (1880-1962) con
el ciclo unitario que empieza en *La paz del sendero* (1904),
El sendero innumerable (1916) y *El sendero andante* (1921)
para concluir en los versos que posiblemente hubiera deno-
minado *El sendero de fuego*; junto a él, desmerece el castella-
nismo contumaz y grisáceo de Enrique de Mesa (1878-1929)
en *Tierra y alma* (1911) y *La posada y el camino* (1928), pero
no sucede así con la poderosa retórica del bilbaíno Ramón de
Basterra (1888-1938), a caballo entre la visión simbolista —a
lo Francis Jammes— del paisaje (visible en *La sencillez de los
seres* de 1923) y poesía civil y clasicista de *Vírulo. Mocedades*
(1924) y *Vírulo. Mediodía* (1927), tan gustada por los coetáneos ideólogos del fascismo español. Dentro de la ejecutoria del
posmodernismo estarían igualmente los ensayos poéticos de
Valle-Inclán, así como la obra de tres interesantes poetas cana-
rios: Rafael Romero, «Alonso Quesada» (1886-1925); Tomás
Morales (1885-1921), y Saulo Torón (1885-   ). Más pró-
ximos a lo vanguardista estuvieron, sin embargo, José Moreno

Villa (1887-1955), que en *El pasajero* (1914) inu
de Ortega y Gasset, su prologuista— el período de
pura», cosa aún más visible en *Garba* (1920) o en su
damente banal *Jacinta la pelirroja* (1929), viñeta de l
del jazz; y Juan José Domenchina (1888-1959) en cuya p
cerebral y artificiosa influyó la segunda etapa de Juan Ran.
Jiménez.

A Gerardo Diego (1896-   ) hoy en día se le recuerda
sobre todo por sus antologías de la poesía española moderna,
de una enorme importancia, pero fue también un poeta de considerable relieve. Un poeta de una versatilidad asombrosa, que
en el espacio de pocos años publicó libros tan diferentes como
las finas evocaciones de *Soria* (1923), los desenfadados juegos
ultraístas de *Imagen* (1922), que adoptaron un carácter más
específicamente creacionista —después de haber conocido a
Huidobro en París— en el tan justamente llamado *Manual de
espumas* (1924), y el sereno lirismo de *Versos humanos*
(1925). *Imagen* y *Manual de espumas* quizá no sean sus mejores
libros, pero son posiblemente los más importantes que escribió.
Su decidida entrega a una libertad poética (y tipográfica) total
y su consagración a la autonomía del arte —sus poemas son
manojos fragmentarios de imágenes que no se refieren a nada
exterior a sí mismos— prepararon el camino para que otros
poetas hicieran un uso más interesante de la fantasía y de la
sorpresa en los años veinte. Las experiencias de Diego pueden
también representar las muestras menos endebles de los ismos
poéticos que estaban de moda en este período. Muchas de sus
acrobacias mentales son divertidas y rebosan imaginación, aunque resulta difícil que no lleguen a cansar después de un
prolongado bombardeo. Su poesía posterior es más convencional y también con mayor sustancia. *Ángeles de Compostela*
(1940) y los sonetos de *Alondra de verdad* (1943) raras veces
consiguen grandes vuelos imaginativos, pero se trata de versos
siempre fluidos y a veces emocionantes, y contribuyeron a
aliviar en parte la desolada situación de la poesía española en
los años inmediatos posteriores a la guerra civil.

Las limitaciones de Emilio Prados (1899-1962) son de un tipo diferente. No sólo no dispersó su talento en un vistoso despliegue de versatilidad, sino que se encerró en la exploración de un mundo personal interior de un modo que a los lectores les resulta difícil seguirle. Hombre triste y más bien solitario, cuya negativa a permitir que ninguno de sus poemas apareciera en la edición de 1934 de la antología de Diego es sintomática de su actitud respecto a la comunicación, se sirvió de su arte, al igual que Juan Ramón y Cernuda, para descifrar lo que era para él la misteriosa relación existente entre su mundo íntimo y el mundo exterior de la naturaleza. Sus primeros libros, como *Tiempo* (1925), *Vuelta* (1927), *Memoria de poesía* (1927) y *Cuerpo perseguido* (1928), demuestran que era capaz de escribir una poesía más enérgica y más honda de la que jamás llegó a escribir Diego. Pero sus poemas raramente consiguen —aunque la verdad es que ni siquiera parecen pretenderlo— introducir al lector en sus tristes autointerrogaciones; y a diferencia de Juan Ramón y de Cernuda, Prados no evoluciona en sus problemas. Aunque salió de su concha y tuvo suficiente intervención en la actividad política durante la República como para tener que exiliarse en 1939, la poesía que compuso en México después de la guerra —*Jardín cerrado* (1946), *La piedra escrita* (1961), *Signos del ser* (1962)— vuelve a sus temas de la preguerra, con una nostalgia aún más profunda y más cavilaciones sobre la muerte y el olvido.

Manuel Altolaguirre (1905-1959), como su inseparable amigo Prados, era de Málaga, donde ambos hicieron una gran contribución a la historia literaria fundando y publicando la revista *Litoral,* en la cual se dio a conocer entre 1927 y 1929 gran parte de la obra primeriza de los mejores poetas de esta generación. La poesía de Altolaguirre, como él mismo dice en la «Poética» publicada en la antología de Diego, procede directamente de Juan Ramón. Como éste y como Prados, en sus poemas se presenta a sí mismo como un hombre triste y solitario, una especie de abatido platónico que contempla la naturaleza con los ojos del alma y establece contactos íntimos con las

esencias que hay debajo de la superficie de las cosas. Pero
Altolaguirre emplea recursos poéticos más modestos que Juan
Ramón para comunicarnos sus anhelantes visiones, y no aparece
ningún sentido de lucha ni con los conceptos ni con el lenguaje.
Una delicada sensibilidad de lo que es misterioso en la naturaleza y en sí mismo, se expresa por medio de imágenes y
símbolos justos y enteramente privados de misterio: una combinación más bien insólita en este período, pero que no impide
a Altolaguirre escribir poemas excelentes, aunque, como Prados, a quien acompañó al exilio en 1939, tuvo pocas cosas
nuevas que decir después de la guerra.

De los numerosos poetas menores que florecieron en esta
fecunda época, los dos que es más probable que sobrevivan
como algo más que unos nombres en las antologías o en los
manuales de literatura, son León Felipe (1884-1968) y Miguel
Hernández (1910-1942). El absoluto individualismo de León
Felipe, unido a sus ansias viajeras, y más tarde a sus convic-
ciones políticas, que motivaron que pasara cuarenta y ocho de
los ochenta y cuatro años de su vida fuera de España —aunque
sin dejar por ello de sentir una viva preocupación por su es-
pañolismo—, hacen de él un hombre aparte de todas las modas y tendencias literarias, y su obra es mucho mejor conocida
en México que en España. Su poesía áspera, honrada y whitma-
nesca, sólo será apreciada por quienes congenien en mayor o
menor grado con él, pero se dirige de un modo directo y vigoroso a un público amplio, y no es probable que caiga en el
olvido.

La obra de Hernández es mucho más difícil de caracteri-
zar. Promovido y alentado por los poetas de la generación
de 1927, su poesía señala claramente una transición entre la
época de estos autores y otra nueva era, y su influencia en
la poesía de la posguerra ha sido considerable. Pero su obra
está recubierta por un espesor tal de leyendas que aún tienen
una gran vitalidad, que es difícil saber si nos interesa por lo
que refleja de la singular historia personal de Hernández o
por logros poéticos que sobrevivirán a las emociones hoy inse-

parables de su recuerdo. Aunque a veces se han exagerado la
pobreza y la incultura de Hernández en sus primeros años, sí
es cierto que era un cabrero sin educación cuando sintió los
primeros impulsos del deseo de ser poeta, y la primera tarea
que se impuso conscientemente a sí mismo fue aprender a escribir poesía culta. El resultado fue *Perito en lunas* (1933), un
ejercicio a la manera de Góngora, refinado, estilizado y más
bien estéril. Como prueba de que el antiguo pastor podía dominar las formas poéticas y la habilidad retórica, era un indudable triunfo, pero no era más que un ejercicio de estilo, que
carecía del sello moderno y personal que un poeta como Alberti puso en su poesía gongorina. El siguiente libro de poemas
de Hernández, *El rayo que no cesa* (1936), es distinto en muchos aspectos, y parece indicar que hubo otra crisis que Hernández tuvo que superar completando su evolución poética. *El
rayo que no cesa* muestra, como *Perito en lunas* no lo había
hecho, que era hombre de pasiones e impulsos intensos y ex-
plosivos que amenazaban constantemente con estallar de un
modo incontrolado. Era, como dice en uno de sus poemas, «una
revolución dentro de un hueso,   un rayo soy sujeto a una re-
doma». El principal tema del libro es el amor, pero sus estados de ánimo pertenecen al ámbito del arrebato, el furor, el
sufrimiento, la desesperación y las sombrías premoniciones de
muerte. Ya sea debido a una consciente necesidad de disciplinar
sus agitadas emociones, ya para ejercitar nuevamente su habilidad técnica, encaja su pasión en formas estrictamente clásicas,
aunque ahora con la mirada fija más que en Góngora, en Gar-
cilaso y Lope de Vega. Una combinación muy extraña que
no siempre da frutos óptimos; el libro pertenece aún al apren-
dizaje literario de Hernández, que empezó a dejar atrás después de escribirlo, apoyándose menos en los modelos consagrados y desarrollando una mayor confianza en su capacidad de
expresar sus sentimientos de un modo más directo. Pese a lo
cual durante algunos años el exceso de emotividad representa
aún un constante peligro en su poesía. Su «Elegía» a Ramón
Sijé, uno de sus poemas más famosos, impone respeto como

sincera efusión de dolor por la súbita muerte de un amigo muy querido, pero, dejando de lado este aspecto de simpatía humana, en el poema hay pasajes tan floridos que lindan con la ridiculez. Otro de los poemas más admirados de este período, «Sino sangriento», mezcla a una tentativa de transmitir un sentido de destino trágico, cierta retórica absurdamente melodramática; también aquí intervienen las consideraciones personales y la «leyenda» de Hernández, ya que la funesta profecía de un destino sangriento iba a cumplirse trágicamente pocos años después.

Durante la República, el joven Hernández se convirtió impulsivamente, pero de un modo total y sincero, del catolicismo más ferviente al comunismo no menos ferviente, y al estallar la guerra sirvió a sus ideales como soldado combatiente y como poeta. Aunque sus poemas bélicos, recogidos en *Viento del pueblo* (1937), no pueden llamarse propiamente propagandistas, muchos de ellos se escribieron, como la poesía de guerra compuesta por Alberti, para ser recitados a sus camaradas del frente. Estos versos expresan sentimientos muy variados, desde la ira más rabiosa hasta la más tierna compasión, y aunque en cierto sentido esto es algo poco agradable de decir, el hecho es que la experiencia de la guerra y de sus penalidades resultó indiscutiblemente beneficiosa para la poesía de Hernández, depurándola de artificios retóricos y de una excesiva dramatización de sus sentimientos. Un segundo libro fruto de la guerra, *El hombre acecha* (1938), es más personal y reflexivo que *Viento del pueblo,* y habla con serenidad y sencillez de sus sufrimientos y de la tristeza, que ve reflejados en sus compañeros.

Al término de la guerra Hernández fue hecho prisionero, encarcelado y sentenciado a muerte. Murió de tuberculosis, todavía en la cárcel en calidad de preso político, a la edad de treinta y un años. Los poemas que escribió en la cárcel a lo largo de los últimos tres años de su vida, publicados con el título de *Cancionero y romancero de ausencias,* constituyen como una queja noble y digna que no requiere artificios para ser profundamente conmovedora. Ningún lector puede permanecer insensible ante la historia de los incesantes sufrimientos de un hombre honrado y digno, separado de su amada esposa y de su hijo, a los que nunca volvería a ver, y privado de la luz, el aire y los placeres sencillos de una vida campesina que siempre habían significado tanto para él. En estos poemas Hernández está claramente en el comienzo de lo que pudo haber sido una nueva fase en su evolución poética, aunque la transición de una a otra no había sido abrupta. Hasta los poemas más sencillos que escribió en la cárcel son mucho menos descuidados y espontáneos de lo que algunos comentaristas quisieran hacernos creer. Sigue trabajando ingeniosamente la metáfora y el símbolo, y su poesía tiene una exigencia imaginativa que la distingue claramente de las también patéticas cartas escritas a su esposa desde la cárcel. Lo nuevo, y lo que ha hecho que su poesía tuviera tanta influencia después de la guerra, es el hecho de que, tanto si sus recursos y procedimientos poéticos son o no inferiores en cierto modo a los sentimientos humanos que expresan, son inseparables de ellos de una manera como no se había dado en la poesía desde Bécquer. La leyenda de las sutilezas gongorinas del pastor analfabeto, la anécdota y las pasiones políticas, se desprenderán tarde o temprano de la última y mejor poesía de Hernández; pero su impacto dependerá aún de la identificación del lector con las emociones humanas que expresa. Quince años después de *La deshumanización del arte* de Ortega, el círculo ha vuelto a cerrarse. En la poesía de Hernández, el «interés humano», que Ortega había declarado incompatible con el valor estético, y cuya desaparición había profetizado, vuelve a ser el centro del arte poética.

Capítulo 3

EL TEATRO

En el siglo xx el teatro es sin duda el género literario en el que España tiene menos que ofrecer al conjunto de la cultura europea. Ello no se debe a falta de talentos, sino a la gran vitalidad y a la inexpugnable vulgaridad burguesa del teatro comercial a lo largo de este período. A pesar de que se escribieron obras dramáticas interesantes, pocas veces fueron puestas en escena con éxito. El teatro vivo opuso una tenaz resistencia y contrarrestó las tendencias del siglo xx orientadas hacia un teatro experimental y minoritario, y no apareció ningún nuevo Calderón que hiciese gran literatura y gustara además a las masas. Aun cuando no podía esperarse que escritores como Unamuno, Valle-Inclán y Azorín tomaran por asalto el teatro comercial, pertenecen a un período en el que la obra de Ibsen, Chéjov, Shaw, Maeterlinck, Claudel, Giraudoux y Pirandello conseguía en mayor o menor grado el aplauso tan esencial para este arte que es el más público de todos. Pero en la escena española, escritores de esta talla quedaron casi totalmente eclipsados por una interminable sucesión de dramaturgos populares monstruosamente fecundos que tuvieron el don de dar a su público exactamente lo que él quería.

En los años del cambio de siglo los teatros españoles florecían gracias al desenfrenado afán de diversiones que había en la sociedad de la Regencia. El espectador de Madrid, ciudad que contaba apenas medio millón de habitantes, podía elegir cada noche al menos entre ocho teatros, todos ellos prósperos y muy frecuentados. A pesar de que el número relativamente limitado de asistentes obligase a renovar con frecuencia los títulos, incluso tratándose de obras de éxito, nunca hubo escasez de originales aceptables. Los asistentes eran en esencia el público de Echegaray, la alta clase media elegante, sobre todo mujeres y personas de edad madura. Los críticos más influyentes de la prensa diaria y semanal de mayor prestigio normalmente estaban al lado del público, y consideraban que su misión consistía en aconsejar a los dramaturgos sobre la manera de agradar al espectador. Distraer era obligado, aunque las obras no tenían por qué ser forzosamente cómicas. Hacer llorar al público o incluso suscitar en él una justa indignación, era perfectamente admisible. Lo que el buen gusto no podía tolerar era cualquier tentativa de confundir o preocupar al público, así como reflejar valores morales o sociales distintos de los que eran propios de las enjoyadas matronas de las butacas de platea.

La juventud radical pequeño-burguesa de la generación de Azorín opinaba inevitablemente que la situación del teatro era tan deplorable como todos los demás aspectos de la vida cultural y social española de fines de siglo, y estaba dispuesta a convertir la cuestión en otro campo de batalla de su conflicto generacional y a someter al teatro a reformas y experimentos. Pero, mientras en otros géneros se consiguieron verdaderas innovaciones y cambios de dirección, la influencia que tuvo esta generación en el teatro fue muy pequeña. En 1905, cuando la prensa organizó un homenaje nacional a Echegaray, un grupo de escritores entre los que figuraban Unamuno, Rubén Darío, Azorín, Baroja, Valle-Inclán, Antonio y Manuel Machado, Maeztu y Jacinto Grau, firmó un manifiesto de protesta pública. Gesto audaz que parecía prometer mucho para el futuro. Pero visto retrospectivamente, por lo que al teatro comercial se refiere, resulta haber sido un último movimiento de oposición antes de sufrir una derrota decisiva. La lista de los firmantes impresiona, pero más significativo para la evolución del teatro español es el hecho de que todos los de la lista que intentaron escribir para el teatro fracasaron visiblemente en su empeño de agradar o interesar al público. De un conjunto de alrededor de cincuenta firmas, sólo Villaespesa, y en un grado menor los hermanos Machado, conseguirían algún éxito en el teatro. Por otra parte, los nombres de los dramaturgos a los que el público iba a prestar su apoyo incondicional brillan por su ausencia en la lista.

A pesar de todo, dentro de los estrechos límites marcados por el gusto popular, se estaban produciendo algunos cambios ya en los años finales del siglo XIX. El último decenio de este siglo, aunque dominado por un Echegaray todavía en plena actividad, asistió a unos intentos teatrales que hacen pensar que es alrededor de esta época cuando hay que situar los inicios de una renovación. Un acontecimiento que parece señalar el inicio de algo nuevo fue el estreno, en octubre de 1895, del *Juan José* de Joaquín Dicenta. Dicenta (1863-1917) hasta entonces sólo era conocido como un personaje bohemio, autor de unos melodramas sentimentales muy mediocres como *El suicidio de Werther* (1888), aún escrito en verso, y sobre todo, *Luciano* (1894). Pero *Juan José* le convirtió en un dramaturgo famoso. El protagonista de la nueva obra es un albañil analfabeto y antiguo hospiciano, que, por amor y celos, pierde el trabajo, roba, va a la cárcel y huye de ella para matar al capataz de la obra donde trabajaba y a la mujer que ama y cuya infidelidad le llevó a prisión. Como esta triste historia se presenta como la de una víctima noble e indefensa de las circunstancias sociales y posiblemente de la explotación capitalista, *Juan José* ha sido considerado por algunos como un drama «proletario» que anunciaba una nueva era de teatro socialmente comprometido. Sin embargo, el éxito inmediato e inmenso de esta obra ante públicos acomodados ya indica que las cosas no son precisamente así. Después de darse ininterrumpidamente cuarenta y una representaciones —éxito extraordinario para la época—, se repuso con frecuencia, lo cual de-

muestra con qué rapidez se convirtió en una obra favorita del
público. Fuera cual fuese la intención de Dicenta, la gran mayo
ría de los espectadores vio en ella lo que era sin duda alguna:
otro melodrama sentimental de honor y celos. La entusiástica
crítica que le dedicó Eduardo Bustillo en la tan conservadora
Ilustración Española y Americana (15 de noviembre de 1895)
califica repetidamente el drama de «hermoso». Felicita a Dicenta por haber mostrado que los sentimientos apasionados
pueden darse incluso en las clases sociales inferiores, y sin el
menor propósito tendencioso, subraya con toda razón que el
compañero de trabajo de Juan José en la obra, aun viviendo
en las mismas condiciones sociales y económicas, no tiene problemas dramáticos, sencillamente porque su amante es una buena muchacha, que es fiel a su hombre, que está más resignada
a la pobreza y a las estrecheces que la frívola Rosa que sólo
piensa en lujos.

Después de *Juan José* Dicenta siguió jugando con el drama
social. Es posible argüir que *El señor feudal* (1897) va mucho
más lejos que *Juan José* en arriesgarse a exponer actitudes sociales que no correspondían con las típicas del público [1] y aun
más allá todavía fueron *Daniel* (1906) y *El crimen de ayer*
(1908). Sin embargo, históricamente este argumento tiene escasa importancia y, de hecho, los jóvenes radicales que se habían entusiasmado con *Juan José* denostaron, por boca de
Azorín, la nueva pieza de Dicenta. El escritor continuó siendo
admirado y recordado como el autor de *Juan José* y no como
el fundador de un nuevo tipo de teatro. A finales de siglo era
ya claro que *El señor feudal* no anunciaba los caminos que seguiría el teatro español. Por estos años, las líneas de evolución
de mayor éxito habían sido ya determinadas por ciertas circunstancias de la primera parte de la carrera del dramaturgo que
iba a dominar la escena española durante más de medio siglo,
Jacinto Benavente (1866-1954).

---

1. Véase G. Torrente Ballester, *Teatro español contemporáneo*, 2.ª ed.,
Madrid, 1968, págs 94-98.

A pesar de su longevidad y de su copiosísima producción, los primeros años y las primeras obras de Benavente son los más importantes, al menos desde el punto de vista de la historia de la literatura. Si alguien hubiera podido revitalizar el teatro como sus contemporáneos revitalizaron la poesía y la novela, era Benavente. En 1894, cuando se estrenó en Madrid su primera obra, *El nido ajeno,* comprendía claramente que la época estaba ya madura para un cambio. Tenía veintiocho años, era un hombre culto, que había viajado y que conocía el teatro en todos sus aspectos, desde la historia del teatro europeo hasta las cuestiones de orden técnico acerca de cómo poner en escena profesionalmente una obra. Pertenecía además por su cronología a esta generación de intelectuales liberales, se preocupaba por la decadencia cultural de España y, no en vano, las listas de miembros de la generación del 98 por lo común incluyen su nombre. Sin embargo se distinguió de sus importantes coetáneos en puntos importantes desde el comienzo de su carrera, y es significativo que en 1905, contando ya con diez años de experiencia teatral, no firmara el manifiesto contra Echegaray. La evolución de su obra durante esta década indica que se enfrentó conscientemente con una disyuntiva, ser un autor de éxito o un genio incomprendido, y decidió ser un autor de éxito.

El nido ajeno, sin ser la mejor, es quizá la más seria de todas las obras que escribió Benavente. Su tema básico, el papel de la mujer casada en la clase media, era una cuestión que preocupaba tanto en España hacia finales de siglo como en el norte de Europa cuando Ibsen empezó a tratarla. Por otra parte Benavente no deja de observar con cierta perspicacia los aspectos peculiarmente españoles del problema, el modo en que un insensato residuo de convenciones respecto al honor matrimonial puede llegar a trivializar y entontecer la vida de una mujer casada inteligente, sociable y absolutamente honesta. En Madrid la obra fue un fracaso catastrófico. Fue retirada del cartel tres días después del estreno en medio de clamorosas protestas. Lo que la crítica (la misma crítica que un año más tarde encontraría tan «hermoso» el *Juan José*) consideró más ofensivo y repugnante fue la escena en la que dos hermanos discuten la posibilidad de que su madre hubiera sido infiel a su padre. El crítico de *El Imparcial* (7 de octubre de 1894), turbado y lleno de indignación, aseguró que ese tipo de cosas no sólo eran totalmente inadmisibles en un escenario, sino además completamente irreales.

Es fácil adivinar el dilema del joven Benavente. Por una parte la reacción del público había demostrado sobradamente lo urgente que era la necesidad de penetrar en el desastrado presente del teatro español con esa clase de obras. Por otra, ¿qué futuro cabía esperar en este intento de reformar el teatro con obras que iban a suscitar violentas protestas por parte del público? Su segunda intentona, *Gente conocida,* de 1896, le muestra tanteando el terreno en busca de un compromiso honorable. En vez del intenso análisis de un alma que ofrecía *El nido ajeno,* la nueva obra consistía en una serie de fragmentos de conversaciones educadas, más o menos estáticos, que retrataban la hipocresía, el materialismo y la mezquina malevolencia de la buena sociedad. La acción es muy escasa hasta el último acto, en el que la hija de un nuevo rico, el cínico dueño de una fábrica que ha arreglado su boda con un duque impecable de apariencia, pero arruinado y de baja condición moral, se rebela en nombre de la dignidad personal contra los turbios engaños y conveniencias de aquel sórdido conjunto de gente bien. *Gente conocida* duró diez días en cartel, y nadie se quejó de que su tema fuese ofensivo. Evidentemente, la crítica y el público en este caso no vio ningún valor importante amenazado. La crítica social de la obra era dura, pero ya no era «irreal», es decir, impensable. Se detenía antes de poner en tela de juicio la estructura social existente. Incluso los duques tronados del público podían por lo menos aprobar la manera como Benavente trataba a los dueños de las fábricas.

 Después del relativo éxito de *Gente conocida,* Benavente siguió explotando esta veta de sátira social (innocua), pero no irresponsable del todo. *La comida de las fieras* (1898) defiende la tesis no demasiado original de que mientras uno es rico, distinguido y hospitalario, puede imponerse a la buena sociedad como un domador de leones a sus animales, e incluso conseguir que éstos le hagan gestos amistosos. Pero si la autoridad del domador se tambalea (en este caso como resultado de la mala suerte en sus jugadas de bolsa), los animales devorarán inmediatamente a su amo con inusitada ferocidad. Un apéndice a la acción principal nos muestra que los protagonistas son mucho más felices después de haberse arruinado, una vez han sido abandonados y denigrados por la buena sociedad de cuya adulación antes disfrutaban. Nuevas obras de este tipo se sucedieron rápidamente, siendo cada vez más aplaudidas por la sociedad a la que criticaban. En 1903 Benavente extendió su sardónica mirada a la aristocracia europea en general, y en *La noche del sábado,* fantasía modernista de cierto encanto ajado aun hoy, llega a la conclusión de que la depravación moral y la hipocresía entre las clases privilegiadas —junto con inesperados atisbos de dignidad, sinceridad y valentía— no era algo privativo de España. *La noche del sábado* es una de las obras más exóticas de Benavente, yuxtaponiendo la deslumbrante sociedad de príncipes imperiales y el fantástico y grotesco inframundo de la vida del circo. Después del crimen y de la tragedia, la obra termina con una nota de intensa pasión. Desde el punto de vista literario es una obra indiscutiblemente bien hecha, que pone ya de relieve los valores y las limitaciones del teatro de Benavente. La acción se acumula al final de la obra y bordea el melodrama en el sentido de que el público no ha sido sicológicamente preparado para un desenlace tan violento. En esencia, es un espectacular mosaico de conversaciones del que se desprende la misma tesis vaga y prudente de *Gente conocida,* y fue un franco éxito en 1903. Benavente había conseguido dominar el arte de gustar al público español y la fórmula de escribir sátiras sociales que no ofendían a nadie. A partir de entonces, con una seguridad cada vez mayor, extendió el ámbito de su producción. *Señora ama* (1908) y *La malquerida* (1913) utilizan ambientes rurales; en

el primer caso para hacer un esbozo de *mores* provinciales; en
el segundo para una tragedia rural en torno al incesto que es
sin embargo una de sus obras más vigorosas, además de cons-
tituir la más lograda de cuantas piezas se escribieron en la
veta del drama rural naturalista también cultivado —desde
los catalanes Guimerá y Rusiñol y aun el propio Dicenta en
El señor feudal— por José López Pinillos, Manuel Linares Rivas y otros. En otras obras recurre a temas históricos y alegóricos. Pero hacia 1903 su talento dramático estaba ya totalmente desarrollado y, aunque siguió escribiendo con éxito para
la escena hasta el final de su larga vida, los fines y el estilo
de su obra permanecieron sustancialmente invariables. La tradición de elegir como una de sus obras mejores y más características *Los intereses creados* (1907), relativamente primeriza, está perfectamente justificada. Comedia de intriga ágil y
ligera, que combina con habilidad elementos que proceden
de la *commedia dell'arte* con otros del teatro español de los
Siglos de Oro, *Los intereses creados* repite alegremente la cínica tesis benaventina de que los seres humanos son eminente-
mente corruptibles e hipócritas, y de que la sociedad es como
un espectáculo de títeres en el que las cuerdas que hacen
mover a los muñecos suelen ser las muy groseras de las ambiciones materiales. Como siempre, esta desengañada moral recibe el alivio parcial de un caso aislado de sentimientos sinceros, y aun finalmente se nos dice que entre las cuerdas
hay un hilo sutil de verdadero amor que introduce una chispa
de divinidad a lo que es por otra parte un espectáculo bien
sórdido. Pero esta efímera idea de felicidad queda destruida
en una continuación de la obra en la que nos enteramos de
que el amor de Leandro no ha sobrevivido mucho tiempo al
hastío del matrimonio.

En la época en que escribió *Los intereses creados,* la conquista de Benavente de un gran público mayoritario empezaba
a ser motivo de cierto malestar entre sus coetáneos más intelectuales. Éstos habían creído que era uno de ellos. Juan Ramón Jiménez le había llamado príncipe de un nuevo renaci-

miento de las letras españolas. Y sin embargo era artículo de fe, como Ortega recordó a los españoles en 1908, que «hoy [...] es imposible que una labor de alta literatura logre reunir público suficiente para sustentarse» [2]. Pero fue el cisma ideológico provocado en España por la primera guerra mundial el que hizo que el antagonismo entre Benavente y los intelectuales desembocara en una crisis. «Intelectuales» es un término que aquí puede usarse con una precisión casi absurda, ya que en los enconados debates entre tradicionalistas germanófilos y liberales proaliados, la palabra se usó simplemente para designar a los escritores o artistas que simpatizaban con los aliados. Las diferencias fueron tan tajantes que Benavente, cuyo conservadurismo le puso al lado de los germanófilos, descubrió de repente que no era ni intelectual ni artista, y que la mayoría de los escritores españoles de cierta importancia le iban dejando de lado. El abismo entre él y los intelectuales tuvo importantes consecuencias para el teatro español. En 1916 se estrenó *La ciudad alegre y confiada,* continuación de *Los intereses creados,* pero también un tratamiento agresivo y polémico del tema de España y de la guerra europea. En la obra se defienden belicosamente valores reaccionarios, y no sólo se ridiculiza a los *snobs* que cultivan un arte «hermético», sino que se sugiere además que su cobardía y su pesimismo introspectivo está haciendo el juego a los siniestros demagogos de izquierdas cuyo objetivo es traicionar las tradiciones e ideales más nobles y patrióticos de España [3].

Desde la época en que Pérez de Ayala insistía enérgicamente (en las críticas y ensayos recogidos en *Las máscaras*) en el «valor negativo» que Benavente representaba para el teatro, la crítica no ha dejado de escarnecer sus esfuerzos y de considerar su popularidad como una especie de vergüenza nacional.

2. J. Ortega y Gasset, *Obras completas,* Madrid, 1946, I, pág. 106.
3. Véase el estudio de J. C. Mainer, «Consideraciones sobre Benavente, los intelectuales y la política», ahora en *Literatura y pequeña burguesía en España (Notas 1890-1950),* Madrid, 1972, págs. 121-139, y antes aparecido en la revista *Insula,* 1970.

Se le ha acusado de trivialidad, de frialdad, de no reflejar la realidad de la sociedad española. En todas estas críticas no falta fundamento, aunque en parte reprochan a Benavente el que no haya conseguido ser algo a lo que él nunca aspiró, por lo menos después de *El nido ajeno*. No obstante, dentro de los límites de su pequeño mundo despliega una considerable habilidad. Su ingenio es mordaz, ya que no profundo, y su actitud ante el sector de la sociedad que le interesaba principalmente es firmemente crítica. No fue el sumiso bufón de la burguesía; y en el fondo es posible que haya conseguido educarla, aunque en pequeña medida, y hacerla consciente de algunas de sus características más ingratas.

A la sombra de Benavente prosperaron varias figuras menores. Manuel Linares Rivas (1878-1938) hoy ha caído en el olvido, pero en su tiempo sus dramas de tesis burgueses como *La garra* (1914), en defensa del divorcio contra el oscurantismo clerical, y *La fuerza del mal* (1914), significaron para él la fama, la fortuna y los laureles académicos. El prestigio de Gregorio Martínez Sierra (1881-1948) fue también muy grande en España y en el extranjero durante el primer cuarto de siglo. Literato muy activo, poeta, novelista, periodista, traductor, actor y director teatral, así como empresario, se le recuerda sobre todo por obras dramáticas de acentuado sentimentalismo como *Canción de cuna* (1911), *Mamá* (1912) y *Madame Pepita* (1912). Lo que le vincula a la escuela benaventina del drama burgués es su realismo y la aparición en sus obras de débiles atisbos de tesis, por ejemplo en *Canción de cuna,* una tímida insistencia en los frustrados instintos maternales de las monjas. El predominio de personajes femeninos en el teatro de Martínez Sierra, su general preocupación por afirmar la dignidad de las madres españolas y una tibia adhesión a la causa feminista, contribuyeron a que se generalizara la creencia de que algunas de sus obras en realidad habían sido escritas por su mujer.

La popularidad de la «alta comedia» —como se llamaba al

drama burgués realista desde la época de López de Ayala—
no significa que Benavente y sus seguidores ejercieran un dominio exclusivo sobre la escena española de estos años. Hubo
también otras dos clases de teatro muy diferentes que con-
quistaron diversos estratos de público: el llamado «teatro poético» y el heterogéneo subgénero de la comedia costumbrista.

«Teatro poético» es una expresión imprecisa y al menos
potencialmente desorientadora. Puede entenderse, como a veces se hace, como un intento de llevar el modernismo al teatro, y ofrecer, como alternativa a la actualidad de las taber-
nas de Dicenta y de las salas de estar de Benavente, la evasión hacia un mundo artificial de fantasía poética. Esta tentativa se hizo, principalmente, por lo que al público teatral de la
época se refiere, por el poeta Francisco Villaespesa, quien con-
siguió grandes éxitos con obras en verso de extravagante pasión en ambientes exóticos —la España mora en *Abén Humeya*
(1914) y *El alcázar de las perlas* (1911), la Edad Media en
Doña María de Padilla (1913) y *El rey Galaor* (1913)—. Estas
obras no fueron unánimemente admiradas ni siquiera en la
época de su estreno. En el prólogo a la tercera edición de
Las máscaras Pérez de Ayala dice que ha tratado de aligerar
el tono de sus ensayos «con el contraste y respiro de un tema
cómico, como lo es siempre un drama poético del señor Villaespesa», y si no han faltado adalides que defendieran a Benavente contra la crítica de Pérez de Ayala, la posteridad ha
confirmado unánimemente su radical desdén por Villaespesa.

Sin embargo, el más popular de los representantes del «teatro poético» fue Eduardo Marquina (1879-1946). Sus obras
tienen un carácter netamente distinto de las nebulosidades
modernistas de Villaespesa, y la costumbre de atribuir a Marquina esta etiqueta muestra bien a las claras que «teatro poético» significa sencillamente teatro en verso, y que hubiera
podido incluir perfectamente los dramas versificados de Echegaray o incluso Zorrilla y García Gutiérrez. Marquina había
escrito poesía lírica de estilo modernista en los primeros años
del siglo, pero se hizo famoso con obras como *Las hijas del*

Cid (1908) y *En Flandes se ha puesto el sol* (1910). Se trata de dramas históricos que no sólo no representan una orientación nueva dentro del teatro español, sino que son imitaciones de las imitaciones románticas de las obras históricas de los Siglos de Oro. La única nota moderna la dan las tonalidades melancólicas que tiene la intensa vena de patriotismo en las obras de Marquina. *Las hijas del Cid* trata de animar a sus compatriotas con la evocación de su lejano héroe nacional; *En Flandes se ha puesto el sol,* con una trama argumental floja y más bien disparatada sobre un conflicto de fidelidades, también aspira a evocar el glorioso espíritu de los soldados españoles del siglo XVII, pero se sitúa intencionadamente en el momento en que el dominio español sobre los Países Bajos estaba tocando a su fin, y en este sentido refleja algo del pesimismo nacional de la generación del 98.

Si «teatro poético» significa simplemente drama en verso, hay que incluir dentro de esta corriente los esfuerzos de Manuel y Antonio Machado para aplicar, en colaboración, sus dotes poéticas al teatro. Un considerable número de obras, a veces sobre temas históricos o legendarios —*Desdichas de la fortuna* (1926), *Juan de Mañara* (1927)—, a veces utilizando materiales de tipo popular —*La Lola se va a los puertos* (1930)— ni añaden nada al prestigio de los dos hermanos ni contribuyen en lo más mínimo a la evolución del teatro español. El concepto de «teatro poético» ha de incluir también el drama versificado de José María Pemán (1898-   ). Aunque muchas de sus obras pertenecen cronológicamente al período posterior a la guerra civil, su estilo es clara y deliberadamente anacrónico, y no muestra ningún indicio de sufrir influencias de los experimentos dramáticos de finales de los años veinte y de los años treinta. Pemán es más bien una *rara avis* en España, un dramaturgo serio al servicio de la causa de la derecha católica. Sus mejores dramas en verso son históricos —*El divino impaciente* (1933), *Cisneros* (1934), *La santa virreina* (1939)—, e intentan reafirmar en la escena moderna lo que él cree que son los valores tradicionales más sólidos y admirables de España. Figura pública de innegable relieve, antiguo presidente de la Real Academia y periodista bien conocido, Pemán siempre ha podido contar con que sus obras tendrían buena acogida.

Una tercera clase de entretenimientos muy del gusto del público confiaba más aún en su fervor patriótico que la nostalgia de tiempos mejores expresada por Marquina y Pemán, y corrobora el hecho de que la generación del 98 fracasara en su intento de disuadir a la mayoría de los españoles de su convicción de que era una gran cosa vivir en el siglo xx y ser español. Hacia el año 1900, el complacido costumbrismo, que en la época de Mesonero Romanos y Fernán Caballero se había iniciado con la solemne pretensión de proteger a los españoles de la inquietud ideológica, había degenerado en una mera diversión. En los escenarios iba inseparablemente unido a la comedia musical, y más concretamente al llamado «género chico», el sainete en un acto, casi siempre con diálogo y cantables, que —al calor de los populares «teatros por horas» (principalmente el madrileño Apolo)— había alcanzado una enorme popularidad hacia finales del siglo xix, con obras como *La Gran Vía* (1894) y *La verbena de la Paloma,* del mismo año, todavía más famosa. Casi todos los dramaturgos de esta época habían tenido alguna intervención en este género híbrido. Dicenta, Marquina, incluso Benavente, escribieron libretos para obras musicales. Pero mientras para ellos fue una actividad ocasional, otro grupo de escritores se inspiró directamente en el mundo del «género chico» (y en el de la zarzuela en tres actos, de la que derivaba el «género chico») con la intención de hacer obras más sustanciales y a veces más serias que las que ofrecía el teatro musical.

A este grupo pertenecen los hermanos Serafín y Joaquín Álvarez Quintero (1871-1938 y 1873-1944), aunque a la mayor parte de sus obras no se les puso música. La esencia del «género chico» era su mezcla de una representación jocosa de tipos populares (en la venerable tradición de los «pasos» y «entremeses») y la visión costumbrista de una región o ciudad como espectáculo pintoresco del que los españoles podían sentirse justamente orgullosos. Los Quintero, nacidos y criados en la provincia de Sevilla, se trasladaron a Madrid a una edad muy temprana, y allí presentaron, obra tras obra —unas doscientas en total—, un tipo de comedia hábil y bien acabada que perpetúa la Andalucía mítica de Estébanez Calderón, una tierra bañada por el sol, de inagotable encanto, gracia e ingenio, donde nadie puede ser malo de veras, pobre de solemnidad ni irremediablemente desgraciado. He ahí una visión muy grata en medio de la agitación y de la violencia de la España y la Europa del siglo xx, y el público respondió con el consiguiente entusiasmo tanto en España como en el extranjero (pues los Quintero han proporcionado a muchas compañías dramáticas inglesas de aficionados exactamente lo que esperaban de la encantadora y colorista Andalucía).

Aunque los Quintero consiguieron grandes éxitos situando sus trivialidades dramáticas bien hechas en el sur de España, el ambiente favorito para los entretenimientos folklóricos de esta época fue el mismo Madrid. El «género chico» y la zarzuela propiamente dicha retratan de un modo típico la alegre existencia de los pobres ociosos de la capital. De este mundo de chulos y majas que cantan surgió un escritor que todavía hoy provoca considerables divergencias de opinión, Carlos Arniches (1866-1943). Empezó como autor —o a menudo coautor, pues los escritores españoles de este período eran muy dados a la colaboración cuando escribían para el teatro— de sainetes musicales al uso, y el pequeño mérito de su obra primeriza consiste en la transformación del ingenio de las auténticas clases bajas en un diálogo teatral divertido y vigoroso. Pero por la misma época en que Valle-Inclán decidió que era inmoral que los escritores siguieran «jugando con el arte» en vez de luchar por la justicial social, Arniches empezó también a introducir en su obra una sensible nota de crítica social. El bajo pueblo madrileño de sus sainetes, que antes era una pura expresión pintoresca de «la gracia popular», se convirtió en objeto de su compasión e incluso de su indignación. Al mismo tiempo empezaron a aparecer en sus obras personajes caricaturizados y grotescos que anticipaban el «esperpento».

Pérez de Ayala, que se sirvió de Arniches como de un arma contra Benavente, y que hizo grandes elogios de toda su obra, aseguraba que había tenido tanto mérito en los años en que nadie le tomaba en serio como en sus obras más tardías. Pero hay un abismo entre sus primeras obritas musicales, simplemente divertidas, y el humor negro y las tesis sociales de sus dramas en tres actos como *La señorita de Trévelez* (1916), *Los caciques* (1920) y *La heroica villa* (1921), obras todas ellas sobre la vida de provincias. La primera de las tres, que es la mejor comedia de Arniches, analiza los males que engendran el tedio, la ignorancia y la frivolidad estúpida en una sombría capital de provincias. En este caso a la ciudad se la llama claramente Villanea, pero los lectores familiarizados con la Vetusta de Clarín, el Pilares o el Guadalfranco de Pérez de Ayala y el Castro Duro o la Alcolea del Campo de Baroja, conocen suficientemente el lugar. Se presenta a un maestro de escuela de edad madura simplemente para que saque conclusiones acerca de la falta de instrucción y de responsabilidad cívica, que llegan hasta lo criminal, que se da entre los habitantes de estas poblaciones. Pero el drama de honor personal que se describe en *La señorita de Trévelez* es más interesante que la tesis tan poco nueva de la obra. Es una auténtica tragicomedia de un estilo muy español: no es una tragedia con intermedios cómicos, sino un drama en el que los personajes principales inspiran compasión sin dejar por ello de comportarse de un modo completamente ridículo. También en este sentido Arniches se anticipa al «esperpento», pues, fueran cuales fuesen las intenciones que afirmase tener Valle-Inclán, hay momentos en los que hasta la grotesca situación de un Don Friolera es indiscutiblemente trágica. Como Friolera, Gonzalo de Trevélez sufre por encima de todo por lo absurdo de su situación, prisionero de una farsa trágica cuya tragedia consiste en que es consciente de lo grotesco de su caso. Sin embargo, Arniches no llevó más lejos esta promesa de seriedad. Obras posteriores con títulos como *¡Mecachis, qué guapo soy!* (1926) muestran que no tenía ningún deseo real de llegar a ser un Ibsen español, sino que prefería seguir dando al público diversiones intrascendentes. Que la afición del público a esa clase de entretenimientos era inagotable se demostró por los abismos de vulgaridad, mucho mayores aún, en que cayó un autor de éxitos tan clamorosos como Pedro Muñoz Seca (1881-1936), cuyas «astracanadas», nombre que se dio a esta modalidad ínfima del «género chico», con sus burdas adulaciones al filisteísmo burgués y a la propaganda política de derechas, es preferible olvidar.

La popularidad de este teatro convencional comentado hasta aquí, levantó barreras de gusto público que impedía que escritores más originales pudieran dedicarse a la escena. Un resultado de este estado de cosas tan desalentador fue empujar a algunos de ellos a escribir obras que son francamente difíciles de representar o inadecuadas para su explotación comercial, agravando el problema de origen. La cuestión de si las obras dialogadas de Valle-Inclán deben considerarse como novelas o como teatro ya ha sido mencionada, y está en relación con lo dicho anteriormente. El problema deriva sin duda alguna de la frustración de sus tentativas de aportar algo auténticamente nuevo a la escena española.

En sus primeros años Valle-Inclán escribió varias obras que podrían incluirse con más propiedad en el «teatro poético» que cualquiera de las de Marquina o Pemán. Una de sus primeras aventuras teatrales fue una adaptación de *Sonata de otoño*, titulada *El marqués de Bradomín* (y subtitulada «Coloquios románticos») que se estrenó en Madrid sin mucho éxito en 1906. Las dos *Comedias bárbaras* publicadas en 1907 parecen indicar que había perdido interés por las posibilidades del teatro modernista, pero no fue así. En 1909 estrenó dos obras, *Cuento de abril,* la primera que escribió en verso, y *La cabeza del dragón.* El empleo de los materiales modernistas es distinto en ambas obras. *Cuento de abril* lleva como prólogo una presentación poética que empieza: «La divina puerta dorada   del jardín azul del ensueño   os abre mi vara encantada   para deciros un cuento abrileño [...]». A continuación comienza una fantasía que se sitúa en la Provenza medieval, y el jardín de azur no es más que el estilizado «parque viejo» de los modernistas, con sus rosas, el murmullo de sus fuentes y sus avenidas bordeadas de árboles. La intriga principal no puede ser más literaria, ya que se nos cuenta el desdichado amor de un trovador (Peire Vidal, aquí llamado Pedro de Vidal) por una exquisita princesa, y está tratada con toda la lánguida delicadeza que exige un tema semejante. La intrusión en este mundo de cuento de hadas de una partida de austeros y toscos guerreros castellanos tiene posiblemente intenciones alegóricas (el encuentro de la Europa civilizada y pagana y de la España bárbara y católica), y desde luego la obra, como todas las de Valle-Inclán que afectan un esteticismo exagerado, contiene un incorregible elemento de autoparodia, pero éstos son rasgos muy secundarios. *Cuento de abril* es esencialmente una obra de virtuoso, en la que Valle-Inclán exhibe su gran dominio de los tópicos modernistas. Por su parte, *La cabeza del dragón,* aunque situada en un mundo mítico y caballeresco de princesas, hadas y dragones, es una farsa —«farsa infantil», la llamó traviesamente al incorporarla al *Tablado de marionetas para educación de príncipes* en 1926— y está escrita en prosa. Su modo de tratar a los personajes reales, ministros, generales y demás, vincula claramente la obra con sus sátiras posteriores, distinguiéndola de una manera más tajante que *Cuento de abril* de lo que por entonces se entendía por «teatro poético». Lo mismo puede decirse de *La marquesa Rosalinda* (1912); a pesar de su sofisticada ambientación —otro aristocrático jardín francés del siglo XVIII— y de sus personajes que proceden de la *commedia dell'arte,* está justamente subtitulada «farsa sentimental y grotesca». Entre su ingeniosa mezcla de antiguas tradiciones teatrales y de modas poéticas recientes, hay una grotesca visión que reduce los personajes a títeres absurdos.

Otra contribución de Valle-Inclán al teatro poético de este período fue su «tragedia pastoril» *Voces de gesta* (1912). Como sus novelas sobre la guerra carlista, es el fruto de un sincero interés por la causa carlista en esta época. También refleja la misma preocupación por la decadencia que ya había mostrado en las *Comedias bárbaras*. Pero en otros aspectos es una obra insólita en Valle-Inclán, y una de las menos adecuadas a su peculiar talento. Es su única tragedia en verso y su único intento de lograr un tono épico en el teatro, ya que las *Comedias bárbaras,* a pesar de sus personajes desmesurados, no dejan de ser dramas domésticos. Valle-Inclán nunca volvió a la tragedia en verso. Sin duda el escaso éxito que tuvo en el escenario le produjo una grave decepción. A diferencia de alguno de sus contemporáneos, cuyas obras tampoco consiguieron agradar al público, Valle-Inclán era un verdadero hombre de teatro y hasta que perdió el brazo intervino en numerosas representaciones (así, por ejemplo, en el ruidoso estreno de la benaventina *La comida de las fieras*). Su esposa era actriz y hasta el final de su vida no dejó de frecuentar el mundillo teatral. Pero aun antes de que terminara la primera década del siglo, sus obras poseían ya muchas de las características que han provocado la discusión acerca de si pueden o deben representarse, o si fueron escritas con este fin. La discusión puede prolongarse en niveles diferentes, pero las tres dificultades realmente importantes son de tipo práctico: los problemas técnicos derivados de escenificar alguno de los efectos previstos, el problema de cómo conservar o dar idea en la representación de las largas acotaciones escénicas de una calidad igual si no superior al mismo diálogo, y la indecencia (según las normas usuales en un teatro) de gran parte de la obra valleinclanesca. Una ojeada a la mayoría de las acotaciones más largas de cualquiera de sus obras puede ilustrar estas tres dificultades. *La marquesa Rosalinda* y todos los dramas en verso siguientes llevan acotaciones escénicas (si es que aún pueden llamarse así) en verso, y aunque a veces se ha dicho que pueden dar a los actores una comprensión más profunda de lo que se espera de ellos, que las habituales y breves instrucciones que suele dar el autor, una representación que las omita prescinde de partes esenciales del texto escrito. Los críticos que se indignan por el modo como el teatro español ha arrinconado las obras de Valle-Inclán, no carecen de motivos; pero al mismo tiempo ha de decirse que la mayoría de sus «obras dialogadas» requieren una adaptación sumamente imaginativa para conservar su verdadera fuerza en una representación escénica.

En los casos de Unamuno y Azorín aún es más difícil hacerse una idea de cómo sus obras dramáticas podían llegar a convertirse en una experiencia teatral satisfactoria, tan distinta de la experiencia de un lector, que puede hacer una pausa para reflexionar, releer un pasaje y sobre todo dejar el libro cuando le plazca para tomarse un descanso. Las obras de Unamuno, como ya era de esperar, son simplemente versiones dialogadas de los temas de sus novelas y ensayos. A pesar de que quería que se representasen, como un medio más de sacudir las conciencias, no hacía concesiones ante las exigencias de una representación o de un público teatral, y su obra dramática, más que teatro experimental, es una adaptación dramatizada de los experimentos literarios e intelectuales que Unamuno llevaba a cabo en sus libros. En cambio, el teatro de Azorín pretendía ser un experimento teatral. Casi todo se escribió entre 1926 y 1930. Al empezar con obras burlonamente frívolas como *Old Spain* (1926) y *Brandy, mucho brandy* (1927), su propósito era sin duda alguna producir una conmoción que obligara al teatro a ser de otro modo. Azorín creía que sus obras seguirían representándose cuando haría ya mucho tiempo que se habrían olvidado las de sus contemporáneos más famosos. Como ocurre con sus novelas, es sorprendente cómo este interés suyo por hacer una literatura desconcertantemente distinta y de vanguardia se diera precisamente en una época en la que las opiniones sociales y políticas de Azorín se habían osificado en un conservadurismo definitivo. Académico desde 1925, Azorín fue uno de los escasísimos intelectuales o artistas que apoyaron la Dictadura de Primo de Rivera. No obstante, su inesperada incursión por el teatro asustó y escandalizó. La posteridad no ha confirmado su predicción de que sus obras acabarían por triunfar en la escena. Sus mejores dramas —*Lo invisible* (1927), que consta de un prólogo y tres obras en un acto, y *Angelita* (1930)— son sin duda interesantes, pero en términos estrictamente teatrales su valor es difícil de determinar. Estas obras son meditaciones lentas y angustiadas sobre los temas de la muerte, el tiempo y la felicidad, con personajes simbólicos que llevan a cabo acciones simbólicas en la misma atmósfera de sueño de las novelas que escribió Azorín en este período. No hay razones técnicas para que no se representen en un escenario, pero, como ocurre con los dramas de Unamuno, tampoco las hay para que se representen. Nada tienen que ganar y sí mucho que perder al exponerse a luz de las candilejas en un teatro comercial.

Con todo, el mismo reproche no puede hacerse a la obra de Jacinto Grau (1877-1958), que fue un perfecto dramaturgo profesional, que tuvo la melancólica satisfacción de ver cómo algunas de sus obras tenían éxito en el extranjero, mientras en España fracasaban o eran rechazadas por los teatros. Aunque Grau con los años evolucionó en su estilo dramático y en sus intenciones, toda su obra es siempre el resultado de la decisión de rescatar al teatro español de su trivialidad burguesa. Grau era un hombre más bien vanidoso y agresivo, y su falta de éxito en España le reafirmó en la convicción nada disparatada de que solamente dramaturgos como él podían redimir al teatro español. En sus primeras obras —*Entre llamas* (1915) y *El conde Alarcos* (1917)— atendió como Unamuno a la necesidad de devolver al teatro la dimensión de grandeza trágica y de pasión que Benavente y su escuela evitaban escrupulosamente. Aunque las primeras obras de Grau están escritas en prosa, es una prosa elevada y estilizada, más poética que los versos de Marquina. Lo mismo podría decirse de su obra siguiente, *El hijo pródigo* (1918), un drama largo y lento de gran fuerza. Empieza dando forma dramática a la parábola bíblica, pero sigue trabajando con otros elementos:

la pasión fatal de una madrastra por su hijastro, una intensa evocación de la vida campesina en los tiempos bíblicos y un poderoso conflicto dramático entre las personalidades del hijo pródigo, brillante y naturalmente atractivo, y su hermano mayor, poco simpático y mezquino, cuyo resentimiento torturado, como una constante amenaza a lo largo de toda la obra, nos mueve a una compasiva comprensión. La siguiente obra de Grau, que es también la más famosa, *El señor de Pigmalión* (1921), es una «farsa tragicómica». En ella se combinan diversos elementos, todos ellos con el sello inconfundible de la época en que se escribió. Un prólogo contiene una dura sátira de los empresarios teatrales españoles, que sienten terror por todo lo que recuerde al arte. La obra propiamente dicha, que se publicó en el mismo año que *Luces de bohemia* y que los *Seis personajes* de Pirandello (aunque mucho después de *Niebla*), trata de la relación entre el artista y los personajes que inventa, y desarrolla el tema de los muñecos que parecen tener vida y de los seres humanos que parecen muñecos. Pigmalión, además de ser Pigmalión, es otro «nuevo Prometeo». Sus muñecos se rebelan, huyen y finalmente le matan para conseguir su libertad. El crimen se ve desde el punto de vista de los muñecos, recordando alguno de los problemas que se plantean en *Niebla* —la posibilidad y los límites de la libertad humana respecto a un destino preestablecido, la dependencia del creador respecto a sus criaturas— y desde el punto de vista del propio Pigmalión, quien muere reflexionando sobre el «triste sino del hombre héroe, humillado constantemente hasta ahora en su soberbia por los propios fantoches de su fantasía»; afirmación que invita a múltiples interpretaciones, pero que expresa claramente el pesimismo del siglo xx respecto a la espantosa situación en que se ve el hombre debido a su inventiva. *El señor de Pigmalión* es una obra mucho más intelectual que cualquiera de las anteriores de Grau, y la tragedia contiene en sí la tragedia conceptualizada del absurdo. Esta tendencia a la conceptualización se prolonga en sus últimas obras, sobre todo cuando volvió, en *El burlador que no se burla*

(1930), al tema de Don Juan, que ya había tratado en *Don Juan de Carillana* (1913). La última de estas obras es un interesante intento de resumir toda la historia de la vida de Don Juan y explorar la esencia de su personalidad en una serie de escenas inconexas, como ofreciendo diversos aspectos de su carácter. Se trata de una obra muy inteligente y abstracta, que nunca se ha representado.

Si Grau hubiera escrito sus mejores obras unos años más tarde, hubiera tenido mayores probabilidades de representarse con éxito en España. Durante la República, los esfuerzos unidos de una pléyade de buenos escritores en todos los géneros literarios, junto con el apoyo oficial que se prestó a experimentos culturales, amenazaron por unos pocos años con tomar por asalto el teatro español y transformarlo. El principal motor de este movimiento, como el público teatral del extranjero sabe al menos tan bien como el español, fue García Lorca. Lorca sólo se dedicó seriamente al teatro en los últimos años de su corta vida. Hasta 1930 poco más o menos, sus incursiones en este género fueron casi siempre el resultado de sus entusiasmos juveniles, celebrando con jubilosa frivolidad el carácter «intrascendente» del arte. Una excepción fue su drama histórico en verso *Mariana Pineda* (1925), que resultó ser una obra excepcional en todos los aspectos. El joven Lorca era un admirador de Marquina, y *Mariana Pineda* evidentemente debe mucho a esta admiración, pero parece ser que Lorca lo consideró como un error, porque nunca reincidió en este tipo de teatro. *La zapatera prodigiosa* (1930; escrita en 1926), aunque no es más que una farsa desenfadada, no carece de interés por sus esfuerzos, no siempre coronados por el éxito, para persuadir al público de que lo que estaba presenciando no era una representación de los problemas conyugales en la Andalucía rural, sino una fábula poética sobre la búsqueda de sueños imposibles por el alma humana [4]. Sin duda ésta era la intención de Lorca,

4. Véase F. García Lorca, *Obras completas*, 4.ª ed., Madrid, 1960, páginas 1.694-1.695.

pero a despecho del empleo de personajes sin nombres personales, y de la incorporación de canciones, bailes y puros absurdos, la obra es más bien realista, y se parece más a las comedias andaluzas de los hermanos Quintero de lo que Lorca quisiera hacernos creer. Lo que intentaba hacer en *La zapatera* lo consigue mucho mejor en sus obras cortas de 1931, la «aleluya erótica» *Amor de don Perlimplín con Belisa en su jardín,* y la «farsa para guiñol» *El retablillo de don Cristóbal.* También de 1931 es *Así que pasen cinco años,* donde emplea imágenes violentas y turbadoras, que no están muy lejos de las del *Poeta en Nueva York.* Pero hasta ahora Lorca se limitaba a jugar con el teatro, tratándolo claramente como uno de sus muchos intereses artísticos marginales, como la música, la pintura, el folklore o las conferencias, en los que se desbordaba su talento poético.

Empezó a interesarse seriamente por el teatro en los primeros años de la República, y sobre todo a partir de la fundación de «La Barraca», compañía teatral formada principalmente por estudiantes y aficionados sin sueldo, subvencionada por el Ministerio de Instrucción Pública y cuya misión principal era hacer giras por el país y presentar a los españoles que nunca habían estado en un teatro «todas esas famosas obras antiguas que los extranjeros encuentran tan extraordinarias», como Lorca dijo en una entrevista en 1932. La experiencia no fue única, sin embargo, pues este mismo año empezaron a recorrer el país las «Misiones Pedagógicas» (cuyo grupo teatral estuvo animado por Alejandro Casona) y poco después inició sus actividades el equipo de «El Búho», organizado por la FUE de Valencia. Fue también por esta época cuando Lorca empezó a hacer declaraciones públicas acerca de la enorme importancia que tenía en la vida nacional la existencia de un teatro popular y vigoroso de calidad. Estas declaraciones han suscitado polémicas sobre los propósitos didácticos de las obras de sus últimos años, cuya afirmación más clara y conocida figura en la *Charla sobre el teatro* de 1934, donde Lorca se proclama un «ardiente apasionado del teatro de acción social», y llama al teatro uno de los más expresivos y útiles instrumentos para la edificación de un país [...] una tribuna libre donde los hombres pueden poner en evidencia morales viejas o equívocas y explicar con ejemplos vivos normas eternas del corazón y del sentimiento del hombre [5].

Pero si después de leer estas declaraciones de Lorca volvemos a sus últimas cuatro obras, no siempre queda claro hasta qué punto estos principios se encarnan en su teatro, ni siquiera qué es lo que significan exactamente. *Doña Rosita la soltera o el lenguaje de las flores* (1935), como las otras tres obras, trata de la frustración de la mujer, pero se sitúa en un mudo desaparecido y algo fantástico entre el siglo xix y el nuestro. En las tres tragedias rurales, *Bodas de sangre* (1933), *Yerma* (1934) y *La casa de Bernarda Alba* (1936), el mensaje social que puede desprenderse de los dramas es de un convencionalismo absoluto. Vemos que la supeditación del instinto a unas normas sociales o a unos intereses materiales puede tener consecuencias trágicas, que la sociedad niega a las mujeres la libertad sexual que tolera a los hombres, y así por el estilo; pero es dudoso que Lorca tratara de edificar al país con semejantes tópicos.

Sin lugar a dudas era el teatro y no la sociedad lo que Lorca quería reformar. Cuando escribió *La zapatera prodigiosa* en 1926, dijo que su intención era coger una historia sencilla y realista y convertirla en un mito poético. Aunque el argumento en sí parecía sacado de la vida, se proponía expresamente evitar que el público tuviera la ilusión de la realidad [6]. Esta difícil combinación es también evidentemente el objetivo de sus tragedias. Para *Bodas de sangre* Lorca se inspiró en el reportaje de un periódico; Bernarda Alba y sus hijas tuvieron como modelos una familia que él conocía. Gran parte del lenguaje y de la poesía de *Bodas de sangre* y de *Yerma* proceden del folklore de su región natal. Cuando los extranjeros

5. *Ibid.*, págs. 33-36.
6. *Ibid.*, págs. 1.695-1.696.

se imaginan que los dramas lorquianos representan fielmente la vida andaluza, en último término pueden caer en un equívoco casi cómico, pero de hecho la idea no carece de una cierta base. Pero, el teatro de Lorca no es nada, como él afirmó vehementemente [7], si no consigue transformar la vida en literatura.

Este objetivo se alcanza de varios modos diferentes. Los simples aldeanos se convierten en figuras arquetípicas, por lo común sin nombres propios, personificando atracciones, repulsiones e incompatibilidades elementales, que no se limitan necesariamente a Andalucía. Los caracteres, deseos y temores de los personajes se expresan y se subrayan con un complicado aparato de símbolos: esto donde resulta más evidente es en *La casa de Bernarda Alba*, que Lorca presenta como con «la intención de un documental fotográfico», pero en donde de hecho, prácticamente todo —las paredes encaladas, el calor, el inquieto garañón de la cuadra, las metáforas del diálogo, las fantasías de la abuela loca— está dotado de sentido simbólico. Otro modo de convertir en poéticos estos dramas toscos y básicamente sórdidos es sencillamente el empleo de la poesía. A veces los pasajes en verso se incluyen de una manera realista —en *Bernarda Alba* es siempre así—, pero incluso en estos casos, la canción o la nana que alguien canta nunca es simple adorno, sino que sirve siempre como una glosa poética de la acción, con un significado simbólico que se hará visible a medida que avanza la obra. *Bodas de sangre* y *Yerma* también tienen fragmentos de diálogos en verso, cuyo fin es claramente recordar al público la diferencia que existe entre la vida y el arte. Ésta es, al menos en parte, la función de personajes como la Luna y la Muerte en *Bodas de sangre*, y las «máscaras populares» de *Yerma*, que los niños identifican como el demonio y su mujer.

Pero otra función de estos personajes alegóricos es evidentemente expresar un sentido de destino trágico en el que se apoya parte de la fuerza del drama. En las tres obras puede observarse que hay posibilidades de eludir el dilema trágico:

7. *Ibid.*, pág. 1.717.

la Novia no debería, para empezar, casarse con el Novio;
Yerma podía tener un hijo de otro hombre; las hijas de Bernarda
podían ignorar la costumbre del luto y encontrar maridos.
Pero, desde luego, el tema principal de todas estas obras es el
de que estas actitudes razonables son precisamente aquellas a
las que los personajes nunca pueden aspirar. Entonces se plantea
la cuestión de saber qué es lo que se lo impide. En *Bodas
de sangre* es evidentemente algo más profundo que las convenciones
sociales, y algo respecto a lo cual Lorca se mantiene
en una posición muy ambigua. La madre del Novio anuncia
ya una tragedia fatal desde la primera escena de la obra.
La Luna y la Muerte esperan con impaciencia pero confiadamente
lo que viene a ser como la renovación de un mito trágico,
y las muertes de Leonardo y del Novio se presentan como sacrificios
rituales en un misterio poético de gran belleza. Sin embargo,
al mismo tiempo se nos da a entender que los personajes
son también víctimas de un determinismo más prosaico
y realista bajo la forma de costumbres locales sobre el honor,
y aún más básicamente, de concertar bodas pensando sobre todo
en los intereses materiales. La amalgama de mito y de realismo
social, que era convincente en los poemas del *Romancero gitano,*
en la escena simplemente induce a confusión y debilita
su impacto dramático. Lorca parece haberlo comprendido así,
pero quizá más bien de mala gana. *Yerma* es más realista. Hasta
la última escena de la obra, Yerma sólo está prisionera de su
negativa a romper con los tabúes de su tribu (aunque en la
tribu también hay quienes le aconsejan que rompa con ellos).
Pero el crimen, si no ha de considerarse como puro melodrama,
sugiere una vez más que está obrando bajo el dictado de fuerzas
oscuras e irracionales. No obstante, en *La casa de Bernarda
Alba* estas fuerzas misteriosas ya han desaparecido y, aunque
Lorca exprese aún su sentido valiéndose de símbolos intensos
y sorprendentes, el sentido en sí es completamente realista y
carece de misterio.

Es difícil decir si la producción de Lorca hubiera podido
renovar las antiguas glorias del teatro español, como según

sus propias afirmaciones pretendía, de no haber muerto a los treinta y ocho años. Las obras que escribió son de carácter experimental, y todavía no habían encontrado la fórmula adecuada y el equilibrio justo, como se advierte por las diferencias que hay entre ellas. Leer sus dramas proporciona el mismo tipo de placer que leer su poesía: cautiva la graciosa soltura con que funde elementos tradicionales y populares con otros originales y cultos, en sus brillantes imágenes que descienden hasta el fondo de la experiencia consciente y subconsciente, de un modo que a menudo parece intuitivo, pero que en realidad está cuidadosamente encajado en elegantes formas artísticas. Estamos, pues, ante unas dotes más poéticas que dramáticas. *Yerma* sería sin duda una obra aburrida si la obsesiva repetición de su tema no se viera continuamente embellecida por el talento poético lorquiano, y algo similar podría decirse de *Bernarda Alba,* a pesar de que apunta en dirección al realismo y de que carece de diálogos versificados[8].

Sin embargo, el asesinato de Lorca en 1936, al comienzo de la guerra, señaló el fin, no sólo de sus propias aspiraciones innovadoras, sino incluso de las de los demás. Después de la guerra las obras de Lorca sólo se han representado de tarde en tarde, las de Grau últimamente, mientras Benavente volvía a reaparecer tan popular como siempre y aun hizo declaraciones públicas ferozmente reaccionarias después de la guerra. Lorca, por su parte, de un modo más o menos justificado, ha adquirido fama mundial como mártir de la causa izquierdista. Grau terminó su vida en el destierro político. En relación con estos hechos, el curioso caso de Alejandro Casona (1903-1965), seudónimo de Alejandro Rodríguez Álvarez, es muy revelador, y merece ser comentado aquí, aunque gran parte de su obra sea poste-

---

8. Un reciente e importante estudio de R. Martínez Nadal, *El público. Amor, teatro y caballos en la obra de F. García Lorca* (Oxford, 1970) demuestra que la obra de Lorca *El público,* de la cual el señor Martínez Nadal posee un borrador, es un drama extraordinariamente original e innovador, que, de haberse publicado o representado en vida de Lorca, hubiera podido ser una importantísima contribución al teatro español.

rior al estallido de la guerra civil. La obra primeriza de Casona —*La sirena varada* (1929; estrenada en 1934) y *Nuestra Natacha* (1936)— está hecha de ensueños fantásticos sobre un mundo que se parece al real en algunos aspectos, pero que se embellece gracias a la fantasía de Casona, hasta convertirse en un lugar donde la vida es más fácil. La utopía moral de *Nuestra Natacha* también puede interpretarse como un rechazo de ciertos prejuicios burgueses y su ambientación en el mundo juvenil y universitario —unido a la fecha de su estreno: febrero de 1936— la hicieron una fácil bandera política del inminente triunfo frentepopulista. Casona era, de hecho, firmemente adicto a la República, y al final de la guerra se encontraba desterrado en la Argentina, donde siguió escribiendo con éxito para la escena. *Prohibido suicidarse en primavera* (1937), *La dama del alba* (1944), *La barca sin pescador* (1945) y *Los árboles mueren de pie* (1949) son sus obras más conocidas. No se trata en modo alguno de grandes obras. Aunque con frecuencia llegan hasta el mismo borde de la consciente reflexión sobre cuestiones graves, y adoptan lo que prometen ser unos procedimientos dramáticos eficaces, nunca llegan a cumplir estas promesas y acaban derivando hacia la fantasía gratuita. Como si Casona no acertara a captar el fondo de las obras que estaba escribiendo y no pudiera así sacar algo valioso de los problemas unamunianos de identidad y autenticidad en *Prohibido suicidarse* y *Los árboles,* o de los personajes simbólicos y arquetípicos de estilo lorquiano en *La dama del alba.* Pero desde el punto de vista de la historia de la literatura, el valor del teatro de Casona es menos interesante que la acogida que recibió en los teatros españoles. La España oficial de la posguerra ignoraba a Casona y cuando en 1951 los estudiantes de la universidad de Barcelona hicieron una lectura pública de *Los árboles,* un sector de la prensa reaccionó con indignados comentarios. Pero en 1962 Casona se cansó de su exilio y volvió a España, cuando la burguesía deseosa de un teatro de calidad estaba dispuesta a aplaudirle, pero cuando las inquietudes más renovadoras iban por caminos muy distintos que los del estudiantado catalán de 1951. El simbolismo de Casona representaba una etapa superada —similar a la cubierta en Francia por Giraudoux y Anouilh— que, seguramente, habían recorrido en la propia España las obras de Mihura, López Rubio y Ruiz Iriarte, aunque fueran de calidad muy inferior (salvo en el primer caso).

En este sentido, la «recuperación» de Casona fue un fenómeno lógico que no puede servir de precedente para la posible acogida —al menos, por el público mayoritario— del teatro, mucho más sugestivo, de Rafael Alberti. Sin embargo, Alberti, que no ha cedido en su oposición al actual régimen español, tiene un buen número de sus obras no políticas, y que resultan mucho más divertidas que la mayor parte del teatro vanguardista de sus contemporáneos europeos. En varios aspectos, Alberti y Lorca, como dramaturgos, tienen puntos en común. Alberti era ya un poeta maduro y muy conocido cuando prestó seriamente atención al teatro en los primeros tiempos de la República y, como Lorca, creyó que había una urgente necesidad de reformarlo. En el alboroto que se produjo en el estreno de su primera obra, semejante al de *Hernani,* se cuenta que gritó: «¡Abajo la podredumbre de la actual escena española!». Deliberadamente, para su reforma se inspiró en el gran teatro de los Siglos de Oro, pero parte de sus materiales son también de origen popular o realista. *Fermín Galán* (1931) es una serie de romances de ciego en lenguaje popular sobre un hecho real de la historia reciente. *El adefesio* (1944), como *Bernarda Alba,* se basa en la observación de una familia andaluza. *El trébol florido* (1940) y *La Gallarda* (1944) se sitúan en ambientes españoles rústicos, y emplean las canciones tradicionales imitando deliberadamente las obras de Lope de Vega. Como Lorca, Alberti transforma entonces todo esto en obras sumamente originales de arte teatral, cuya fuerza dramática depende invariablemente de la presencia de un ineludible destino trágico. Ello es especialmente visible en la primera, y en cierto modo la más interesante, de las obras de Alberti, *El hombre deshabitado,* estrenada en 1931. Se trata de un auto alegórico, a la manera calderoniana, aunque ideológicamente es todo lo contrario de un auto sacramental. Trata los temas del pecado original y del paraíso perdido con una visión moderna. Una divinidad tenebrosa e inescrutable, «El Vigilante Nocturno», preside el encuentro de «El Hombre» y de «La Mujer» con «La Tentación», acompañada por el coro de los Cinco Sentidos, y la obra termina cuando el Hombre es condenado al Infierno eterno. El antiguo mito del Ángel Caído reaparece aquí bajo una nueva forma, en una teología moderna de una una divinidad insensatamente maligna y de una humanidad irremediablemente condenada, ambas sentenciadas a un odio eterno que es recíproco. «Te aborreceré siempre», grita el Hombre al final. «Y yo a ti por toda la eternidad», replica el Vigilante Nocturno, un dios absurdo y siniestro que proclama su naturaleza en su revelación final: «mis juicios son un abismo profundo». *El hombre deshabitado* es una invención impresionante y turbadora, que prolonga parcialmente las terribles imágenes de *Sobre los ángeles,* constituyendo asimismo un reflejo de la espantosa sensación de vacío interior que tenían Alberti y Lorca al final de los años veinte. Pero en un teatro de Madrid la obra se representó durante un mes. Por su parte, *Fermín Galán* provocó tales tumultos que para proteger a los actores del público hubo que bajar el telón de incendios. Pero esta segunda obra había sido concebida para despertar pasiones políticas y Alberti comentó sarcásticamente que su error había sido presentarla a un público burgués en vez de a campesinos, lo que era un comentario político, no artístico. El considerable éxito que obtuvo *El hombre deshabitado* ante un público burgués indica que Alberti y Lorca estaban empezando a producir cierto efecto en los gustos del público.

Cuando este efecto se frustró debido a la guerra, Alberti siguió escribiendo obras poderosamente imaginativas que se han representado con merecido éxito en el extranjero. La mejor de ellas es *El adefesio,* que convierte una sórdida historia de frustración e hipocresía provincianas en una mezcla singularmente teatral de horror, absurdo, tragedia y farsa. Si la obra puede calificarse de surrealista, sólo es en el sentido limitado de que arroja una extraña luz sobre las oscuras galerías del subconsciente de los personajes. El determinismo fatal que rige *El ade-fesio* puede parecer que tiene una explicación más realista que en *El hombre deshabitado,* pues la omnipotente Gorgo sabe que los jóvenes a cuyo matrimonio se opone son hijos del mismo padre, hermano de Gorgo. Pero lo razonable de esta explicación queda completamente sumergido por el modo que tiene Alberti de tratar el culto sobrenatural que Gorgo rinde al recuerdo de su hermano muerto, cuya barba lleva para acrecentar su autoridad y cuyo nombre invoca a la manera de un rito religioso (a veces confundiéndolo con el de Dios) para justificar el suplicio de su sobrina y dar cuenta de su responsabilidad en su suicidio. Los ocasionales pasajes en verso de *El adefesio,* aunque a veces acentúan el patetismo del amor imposible de Altea, se emplean por lo común para hacer aún más espeluznantes los conjuros de Gorgo. Pero en los dramas rurales, *El trébol florido* y *La Gallarda,* Alberti usa en mayor medida los elementos líricos populares en los que ya se había inspirado en sus comienzos como poeta. La segunda de estas obras está toda escrita en verso. Pero ambas están aún más lejos que las tragedias de Lorca de ser cuadros pintorescos de la vida andaluza. Alberti crea mitos poéticos sobre los temas del amor, la muerte y el destino. Los personajes, que llevan nombres extraños y evocadores (y que a veces, como el de Gorgo, sugieren antecedentes clásicos) llegan a adquirir la talla de arquetipos. La figura que domina *La Gallarda,* aunque nunca se ve, es un toro de lidia al que la Gallarda considera como un hijo y un amante, y que mata a su marido. Su amor intensamente apasionado por el animal tiene un carácter claramente mítico, y evoca multitud de ecos legendarios. La ineludible tragedia acecha a los personajes desde el comienzo. En el prólogo, el misterioso Babú, que hace de coro, nos asegura que tenemos que resignarnos a nuestro destino, pues no podemos hacer nada por cambiarlo. Son obras intensas y espectaculares, de una gran belleza formal y de poética elegancia, que estimulan la imaginación y nos abren nuevos caminos, a veces desconcertándonos, es cierto, pero nunca de una manera gratuita. Aunque son dramas que se prestan a la reflexión cuidadosa y pausada, fácilmente se echa de ver leyéndolos que el efecto inmediato que han de producir en el público de un teatro ha de ser muy grande. No son tan sólo los subproductos de un gran poeta, sino excelentes obras dramáticas por sí mismas, que merecen ser más conocidas.

Un tercer escritor que se orientó hacia el teatro una vez bien establecida su fama de poeta, fue Miguel Hernández. Como otros dramaturgos experimentales de este período, quería romper con las convenciones teatrales al uso devolviendo al teatro español algunos de sus rasgos tradicionales, especialmente los de sus admirados Siglos de Oro. En su período juvenil y católico, había escrito un auto sacramental moderno, *Quién te ha visto y quién te ve y sombra de lo que eras* (1933). Pero su conversión al comunismo produjo una notable contribución al teatro moderno antes de la prematura muerte de Hernández, *El labrador de más aire* (1937). Al igual que *El trébol florido,* esta obra está escrita pensando en Lope de Vega (cuyo centenario en 1935 tuvo una significación populista muy diferente de la vanguardista conmemoración gongorina de 1927), por su ambiente campesino español de carácter intemporal, la gracia lírica de sus fluidas décimas y su tema de la justicia social. Pero es también un intento polémico moderno. Juan, el «labrador de más aire» de la aldea, fustiga elocuentemente la inveterada costumbre de los demás campesinos de resignarse a la explotación, y de buscar cobardemente consuelo en la taberna en vez de levantar «una hoz de rebeldía / y un martillo de protesta» contra los hacendados capitalistas. Estos últimos son los que terminan por triunfar; y en el fondo Juan recibe la muerte por su insolencia al tratar de elevarse de la condición de animal doméstico a un estado de dignidad humana. La conmovedora elegía que le dedica su amada suaviza la crudeza de la tesis y resume delicadamente los diversos aspectos de este drama versificado tan insólito y tan elegantemente sencillo.

El último dramaturgo de esta época cuya obra puede llegar a interesar a las generaciones futuras es Enrique Jardiel Poncela (1901-1952). En realidad su teatro puede adscribirse a todas estas cuatro categorías que hemos tenido en cuenta en este capítulo: burguesa-realista, poética, costumbrista y experimental. Algunas de sus obras están escritas en verso, otras en prosa. *Angelina o el honor de un brigadier* (1933) es una parodia de los dramas de la segunda mitad del siglo xix. Al parecer, el propio Jardial también opinaba que su tipo de comedia más característica, que se inicia en 1927 con *Una noche de primavera sin sueño* y se prolonga hasta bastantes años después de la guerra civil, tenía un carácter experimental que contribuía a la revitalización del teatro. Su mejor obra es *Eloísa está debajo de un almendro* (1940), comedia divertida y escrita de un modo muy eficaz, que trata de combinar cómicamente el diálogo realista (sobre todo en el largo prólogo costumbrista en un cine de Madrid) con la fantasía disparatada. Pero la fantasía acaba por degenerar en una simple comedia de enredo. Las intrincadas situaciones de locura que se dan en el primer acto, y que parecían envolver al público en un mundo tan turbador como el de *El adefesio* —de no ser por la presencia de un par de criados que están también desconcertadísimos ante todo lo que pasa—, al final se aclaran del todo a la manera de una novela detectivesca, de modo que todo tiene su explicación lógica y sólo se trataba de equívocos. De hecho, las obras de Jardiel Poncela representan una curiosa tentativa por parte de la comedia tradicional burguesa para llegar a una especie de pacto con ciertas tendencias experimentales del teatro moderno. Pero carece, o evita, lo esencial de lo que suele entenderse por teatro del absurdo, y al final repite lo que ya hacia 1940 era un mensaje anacrónico: que por sorprendente que a veces pueda parecer la vida, siempre hay una explicación razonable para todo, y que por lo tanto no hay por qué preocuparse.

Capítulo 4

LA LITERATURA POSTERIOR
A LA GUERRA CIVIL

1. LA NOVELA EN EL EXILIO

Es más probable que un poeta haya completado lo mejor de su obra a los cuarenta años que haya podido hacerlo un novelista. Cuando la brillante generación de poetas que se ha analizado en el capítulo segundo fue dispersada por la guerra, ya habían escrito casi toda la poesía por la que son famosos. Con la excepción de Cernuda, su obra de posguerra puede considerarse como una simple prolongación de lo que habían hecho en los años veinte y treinta. Además, aunque no formasen ninguna escuela ni siguiesen un principio único, eran un grupo de amigos unidos y estimulados por el mutuo respeto y el común entusiasmo por su arte. Sin embargo, los novelistas de la misma edad que estos poetas, no formaban ningún grupo. En el destierro han seguido caminos independientes, y los mejores de ellos han escrito obras de mucho mayor relieve después de 1939 que todo lo que habían hecho antes de salir de España.

Un caso singular y extremo de lo que se acaba de decir es el de Arturo Barea (1897-1957), que antes de 1939 sólo había escrito unos pocos cuentos, pero cuya trilogía *La forja de un rebelde,* que en su primera edición se publicó en inglés (1941-1944) le convirtió súbitamente en el más famoso de los nove-

listas españoles vivos. Las trilogía anunciaba varias cosas que
debían ocurrir. Su éxito internacional se debió principalmente
al tema de la guerra civil, aunque sólo el tercer volumen, *La llama,* trata de este período, y Barea vio la guerra desde un
despacho de Madrid. Las otras dos partes nos retrotraen a los
primeros años de la vida del autor y a su experiencia de soldado
en la guerra de Marruecos, y dan un testimonio personal de lo
que Barea hizo en su calidad de socialista y una impresión de
los orígenes remotos del cataclismo nacional. El libro carece
por completo de artificios novelescos, está escrito con descuido
y es desigual en estructura y ritmo. En rigor no tiene nada de
novela, sino que es tan sólo los recuerdos de Barea, de lo que
vio, sintió y pensó. Las personas y los lugares se nombran con
sus nombres verdaderos, y a pesar de que Barea proclame su
total entrega a unos principios ideológicos, los hechos se relatan
con una considerable imparcialidad. El resultado es un documento de un interés social e histórico apasionante, cuyo único
elemento creativo es el estilo áspero y sin pulir del autor.
Millares de españoles hubieran podido contar historias semejantes, y algunos efectivamente lo hicieron, pero pocos con el
vigor y la intensidad que tiene la narración de Barea, que, sobre
todo en el primer volumen de la trilogía, invita inevitablemente
a la comparación con Baroja. Hasta cierto punto la inmediatez
y la precisión de su descripción de la realidad salva su otra
novela, *La raíz rota* (1952), que ahora es enteramente un libro
de imaginación, pues el protagonista deja su destierro de Londres para volver a España, cosa que Barea nunca hizo. En este
libro decepcionante, con su visión lamentablemente equivocada
de cómo debe ser la España de la posguerra, Barea demuestra
que su talento literario estribaba en su capacidad para registrar
fiel y enérgicamente sus propias exigencias vividas.

Si Barea es un escritor que sólo llevaba dentro un buen
libro, la vasta producción, en todos los géneros literarios ima-
ginables, de Max Aub (1903-1972) hace imposible clasificarle
o resumir sucintamente su obra. Su producción anterior a la
guerra le presenta como un escritor fiel al principio de que el

arte es un juego ingenioso que ha de distraernos de una realidad gris. A partir de la guerra, en el exilio mexicano, la enorme energía literaria de Aub ha producido un torrente de obras dramáticas (algunas de las cuales —*San Juan* (1942), *Morir por cerrar los ojos* (1944)— son perfectos modelos de teatro político, así como bastantes de sus piezas en un acto), cuentos, novelas y ensayos sobre una gran variedad de temas. Pero como novelista, su título más importante es su gran ciclo sobre la guerra civil que empieza con *Campo cerrado* (1943; fechado en 1939) sigue en *Campo de sangre* (1945), *Campo abierto* (1951), *Campo del moro* (1963), además de una gran cantidad de novelas cortas y cuentos, y termina con *Campo de los almendros* (1968), recibiendo el título general de *El laberito mágico*. Aunque el ciclo, al igual que *La forja de un rebelde,* comienza unos años antes de la guerra, y trata de explicar a su modo los orígenes y el significado del conflicto, nada más distinto de la narrativa llana y personal de Barea. Aub se interesa mucho más por el análisis y la interpretación que por registrar hechos, y el resultado es· una obra de arte de verdadera talla que envuelve emocionalmente al lector en la visión que Aub tiene de la conflagración. Una técnica fragmentada de pasajes cortos —conversaciones, encuentros, retornos al pasado, anécdotas— teje las vidas de muchos centenares de personajes en un denso y variado tapiz. Algunos personajes sólo aparecen brevemente en una única escena o anécdota; otros están en primer plano durante largos períodos; unos pocos reaparecen continuamente a lo largo del ciclo, por lo que llegamos a conocerlos bien. Los hay históricos e inventados, pero la mayoría son ambas cosas a la vez, pues como dice el propio Aub interviniendo directamente como autor en *Campo de los almendros,* por lo que se refiere a sus recuerdos y a sus novelas, la diferencia entre personas reales y personajes que han vivido al lado de ellos en su imaginación durante los treinta años que ha dedicado al ciclo, carece de todo sentido. Además las novelas no tienen protagonistas. Los personajes que aparecen con más frecuencia son simplemente aquellos a quienes Aub elige para observar más de cerca como representativos de actitudes y mentalidades que permiten comprender mejor lo que fue la guerra civil española.

La mayor parte de las novelas del ciclo asume la forma de conversaciones, que Aub maneja con un gran dominio, tanto si se trata de un violento intercambio de obscenidades como de intrincadas discusiones filosóficas entre intelectuales. Estos coloquios tratan de una gran variedad de temas, pero el principal es la guerra, qué la causó, por qué se lucha y, por fin, por qué se perdió, y cuándo, y por culpa de quién. Pero Aub no es solamente un autor con un oído muy sensible para captar el habla de los demás. Sus propios recursos lingüísticos son extraordinariamente ricos y variados. *El laberinto mágico* no solamente es una obra de lectura indispensable para cualquiera que desee profundizar en los orígenes sicológicos de la guerra civil española; es también sin lugar a dudas la obra de arte literario más impresionante de entre la multitud de novelas inspiradas por la guerra civil.

El laberinto mágico es lo mejor de toda la inmensa producción literaria de Aub, pero su fama, al menos temporalmente, ha sido eclipsada por la de *Jusep Torres Campalans* (1958). Se trata de la biografía y el estudio de un pintor catalán, amigo y contemporáneo de Picasso, importante figura dentro de la revolución artística de los primeros años del siglo, cuya indiferencia por la gloria y el hecho de haber renunciado a la pintura para retirarse a vivir entre los indios de México explican la circunstancia de que hoy sea completamente olvidado. Es un libro interesantísimo, con una documentación detallada, reproducciones de algunas de sus obras y hondas meditaciones sobre el arte. Pero, a pesar de la fotografía de Torres Campalans en la que aparece junto a Picasso, todo es producto de la imaginación y de la inventiva de Aub. Nunca existió tal pintor. Naturalmente el libro hizo creer a mucha gente que sí había existido, e incluso, según se dijo, despertó recuerdos de personas que afirmaron haberle conocido; pero estamos ante algo más que una mixtificación habilísima. En primer lugar se nos habla de un modo extremadamente interesante de la sicología de un artista insólito. Hay luego profundas reflexiones sobre la función del arte —que no se limitan a la pintura— que nos orientan acerca de la cuestión de por qué Aub decidió escribir el libro en forma de estudio biográfico. Aunque hubiese existido un Torres Campalans, su biografía seguiría siendo un libro, una obra de literatura, es decir, algo completamente distinto de la vida de un hombre. Todo esto está en relación con los procedimientos de Aub y sus comentarios intercalados en las novelas de *El laberinto mágico*: como muchos escritores han visto ya después de Aristóteles, si una obra de imaginación contiene verdad humana, poco importa que los personajes que la encarnan tengan *también* o no vidas reales en el mundo real.

Un carácter indudablemente literaturizado —en cuanto es un explícito homenaje a Galdós— lo tiene el relato *Las buenas intenciones* (1954), vasto retablo de unas vidas que se entrecruzan en el Madrid popular —y galdosiano— anterior a 1936 y donde se exponen en tono deliberadamente menor los grandes temas de Aub: los prejuicios en que vive la timorata clase media, el enfrentamiento trágico de historia y vidas particulares, la función liberadora del erotismo, la forma de vivir un ideal moral de revolución. Otra interesante novela, *La calle Valverde* (1961), retrata con singular tino —y más de una clave sugestiva— la vida de la intelectualidad pequeño-burguesa en los conflictivos finales de la Dictadura de Primo de Rivera; en ese sentido, esta narración podría haber sido el marco de lo que fue el primer relato «no deshumanizado» del escritor, *Luis Álvarez Petreña* (1934), retrato —escrito en forma epistolar— de la personalidad torturada, compleja y poco simpática de un escritor fracasado y suicida, auténtico diagnóstico de una época y novela que Aub publicó en edición definitiva en 1965.

Finalmente, y aun cuando no tengan relación directa con la narrativa, debemos considerar aquí los dos fragmentos de un diario personal —*Enero en Cuba* (1970) y *La gallina ciega* (1971)— que glosan con sugestiva viveza y lucidez el impacto de dos hechos importantes para un viejo luchador revolucionario de los años treinta y cuarenta: la revolución cubana y el regreso a la España del II Plan de Desarrollo.

Otro novelista exiliado cuya vasta producción —alrededor de cuarenta novelas hasta hoy— no muestra indicios de decrecer con la edad es Ramón J. Sender (1902-   ). En una obra tan amplia y variada sólo es posible llamar la atención sobre los temas principales y el modo en que están tratados. La mayoría de sus primeros libros tratan de cuestiones sociopolíticas. En su juventud Sender defendió actividades políticas de extrema izquierda, que se reflejan en obras como *O.P.* (1931), *Siete domingos rojos* (1932) y el relato semidocumental *Viaje a la aldea del crimen* (1934) sobre los sucesos de Casas Viejas (1933). *Mr. Witt en el cantón* (1935), que obtuvo el Premio Nacional de literatura, se sitúa en 1873, durante la primera república española, pero en 1935 gran parte de su contenido volvía a tener actualidad y resultaba incluso profético. Una visita a Rusia en 1933 volvió a Sender escéptico del comunismo stalinista, y su escepticismo se convirtió en verdadera aversión durante la guerra, cuando, en su calidad de combatiente, llegó a la conclusión de que el papel del Partido en la lucha era desastroso para España. Después de 1939, la experiencia personal que Sender tenía de la España de antes de la guerra y de los años de la contienda, siguió proporcionándole materia prima para sus novelas, sobre todo para los tres gruesos volúmenes de *Crónica del alba* (1942-1966) —compuestos cada uno por tres novelas de las que las seis primeras son casi una autobiografía personal lírica y emotiva, y las últimas una desafortunada mezcla de esoterismo y simbolismo sobre el tema medular de la guerra civil— y para *Los cinco libros de Ariadna* (1957). Todos estos libros son predominantemente realistas, aunque no de un modo exclusivo, e incluso en medio de una narración de apariencias convencionalmente realistas, el lector debe esperar que se le desconcierte con frecuencia con ideas extrañas y procedimientos insólitos de presentación. Un ejemplo típico es la estructura general de *Los cinco libros de Ariadna,* donde el relato claro y directo de las experiencias de dos personajes en la guerra civil se sitúa en un marco de pura fantasía. La fantasía es evidentemente simbólica, y algunas de las alusiones son lo suficientemente claras como para que podamos tener la seguridad de que es así; pero qué es lo que simbolizan exactamente muchos de estos misteriosos detalles es algo que ningún comentarista ha conseguido aún explicarnos satisfactoriamente.

La tendencia de Sender al misterio, tanto en la temática como en la manera de tratarla, se ha acentuado mucho más en sus novelas posteriores a la guerra. Aunque hay partes de su obra francamente impenetrables, su objetivo es siempre serio. Sender está profundamente interesado por lo misterioso y lo secreto —el mito, la magia, los ritos, las leyendas— que se resiste a la explicación racional y transtorna los usos convencionales de pensar. Como D. H. Lawrence, por cuya obra siente gran admiración, Sender cree que tratar de interpretar el mundo y el lugar que ocupamos en él valiéndose exclusivamente de análisis lógicos y científicos equivale a negar una parte importante de nuestra humanidad. Sender opina que las sociedades modernas muy civilizadas, al prescindir de sus raíces primitivas, han limitado innecesariamente su acceso a ciertas verdades a las que puede llegarse por medio de intuiciones y revelaciones que son esencialmente religiosas. Habrá lectores para los cuales estas actitudes resultarán inaceptables y que consideran la verdadera obsesión de Sender por supersticiones históricamente persistentes como desconcertante o sencillamente ingenua. Pero los relatos inspirados en estas ideas son a menudo de una profunda originalidad y constituyen enérgicos asaltos a la imaginación. Así, el mundo como soñado de *Epitalamio del Prieto Trinidad* (1942), poblado por criminales y por indios que representan la sabiduría mágico-religiosa en muchas de las novelas de Sender, la magia negra y la complicada mitología cósmica de *Emen Hetan* (1958) y *Las criaturas saturnianas* (1968), las crípticas teorías filológico-mitológicas de muchos libros, sobre temas como las virtudes místicas de las palabras que empiezan con las letras *Sp*, contribuyen a dar un carácter muy extraño a estos libros, que a veces pueden ser fatigosos y oscuros, pero que con mayor frecuencia son testimonio de una imaginación inmensamente fecunda y de gran alcance, dispuesta a explorar toda clase de temas curiosos y esotéricos, con la esperanza de que posibilitarán nuevas visiones acerca de la naturaleza de la vida.

Los fines que persigue Sender son primordialmente de carácter ético. El núcleo de su obra es una preocupación por la naturaleza del bien y del mal, de la responsabilidad moral, del pecado y de la culpa, imágenes que son perfectamente aislables en algunos de los mejores relatos de Sender, cuya dialéctica interna les lleva a un planteamiento cercano al drama: así en *El lugar de un hombre* (1939), *El rey y la reina* (1947) y *Réquiem por un campesino español* (1960). Una idea muy tenaz en Sender es la de que estos problemas sólo pueden abordarse seriamente por hombres cuya actitud ante las decisiones morales ha sido en cierto modo como purificada de factores mezquinos como el miedo, la indignación, la envidia o la codicia. La purificación suele producirse como resultado de un fuerte choque sicológico y produce como una especie de aparente aturdimiento moral, que es el signo externo del despego y de la serenidad interiores, sin los cuales, dice Sender, son imposibles las percepciones morales claras. Los protagonistas de *La esfera* (1947), *El verdugo afable* (1952) y *Las criaturas saturnianas* (1968) —tal vez el mejor de sus libros hasta hoy— son ejemplos sobresalientes de individuos que se ven en circunstancias que han liberado de esta manera su imaginación.

Las indagaciones de Sender respecto a los fundamentos de la ética han sido serias y prolongadas. Su costumbre de incorporar ideas, hechos, pasajes enteros de obras suyas antiguas en novelas posteriores, en este escritor tan prolífico e inventivo, no se debe a que no tenga nada nuevo que decir, sino precisamente a todo lo contrario. Constantemente vuelve a pensar sus ideas, las modifica y las desarrolla. *Las criaturas saturnianas* es una versión muy ampliada y modificada de *Emen Hetan*. La edición de 1947 de *La esfera* era una nueva versión de *Proverbio de la muerte*; nuevos cambios se introdujeron en una traducción inglesa de 1949 *(The Sphere)*, y en una tercera edición española de 1969, que según Sender es la definitiva, vuelve a introducir modificaciones. Las búsquedas senderianas no desembocan en conclusiones seguras. No dice al lector qué es lo que ha de creer, ni siquiera lo que él cree, sino que más bien abre nuevos caminos para la imaginación de los lectores empujándoles a que cada cual los ande por su cuenta. En sus mejores obras consigue este objetivo de un modo sumamente sugestivo. La nota introductoria de Sender a la última edición de *La esfera* resume exacta y concisamente los propósitos que guían toda su producción de la madurez: «El propósito de *La esfera* es más iluminativo que constructivo, y trata de sugerir planos místicos en los que el lector pueda edificar sus propias estructuras».

Aunque más joven que Aub y Sender, Francisco Ayala (1906-   ) publicó su primer libro cuando tenía dieciocho años, y no tardó en ser conocido por sus colaboraciones en la *Revista de Occidente* y por la continua publicación de cuentos que culminaron en *Cazador en el alba* (1930). Su literatura anterior a la guerra se caracteriza por un absoluto esteticismo guiado por una aguda inteligencia, y el resultado son unas obras similares a las de Jarnés, de mínimo interés anecdótico y descriptivo, persiguiendo brillantes metáforas con una inventiva incansable. Este tipo de literatura está pasado de moda, y el propio Ayala al recordar estos años ha hablado en términos duros de sus primeros libros, aunque *Cazador en el alba* sea un logro muy notable para un joven de veintitrés años. Sin embargo, en 1929 y 1930 Ayala vivió en la opresiva atmósfera del Berlín de estos años y lo que observó allí, así como en España y en el resto del mundo en los sombríos años siguientes, hizo cambiar completamente su actitud respecto al arte. Sus obras de imaginación le parecieron frívolas, y durante cerca de veinte años no volvió a cultivar estos géneros, dedicándose en cambio a lo que sigue siendo una parte importante de su obra, ensayos y libros sobre temas sociológicos, filosóficos y literarios. Como la mayoría de los demás escritores que conocieron la experiencia del exilio, se ha ganado la vida principalmente como profesor de universidad.

Cuando volvió a la literatura de imaginación con *Los usurpadores* (1949) se trataba de algo completamente distinto de su obra anterior a la guerra. El libro consta de seis cuentos sobre temas inspirados en la historia de España, ·seguidos de un «Diálogo de los muertos» que se refiere a la guerra civil. A pesar de que no hay continuidad narrativa entre estas siete obritas, el título indica su tema común. La «usurpación» a la que se refiere es la que se produce siempre, según Ayala, cuando un hombre intenta someter a otro a su voluntad. Ayala trata esta inmoralidad universal desde diferentes puntos de vista en unas fábulas muy bien escritas, ahora movido por la indignación y el pesimismo, pero siempre con inteligencia y maestría. El mejor de estos cuentos, «El hechizado», añade una profunda ironía al libro con su perspectiva del colosal laberinto de la autoridad en la España imperial, rigiendo las vidas de millones de seres humanos en nombre de un. imbécil patético, Carlos II, que en su mismo centro babea sin comprender nada. Un segundo volumen de cuentos publicado en 1949, *La cabeza del cordero* (1949), también aplica diferentes puntos de vista a un tema único, esta vez la guerra civil. Los cuatro cuentos van desde los orígenes sicológicos a la realidad de la guerra, y de ahí al tema del exilio y de los problemas del retorno. Una vez más lo esencial es el análisis, no la anécdota, y los cuentos son parábolas que incitan a serias reflexiones.

Otro libro de cuentos, *Historia de macacos* (1955) pareció indicar que Ayala había decidido dedicarse exclusivamente a los relatos breves, pero en 1958 publicó una novela que suele considerarse justificadamente como la mejor de sus obras escritas hasta ahora, *Muertes de perro*. Aunque esta historia de sórdida brutalidad y de degradación humana se sitúa en una república hispanoamericana que recuerda por igual al *Tirano Banderas* y al *Nostromo* de Conrad, Ayala ha dicho explícitamente que su tema no es una manifestación local del mal, sino un testimonio del «desamparo en que se vive hoy» [1]. *Muertes de perro* es otra parábola sobre el conjunto del mundo moderno, donde se vive y se muere como perros, oscuramente y sin sentido; es digno de notarse que aunque la novela tiene relación con lo que en otro ambiente distinto se llamarían cuestiones de Estado, ninguno de todos estos sórdidos crímenes y brutalidades es el resultado de un principio o creencia. Además, como el narrador observa irónicamente, y como confirma la continuación de la novela, *El fondo del vaso* (1962), la tiranía del bestial dictador Bocanegra, aunque odiosa y cruel, significaba para el país su única posibilidad de orden, de modo que en el caos que sigue a su asesinato el pueblo recuerda su sistema como a una edad de oro.

El modo en que se cuenta esta horrible historia, sin ser precisamente original, es muy logrado, y añade otra dimensión de interés a lo que de otro modo a veces hubiera podido convertirse en un simple catálogo de bajezas. El narrador ficto dice que pretende escribir un relato ordenado y objetivo de los hechos. Pero podemos tener la seguridad de que semejante relato hubiese sido mucho menos revelador —y menos adecuado a los verdaderos propósitos de Ayala— que el conjunto de notas y documentos que constituyen *Muertes de perro*, y que ofrece una diversidad de perspectivas, incluyendo los mordaces comentarios del propio narrador, quien como hombre es tan ruin y corrompido como sus compatriotas. Además, el «desorden» de las notas y documentos permite a Ayala emplear procedimientos narrativos muy elaborados de un modo natural, sin correr ningún riesgo ni de oscuridad ni de perseguir efectos artificiosos. La novela, liberada de un estricto orden cronológico de los hechos, puede contener anticipaciones del futuro, reflexiones sobre el pasado y, sobre todo, la emoción que produce el clásico recurso de la «verdad diferida». Sabemos por ejemplo, casi desde el comienzo de la novela, que Tadeo Requena va a matar a Bocanegra, pero hasta cerca

1. F. Ayala, *Mis páginas mejores*, Madrid, 1965, pág. 19.

del final no nos enteramos de cómo ni de por qué. Semejantemente, la aparición en las notas del narrador de hechos que él cree serán de poca importancia dentro del conjunto de la narración, permite a Ayala hacer un libre uso de su sentido simbólico, sobre todo respecto a los diversos perros que viven y mueren en las páginas de *Muertes de perro*.

Ayala, como Sender, vive todavía y goza de buena salud, habita la mayor parte del año en los Estados Unidos y sigue escribiendo libros que por fin se ponen al alcance del público español. Hasta hace muy pocos años, las obras de estos importantes novelistas españoles —a cuyos nombres, de contar con más espacio habría que añadir los de Rosa Chacel (1896-   ), Segundo Serrano Poncela (1912-   ), Manuel Andújar (1913-   ), y el famoso ensayista, historiador y diplomático Salvador de Madariaga (1886-   ), que ha vivido en Inglaterra desde la guerra civil— han sido casi desconocidas en España. Pero la situación está cambiando rápidamente. Hoy en día es legítimo por lo menos confiar en que la hasta ahora necesaria división de la literatura española posterior a la/guerra en literatura en España y literatura en el exilio, está dejando de responder a una realidad, y que la creciente familiaridad con la obra de ilustres escritores españoles que viven fuera del país puede interesar a los novelistas que viven en España, alentándoles a superar los problemas con que se debaten desde 1939.

2. LA LITERATURA EN ESPAÑA

Los años inmediatamente posteriores a la guerra civil fueron para la mayoría de los españoles casi tan sombríos como los mismos años de la contienda, y para muchos representaron la extrema pobreza y el hambre entre las ruinas de un país devastado. La vida intelectual se rehizo con lentitud en un ambiente general de banalidad y pragmatismo, de doctrinarismo y especulación...

La censura de obras extranjeras era estricta, y resultaba

difícil para los escritores jóvenes saber qué se hacía en el extranjero o qué estaban escribiendo sus compatriotas exiliados. Se produjo por lo tanto una brusca interrupción en la continuidad literaria. Unamuno, Valle-Inclán, Antonio Machado y Lorca habían muerto, la gran mayoría de los mejores escritores se habían ido, y los que se quedaron o los que volvían eran meros fantasmas de lo que fueron. En un ambiente tenso y generalmente hostil, preocupados por cuanto les rodeaba, tenían que empezar de nuevo entre vacilaciones bajo la atent: mirada de una censura todopoderosa. Los años cuarenta fueron, como era de presumir, años muy flojos para la literatura española.

Sin embargo, la década de los cincuenta presenció ciertos cambios en la situación española e internacional. Con la guerra fría en su momento más gélido, las democracias occidentales tomaron en cuenta el sistemático anticomunismo español y reconsideraron la decisión de excluir a España de las Naciones Unidas, decisión revocada en 1950; y en 1955 la nación fue admitida incondicionalmente en la Asamblea General. En 1951 los Estados Unidos empezaron a negociar un acuerdo para establecer bases militares en España a cambio de una ayuda económica sustancial. El turismo y las inversiones extranjeras empezaron a reforzar la economía. Y a medida que el talante aislacionista del régimen se suavizaba gradualmente, la atmósfera dentro de España empezó a cambiar.

El inicio del Plan de Desarrollo en 1959 constituyó, por su parte, un hito en un proceso que era simultáneamente de cambios en el régimen político y madurez en la sociedad. El aumento de estudiantes universitarios, la expansión de la clase media, la mayor conciencia social del proletariado constituyeron desde 1955, cuando menos, un ingrediente nuevo en la vida cultural. El resultado fue una literatura de realismo social casi siempre de consumo interior, considerablemente importante para quien estudie la historia social de la España de la posguerra, pero que es dudoso que interese mucho a un público más amplio. La cercanía en el tiempo puede engendrar graves errores de perspectiva, y valoraciones como las que se dan en este capítulo sólo aspiran a ser aproximativas; pero lo que sí es seguro es que el período de la posguerra en España no ha producido una literatura que ni remotamente pueda compararse a la calidad de las mejores obras de los años veinte y treinta. Con razón o sin ella —y los que no han vivido los últimos treinta años en España no están en situación de establecer prioridades— durante este período la literatura española se ha ocupado más de dar testimonio que de inventar. Ha habido muchos escritores sinceros y conscientes, pero ninguno que fuese grande u original. Por lo tanto, la historia de la literatura de esta época se explica mejor por sus tendencias que por obras de arte muy sobresalientes. Si se adopta como criterio de importancia el de los valores literarios, las páginas que se dediquen a esta época han de ser muchas menos que las correspondientes a la primera parte del siglo. Claro está que también pueden adoptarse otros criterios, y los que consideren la literatura contemporánea como importante por ser contemporánea, opinarán que las páginas que siguen son insuficientes.

3 LA NOVELA

La novela más interesante que se publicó en España durante la década que siguió a la guerra civil fue *La familia de Pascual Duarte* (1942), de Camilo José Cela (1916-   ). El llamado «tremendismo» de este relato áspero y chocante ha contribuido mucho a su fama, pero está lejos de ser su característica principal. En realidad, el mayor mérito de la novela es su sutileza en la manera de mostrarnos que el violento campesino protagonista, aparentemente perseguido por un encadenamiento fatal de circunstancias, es una personalidad trágicamente compleja, que se debate con los insufribles pesos sicológicos de una naturaleza verdaderamente sensible, de una conciencia moral exigente y noble en potencia y de una manifiesta relación edípica con su odiosa madre... a la que da muerte, como el lector atento puede observar, con la misma actitud apasionadamente ambivalente de su primer y violento acto de amor con su esposa. Haber expresado todo esto valiéndose del dificilísimo recurso de los recuerdos personales de un aldeano sin instrucción, es una hazaña literaria muy digna de tenerse en cuenta. Pero éste resultó ser un hecho casi aislado, tanto por lo que respecta a las demás obras de Cela como a la novelística española en general. Cela ha sido uno de los escasísimos novelistas verdaderamente experimentales de la España de la posguerra, y no hay dos de sus libros que se parezcan. Después de *La familia de Pascual Duarte* escribió *Pabellón de reposo* (1944), narración hábilmente estructurada de los estados de ánimo subjetivos de siete enfermos que mueren de tuberculosis en un sanatorio. El tercer libro de Cela fue *Nuevas andanzas y desventuras de Lazarillo de Tormes* (1944), que relata las experiencias de un pícaro del siglo XX. Obra magníficamente escrita, pero que no es el gran libro que hubiera podido esperarse del joven autor del *Pascual Duarte*. En los cinco años siguientes Cela no escribió novelas.

La novela en la década que siguió al final de la guerra civil fue de calidad notoriamente baja, aunque abundó más que en el período inmediatamente anterior. Por una parte, el público lector volvió a la novela en un inconsciente afán de zafarse de una realidad tan dura como la que se vivió a nivel colectivo (el auge de las traducciones de narradores ingleses, la renovada afición al humor o las reediciones de Galdós son un triple testimonio de esto), mientras que, por otra parte, los escritores vieron en la novela el género interpretativo más idóneo fuera como imagen del presente o como recuerdo del pasado. Este primer aspecto tuvo poca importancia: sintomáticamente, casi todas las narraciones dedicadas a la guerra civil se refirieron a los padecimientos —reales o imaginarios— sufridos por personajes muy poco heroicos en la retaguardia republicana, y fueron realmente muy escasas las novelas que exaltaron directamente las razones del combate o su propia existencia. Entre las últimas, deben destacarse tres novelas del falangista Rafael García Serrano (1917-   ) como son *Eugenio o proclamación de la primavera* (1938), *La fiel infantería* (1942) y *Plaza del Castillo* (1951): la primera es una lírica exaltación de la violencia más cerril y gratuita, pero las dos últimas son atractivos y vivaces relatos de guerra además de una prueba de convicción de las insensatas exaltaciones que acompañaron el sangriento sacrificio de 1936.

Aunque fueran militantes falangistas, otros dos escritores de la época, Juan Antonio Zunzunegui (1902-   ) e Ignacio Agustí (1913-1974), escribieron desde perspectivas muy diferentes y más conectadas con la tradición literaria del realismo decimonónico. El bilbaíno Zunzunegui había publicado ya algún relato antes de la guerra, pero ahora se revela como un retratista de la vida burguesa en relatos de estilo muy zafio y pobre imaginación sicológica aunque de cierta fuerza realista en sus escenas: así sucede en *¡Ay... estos hijos!* (1943), *El barco de la muerte* (1945), las dos novelas de *La quiebra* (1947), *Las ratas del barco* (1950) hasta *Esta oscura desbandada* (1952) y una larga serie de títulos —en los que no se aprecia evolución temática o formal alguna— que gozan de amplio crédito como literatura «fuerte» y «de calidad» entre ciertos sectores de la burguesía. Parecido es el caso del barcelonés Ignacio Agustí, quien, sin embargo, se ha aplicado a la confección de una *saga* recuperadora del pasado burgués de su propia región: tal sentido tienen los libros que forman el ciclo *La ceniza fue árbol* —*Mariona Rebull* (1944), *El viudo Rius* (1945), *Desidero* (1957), etc.

En 1944 el primer premio Nadal —inicio de una nutrida serie de estos que contribuyeron tanto a expandir la afición por la novela— recayó en el relato de una muchacha, Carmen Laforet (1921-   ), significativamente titulado *Nada*. Narrado en primera persona y verosímilmente autobiográfico, *Nada* era una implícita denuncia de la sordidez y la miseria —física y moral— de la burguesía española tras el trauma bélico; de ese modo, esta novela junto con *La familia de Pascual Duarte* de

Cela sirvieron de piezas testificales para suscitar la famosa polémica sobre el «tremendismo» narrativo, pero, en todo caso, para diagnosticar un nuevo rumbo para la novela española en más directa conexión con una realidad atroz.

Por lo común, los ganadores del Nadal en los años cuarenta, incluyendo a Carmen Laforet, no han justificado las esperanzas, fuesen cuales fuesen, que los jurados del premio pusieron en sus obras. Dos excepciones, de tipo bastante diferente, son José María Gironella (1917) y Miguel Delibes (1920). Gironella es menos conocido por *El hombre* (1947), la novela que le valió el premio, que por su extensa trilogía sobre la guerra civil: *Los cipreses creen en Dios* (1953), *Un millón de muertos* (1961) y *Ha estallado la paz* (1966). Es probable que éstas sean las novelas más leídas en España desde el final de la guerra civil. Acerca de su objetividad y de sus valores literarios ha habido acaloradas polémicas, en las que el propio Gironella ha intervenido muy activamente, convirtiéndose en el agresivo defensor de la teoría de que no hay nada vergonzoso en escribir novelas destinadas a un público muy numeroso. Desde que apareció el primer volumen de la trilogía, se ha comprobado evidentemente que la fórmula de Gironella de adoptar una aparente imparcialidad en el conflicto (resuelta, sin embargo, del lado nacional) y su sentimiento de la guerra como catástrofe cósmica tienen un gran atractivo para muchos lectores españoles de clase media. Un producto más reciente, asociable con este rico filón (pese a ser obra de un excombatiente republicano), es *Las últimas banderas* (1967) de Lera, cuyo éxito ha sido extraordinario.

Por lo que se refiere a atraerse a un público mayoritario, como ha hecho en todas sus cosas, Miguel Delibes ha seguido un camino intermedio. Desde que en 1947 ganó el premio Nadal con *La sombra del ciprés es alargada,* su continua producción de novelas le ha ganado la estima general, pese a que no se ha propuesto buscar el aplauso mayoritario y a que sus libros afirman ciertos principios y valores que, según Delibes, en general no admite la sociedad española. El aspecto positivo de estos principios se manifiesta en su preocupación por las cosas sencillas y naturales como un refugio ante la fealdad y la complicación de la vida moderna. Delibes es decidida y tranquilamente provinciano, y sus libros más risueños, como *El camino* (1950), *Diario de un cazador* (1955) y *Las ratas* (1962) son relatos gratamente sobrios, de niños y de vida rural, escritos en un estilo recio y claro que les da un atractivo inmediato. No es probable que haya lectores que, por mucho que les gusten sus novelas, crean que Delibes es un gran novelista, pero su medianía tiene una honradez y una dignidad que impone respeto. Lo mismo puede decirse del contenido ideológico de sus novelas. Delibes, aunque moderado, critica seriamente la sociedad, es un católico liberal y combativo que opina que en España hay una lamentable falta de verdadero cristianismo. Sus blancos son los de cualquier persona digna: la hipocresía, la intolerancia, el egoísmo, la codicia. Una novela reciente, *Cinco horas con Mario* (1966), hace un detallado catálogo de estos enemigos, en cerca de trescientas páginas de monólogo interior, desde la mentalidad irremediablemente repugnante de la viuda de Mario.

La suave apelación a la decencia que hace Delibes no podía parecer a nadie objetable ni subversiva. Pero la narrativa de los años cincuenta asistió al nacimiento de una escuela más dura de crítica social. Su precursor fue Cela, quien, por el motivo que sea, siempre ha conseguido publicar cosas que el censor no toleraría en otros escritores. En 1948 había publicado *Viaje a la Alcarria,* libro de viajes muy bien escrito que trataba de una de las comarcas más pobres y atrasadas de España. Su novela *La colmena* (1951) se sitúa en Madrid, y presenta un muestrario microscópicamente detallado de las mezquindades y desventuras de la vida de la capital. El modo como Cela usa sutiles recursos artísticos para dar una impresión de realismo documental es sumamente hábil, y *La colmena* ha ejercido una considerable influencia en los escritores jóvenes. Sin embargo a estos escritores les atraía el contenido más que los procedimientos narrativos de la novela de Cela. *La colmena* es una obra técnicamente ambiciosa. Múltiples perspectivas aportan profundidad y detalle a la historia de dos días cualesquiera de cerca de trescientos personajes; la cronología se rompe para buscar efectos analíticos y estéticos, y no hay argumento en la acepción normal de la palabra, pareciéndose subrayar en la parte final de la novela la imposibilidad de establecer claramente una relación de causas y efectos. En comparación con los incansables ensayos de Cela respecto a las diversas relaciones posibles que hay entre el arte y la realidad, los novelistas más jóvenes adoptaron técnicas narrativas muy convencionales. Cela les enseñó a tomar como tema la tristísima realidad de la vida en la España de la posguerra, una humanidad hambrienta, doliente, cínica y martirizada. Después de *La colmena* se produjo un súbito florecimiento (a pesar de las enérgicas podas de la censura) de jóvenes talentos literarios consagrados a la causa de exponer, o al menos de dar testimonio, de las calamidades de la vida española, expresándose en un estilo serio y objetivamente realista que el tema parecía exigir. Muchas de las novelas responsables y bien escritas de este tipo que se publicaron en los años cincuenta, parecían prometer mucho para el futuro. Su tema era invariablemente el más bien limitado de la España contemporánea, y en su mayoría estas novelas eran técnicamente insignificantes; pero el consciente testimonio de estos escritores, muchos de los cuales eran todavía niños durante la guerra civil, pero que ahora habían llegado a una edad en la que podían denunciar sus consecuencias, fue como una bocanada de aire fresco para las letras españolas. Una lista completa de los escritores que contribuyeron a este renacimiento menor de la novela española sería muy larga, pero en ella sin duda alguna figurarían los nombres de Ana María Matute, Sánchez Ferlosio, Juan y Luis Goytisolo, Aldecoa, Fernández Santos, García Hortelano, Carmen Martín Gaite, López Pacheco, Sueiro y Elena Quiroga.

Naturalmente, el concepto de la novela como instrumento de protesta limitaba el ámbito de la obra de estos escritores, como muchos de ellos han comprendido. Juan Goytisolo ha comentado que la novela española de los años cincuenta y sesenta asumió las funciones informativas y críticas que en otra sociedad hubieran desempeñado los órganos de información. Por lo tanto, su contenido afecta solamente a los que se interesan por la España contemporánea, lo cual no significa ni siquiera todos los españoles: hay muchos, quizá la mayoría, que no quiere saber las cosas que estos novelistas les cuentan. Escribían, pues, para un pequeño grupo de lectores —y de compañeros de oficio— que compartían sus preocupaciones y simpatizaban con sus actitudes. Su urgente sentido del deber como testimonio fidedigno, prácticamente les encadenaba a los procedimientos del realismo objetivo, en una época en que los escritores españoles del exilio y los hispanoamericanos se dedicaban a interesantes experiencias con otras formas literarias. El monumento supremo de este realismo, una novela que ha ejercido una enorme influencia en España, es *El Jarama* (1956), de Rafael Sánchez Ferlosio. Sin embargo, si *El Jarama* es el mejor libro de todo este grupo de escritores, ello no se debe a su realismo, sino a sus profundidades simbólicas y a su sutil manera de apelar al misterio y a la poesía [2]. Superficialmente, el hecho de registrar con una paciencia increíble las conversaciones insignificantes de una serie de personas carentes de todo interés, hace que nos sintamos, sin duda de un modo deliberado, ante una de las obras más aburridas de toda la historia de la novela.

Cuando *El Jarama* ganó el premio Nadal, Sánchez Ferlosio tenía veintiocho años, aunque era uno de los de más edad dentro de este grupo de escritores. Así pues, parecía justificado pensar que, a despecho de las limitaciones de las novelas publicadas en España a finales de los cincuenta y a comienzos de los sesenta, eran unos inicios muy prometedores para unos escritores jóvenes que estaban aprendiendo su oficio en circunstancias difíciles, y que representaban como un

---

2. E. C. Riley, «Sobre el arte de Sánchez Ferlosio: aspectos de *El Jarama*», *De Filología*, año IX, Buenos Aires, 1963, págs. 201-221.

preludio de cosas mejores. En 1962, la publicación de *Tiempo de silencio*, de Luis Martín-Santos, pareció confirmar esta opinión. El tema de la novela seguía siendo la sordidez y la miseria de la vida española, pero la brillante originalidad de su forma contrastaba violentamente con la convención de la narrativa de descripción directa. La realidad se fragmentaba y se recreaba en una serie de impresionantes visiones, y el virtuosismo verbal y estilístico del autor tenía muchos ecos del *Ulises*. La novela posee una exuberancia artística y una confianza en sí misma que son muy raras en la sobria narrativa documental de la España de la posguerra. Sin dejar de ser una denuncia de una sociedad torva y callada, es al mismo tiempo una obra de arte estimulante de una tremenda fuerza imaginativa. Por otra parte también devuelve a la prosa de imaginación española una veta tradicional de sátira grotesca que parecía correr el peligro de desaparecer.

Todo parecía indicar que *Tiempo de silencio* era el despegue que la novela española había estado esperando. Pero en 1964 Martín-Santos murió en un accidente automovilístico a los treinta y nueve años. Aunque no es probable que el destino de la novela española dependiera de la carrera de este joven escritor, el hecho es que después de su muerte la prosa narrativa volvió a caer en otra grave crisis de confianza. Fue como si, después de más de diez años de un realismo social comprometido, muchos novelistas llegaran a la conclusión de que su compromiso no había tenido consecuencias sociales ni políticas, y de que su realismo había limitado su evolución como artistas literarios. Algunos de los mejores de ellos —Sánchez Ferlosio, Fernández Santos, Carmen Martín Gaite, Sueiro, Luis Goytisolo— dejaron de escribir novelas, al menos durante unos años, y en algunos casos parece que definitivamente. Ignacio Aldecoa, cuyas novelas y cuentos, tan bellamente escritos, tenían una sensibilidad lírica que le había otorgado un lugar en cierto modo especial entre sus contemporáneos, y que podía haber sobrevivido a la desaparición de la boga del realismo social, murió en 1969, cuando sólo contaba cuarenta y cuatro años de edad. Cela ha seguido publicando durante los años sesenta, pero su pasión por la autopropaganda y su prurito de originalidad a cualquier precio le han llevado cada vez más a dar trivialidades petulantes que ni pueden compararse en calidad con sus primeras novelas ni contribuyen a justificar su repetida afirmación de que es el más importante de los novelistas españoles vivos.

Así pues, a fines de la década de los sesenta, se ha asistido a una especie de pausa en la prosa narrativa, mientras los escritores hacían balance de su situación y probaban de tantear nuevos caminos. Es demasiado pronto para decir cuáles de éstos es probable que sean más fructíferos, pero por lo menos sí está claro que la oleada de realismo escueto y testimonial ha perdido toda su fuerza, y que los novelistas están volviendo al concepto de la narrativa como arte experimental más que como deber social. El cambio de actitud ha tenido efectos diversos en novelistas ya consagrados. En los más viejos, como Cela y Delibes, la adaptación no les ha sido propicia. La reacción de Cela, a juzgar por su novela más reciente, *San Camilo, 1936* (1969), ha sido incorporarse con deliberada lentitud al movimiento y volver a la atmósfera, ya que no al estilo, de *La colmena*. El nuevo libro vuelve la vista atrás con asco hacia los primeros días de la guerra civil, al parecer con el propósito de destruir las pretensiones de unos y otros de que el conflicto fue entre la verdad y el error. La técnica, una especie de monólogo interior en el cual la realidad prosaica y los hechos históricos se mezclan con los sueños y los mitos, en potencia es interesante, pero la obra acaba por ser un torrente de inmundicia y paroxismo, gélido por su falta de compasión y monótono por su obsesiva insistencia en lo sórdido y lo mezquino. La visión negativa y repugnante que tiene Cela de este momento histórico concreto hace que el libro sea absolutamente tendencioso, pero la elección del tema y su tratamiento resultan asombrosamente anticuados para un novelista de tan rotunda originalidad.

Por otra parte Delibes también ha roto de un modo notable

con el tipo de novela que acostumbraba a hacer en *Parábola del náufrago* (1969). Su tema es asimismo desesperado, y trata del modo como los valores sencillos y humanos se desploman ante la eficacia brutal de la sociedad moderna, pero esta protesta habitual en él, Delibes la hace ahora valiéndose de una complicada fantasía alegórica, con más agudeza satírica de lo que acostumbra, y espolvoreada con irritantes artificios estilísticos cuyo objeto hay que suponer caritativamente que no es otro que el de mofarse de tales artificios. *Parábola del náufrago* es un desmañado compromiso entre las constantes preocupaciones de Delibes y los cambios que está sufriendo la novela española. Respecto a estos últimos, quizá el rasgo más significativo del libro es el de que, aunque hay unas pocas alusiones veladas a problemas específicamente españoles, el tema de Delibes no es España, sino los males del moderno capitalismo paternalista en general. Delibes parece así compartir la decisión de muchos novelistas españoles de terminar con el análisis de cuestiones puramente nacionales y dirigirse al mundo en general. Un ejemplo destacado y prometedor de tal actitud es el reciente *Corte de corteza* (1969) de Daniel Sueiro, también sobre el tema de los horrores de la moderna civilización occidental, pero mucho más incisivo, agudo y legible que *Parábola del náufrago*.

Finalmente, hay que mencionar un importante cambio en la obra de uno de los representantes más famosos del realismo social de los años cincuenta y sesenta, Juan Goytisolo. Desde su primera novela, *Juegos de manos* (1954), Goytisolo ha expresado sus opiniones coléricas y pesimistas sobre la situación española en una serie de novelas y ensayos que le han valido considerables conflictos con la censura. Pero hacia mediados de los años sesenta, como la mayoría de sus contemporáneos, su obra mostraba indicios de cansancio y desesperanza. Sin embargo, en 1966 publicaba *Señas de identidad,* visión extremadamente profunda y emotiva de los veinticinco años de posguerra, pero también una obra de arte de gran originalidad e imaginación, que sin duda alguna ha hecho que vuelva a considerarse a Goytisolo como un escritor muy bien dotado que ha sobrevivido a la crisis que ha atravesado la novela española. El carácter acerbamente crítico de su personalísimo enfoque de la España contemporánea, hizo necesario que la novela se publicara en México. Su última novela, *Reivindicación del conde don Julián* (1970), publicada en México como la anterior, aborda el tema del exilio como cuestión principal. Tanto *Señas de identidad* como *Reivindicación del conde don Julián* son novelas excelentes, y por su amplitud imaginativa y su inventiva estilística pueden compararse con las mejores obras de la narrativa contemporánea hispanoamericana. Sólo el hecho de que el autor de estos dos magníficos libros deba hoy considerarse como un escritor en el exilio nos disuade de suponer que la novela española pueda estar a punto de hacer contribuciones sustanciales a la literatura universal.

El cambio ha sido también perceptible en España donde, a partir de 1965 —fecha de la significativa reedición de *Tiempo de silencio* y de la difusión de los grandes narradores latinoamericanos de esta década—, se ha postulado el abandono de la novela social y han proliferado los experimentos formales, la vuelta al autobiografismo, la ruptura con el *tempo* lineal y la presencia de complicados —y a veces muy banales— autoanálisis de la alienación moral del individuo. Nada de todo esto ha dado, sin embargo, un solo nombre o título importantes y, a cambio, han abundado las polémicas ociosas y los saneados negocios editoriales. No obstante, quizá quepa hacer una excepción para algunos relatos de Juan Marsé (1933) tan explosivamente sarcásticos como *Últimas tardes con Teresa* (1966) y para la obra de Juan Benet (1927) que ha representado una densa y faulkneriana evocación del mundo provinciano de una mítica «Región» en *Volverás a Región* (1968), *Una meditación* (1970) y *Un viaje de invierno* (1971).

4. LA POESÍA

Hablando en términos puramente cuantitativos, el período posterior a la guerra civil ha sido fecundo para la poesía española. En una época tan poco propicia para todas las artes en muchos sentidos, es posible que se haya publicado y leído más poesía que nunca, aunque naturalmente ello no significa que en España leer poesía se haya convertido en una afición popular, ni que el público español de poesía sea más numeroso que el de otros países. La peculiar atmósfera de la España de la posguerra puede haber contribuido a esta relativa abundancia, ya que la poesía puede sugerir ciertas cosas de un modo más sutil que la prosa... Sean cuales fueren las razones, la poesía ha tenido un notable florecimiento en las grandes ciudades y en las provincias, en revistas poéticas, en antologías y en publicaciones periódicas como la famosa colección Adonais. También ha manifestado una variedad considerable, y cualquier tentativa de resumir sus tendencias debe limitarse a características muy generales, si no quiere pasar por alto las influencias recíprocas y los cambios de dirección de verdadera importancia.

No obstante, una característica indiscutible es lo que se ha solido llamar la «rehumanización» de la poesía de la posguerra. El término es equívoco, ya que parece presuponer la existencia de un acentuado contraste con una supuesta «deshumanización» durante el período anterior a la guerra. Pero indica una clara distanciación de la idea del poeta como una clase de persona especial, un visionario privilegiado, una víctima de su hipersensibilidad o un esteta exquisito. Los poetas españoles de la posguerra han afirmado, sea de un modo directo, sea implícitamente, que no son los guardianes de ninguna verdad esotérica, sino hombres y mujeres cualesquiera, y que por lo tanto han de hablar de experiencias comunes, colectivas en términos claros y explícitos que los demás hombres puedan comprender. Este impulso ha significado con frecuencia, aunque no siempre, poesía de realismo social, protesta política o afirmación religiosa. También ha reflejado invariablemente una clara conciencia de pertenecer en concreto a una época, un lugar y una sociedad. La aceptación de la importancia de la temporalidad ha sustituido a la búsqueda poética de la esencia y de la eternidad. Siendo así, no sorprende que la influencia de la poesía de Antonio Machado en este período haya sido inmensa. Su frase de que la poesía es «la palabra esencial en el tiempo» se ha convertido en artículo de fe; su poesía «testimonial» sobre España se ha leído con admiración; y sus severas críticas sobre lo que él consideraba las payasadas poéticas de los años veinte y treinta se han citado aprobadoramente.

Aunque el contraste entre la poesía anterior y posterior a la guerra es en muchos aspectos grande, los poetas de la posguerra en principio no rechazaron la obra de la generación inmediatamente anterior. Se veneraba el recuerdo de Lorca y de Hernández, y las obras de la posguerra de los poetas españoles exiliados, aunque prohibidas, cuando podían conseguirse se leían con gran interés. El peruano César Vallejo y el chileno Pablo Neruda, cuyos gritos de angustia y de protesta parecían haber anunciado el talante de gran parte de la poesía española posterior a 1939, también ejercieron una considerable influencia sobre varios poetas. Vicente Aleixandre y Gerardo Diego vivían en España, todavía muy respetados, y aunque su producción de la posguerra, más que guiar, seguía la corriente de la poesía española, todavía era apreciada por muchos de los poetas más jóvenes.

Se ha hablado muchas veces de una hipotética «generación de 1936» que protagonizaría este cambio de actitud y que, en la posguerra, vendría a ser la conciencia viva del dramático enfrentamiento bélico. Lo que sí parece indudable es un cambio de talante poético en los dos años inmediatamente anteriores a la guerra civil, que permitirían hablar de la reanudación posterior de una modalidad expresiva más clásica (con preferencia por el soneto) y unos sentimientos profundamente personales: no es casual, en este sentido, que aparezcan entonces libros tan afines como *La voz cálida* (1934) de Ildefonso Manuel Gil, *Abril* (1935) de Luis Rosales, *El canto de la noche* (1935) y *Sonetos amorosos* (1936) de Germán Bleiberg, *La soledad cerrada* (1936) de Gabriel Celaya, *Cantos del ofrecimiento* (1936) de Juan Panero y buena parte de la obra de Arturo Serrano Plaja.

Un miembro de la generación de Lorca y Guillén que siguió viviendo en España después de 1939 era Dámaso Alonso (1898-   ). Alonso había participado íntimamente en todas las actividades de esta generación poética, pero sobre todo en calidad de erudito y de crítico. Su producción poética había sido pequeña y marginal respecto a las grandes obras de sus ilustres contemporáneos. Pero en 1944 publicó un libro de poesía históricamente importante, *Hijos de la ira,* un libro que sorprendería a quienes le consideraban únicamente como un sabio profesor de mediana edad. Los poemas eran como un torrente de furor, asco y desesperación, que se expresaba en versos libres, largos y desordenados, y con un vocabulario de violencia, fealdad y podredumbre. No contenían ninguna denuncia concreta, ni política, ni social, ni metafísica, pero eran como un ronco grito de horror inspirado por el espectáculo del mundo tal como Dámaso Alonso lo veía en 1944, un espectáculo que, como él mismo ha dicho, le hizo sentir bruscamente repugnancia y cansancio ante los elegantes ejercicios estéticos.

Este grito resonó profundamente en lo que era hasta entonces un ambiente poético predominantemente tranquilo, e inició lo que el propio Dámaso Alonso ha descrito como la división de la poesía española en «poesía arraigada» y «poesía desarraigada»[3]. Claro está que no todos los poetas de este período pueden incluirse sin vacilaciones en uno u otro de estos dos grupos, pero sí es cierto que las causas últimas de la mayor parte de la poesía española de la posguerra —la

---

3. D. Alonso, *Poetas españoles contemporáneos,* Madrid, 1958, págs. 366-380.

angustia y la desesperación— se expresan de dos modos claramente distintos: o bien buscando refugio en las fuentes tradicionales de consuelo o bien imprecando a la oscuridad. La reaparición de Dios como uno de los temas poéticos principales, fue uno de los rasgos característicos de la época, y hace resaltar aún más la división. Unos poetas le invocaban, con grados muy distintos de esperanza, en busca de consuelo; otros le maldecían por su ausencia, indiferencia y silencio. Poetas como Luis Felipe Vivanco, Leopoldo Panero, Luis Rosales, José Antonio Muñoz Rojas, Dionisio Ridruejo y José María Valverde, le daban gracias por su misericordia a pesar de todo. Celaya, Crémer y Otero se inclinaban más bien por hacer resaltar su ausencia y le increpaban por su irresponsabilidad. Entre los dos extremos, Bousoño, Vicente Gaos y José Luis Hidalgo, le hacían difíciles preguntas a las que él no respondía.

Estas diferencias de actitudes, en general corresponden a diferencias de propósitos y estilos poéticos. Vivanco, Rosales, Panero y otros empezaron a reanudar su labor poética después de la guerra principalmente con unos tímidos ejercicios formalistas de poesía pastoril, amorosa o religiosa, proclamando como sus maestros a los poetas del siglo XVI (retorno que ya era perceptible en el grupo juvenil de preguerra en torno a Germán Bleiberg; el «garcilasismo», surgido en España en 1942, en torno a José García Nieto, fue una resonante, efímera y poco valiosa exageración de esta tendencia). Pero más tarde fueron orientándose cada vez más hacia hablar en un tono modesto y sin pretensiones de la experiencia común de la realidad cotidiana. Las cosas más vulgares atraen su atención con una insistencia casi embarazosa. Vivanco encuentra a Dios en un taxi. Rosales, en su mejor libro, *La casa encendida* (1949), medita con sencilla sinceridad y en un lenguaje llano, en la realidad inmediata de la vida cotidiana. Rafael Morales dedica un soneto a un cubo de la basura, no movido por un afán de escandalizar o repeler, sino simplemente como una honrada tentativa de hacer un poema, como dice el último verso, con «el llanto de lo humilde y lo olvidado». La modestia de este tipo de poesía, su resignación a una realidad gris y su capacidad para encontrar que el mundo está bien hecho, son realmente extraordinarias. Es posible que estas virtudes merezcan respeto, pero se fundan en un arte poética que parece querer renunciar a la mayoría de las ambiciones de que es capaz la poesía. Su relación con el *hic et nunc* es extremadamente limitada. Cuando Rosales se dirige a Dios en un verso que ya no puede ser menos poético —«pero quiero pedirte, de algún modo, que no derribes aún aquella casa de La Coruña»— se sitúa evidentemente en un momento muy concreto del tiempo, y está tan lejos de las esencias abstractas como hubiera podido desear el más exigente. Pero esto tampoco es la temporalidad de Machado, a pesar de la suave preocupación que manifiesta por los efectos destructores del tiempo. A Machado le preocupaba el fluir del tiempo en el sentido de la coexistencia de pasado, presente y futuro en la conciencia personal; cuando escribía sobre la vida cotidiana lo hacía conociendo perfectamente el significado del momento histórico. Ambas clases de temporalidad tienden a estar ausentes de los poemas personales, anecdóticos o descriptivos de escritores como Panero y Rosales.

Sin embargo, en modo alguno puede decirse que toda la poesía española de los últimos treinta años carece de sentido del momento histórico. Dejando aparte la vigorosa actitud surrealista de un Miguel Labordeta o la fuerza coloquial de un Ángel González, gran parte de la obra de poetas como Gabriel Celaya, Victoriano Crémer, Blas de Otero, Eugenio de Nora y José Hierro, brota directamente, como *Hijos de la ira,* de una dolorosa conciencia de las circunstancias históricas, y buena parte de sus versos son de protesta social o política. En 1952 Celaya dijo que consideraba la poesía como «un instrumento, entre otros, para transformar el mundo» [4]. Hierro

---

4. *Antología consultada de la joven poesía española,* Santander, 1952, pág. 44.

afirmó modestamente que el único valor perdurable de su poesía será su significado documental [5]. Como algunos de los novelistas de este período, aunque unos años antes, estos poetas opinaban que su indiscutible deber era renunciar a consideraciones estéticas con objeto de romper el silencio y denunciar la injusticia con palabras claras y coléricas, y a menudo en un lenguaje llano y prosaico.

Pero, también como los novelistas, poco a poco se han ido desilusionando de sus esfuerzos. Sus poemas no han transformado el mundo, y en muchos casos, por muy predispuestos que podamos sentirnos a respetar su propósito de sacar la poesía de la supuesta oscuridad esotérica y airearla en las plazas públicas, los resultados no han sido positivos para su arte. A pesar de tanta insistencia en la realidad y en la inmediatez, gran parte de esta poesía social tiene un desmañado aire abstracto y está menos firmemente arraigada en la experiencia real y personal que la de Rosales o Panero. Y sigue en pie el viejo y fundamental problema de la poesía utilitaria, didáctica: si lo que se quiere es hablar llanamente al mayor número posible de personas, ¿por qué no escribir en prosa? Una respuesta parcial y limitada en los años cincuenta puede haber sido la cuestión de la censura, pero es una respuesta que no contribuye en nada a resolver el problema, como muchos de estos mismos poetas parecen ya haber comprendido. Por fortuna no es necesario juzgar a la poesía española posterior a la guerra simplemente como un instrumento de protesta social y política. Aunque todos los poetas cuyos nombres suelen relacionarse con la «poesía social» han contribuido a la prosaica poesía de testimonio, los mejores de ellos no pueden sintetizarse y desecharse como escritores que han tratado de cumplir con su deber social a expensas de su arte. Parte de su poesía sobrevivirá por las razones por las que la poesía acostumbra a sobrevivir: la de estar bien escrita y transmitir intuiciones que son emocional e intelectualmente convincentes o

5. *Ibid.*, pág. 107.

iluminadoras. Celaya, por ejemplo, que antes tenía por objetivo hablar de los problemas contemporáneos de una manera sencilla, y que tituló uno de sus primeros volúmenes *Tranquilamente hablando* (1947), para hacer resaltar su estilo desnudo y coloquial, inyecta a menudo en su poesía pasión y
fuerza líricas. Es también un poeta de actitudes variadas. Entre sus desgarrados gritos de rebeldía, hay también radiantes
intermedios que cantan el placer puramente de vivir. Su calidad es menor cuando escribe sobre grandes abstracciones
—España, la poesía— que cuando desciende a elementos más
concretos de la experiencia, como lo hace en su emotiva «Carta a Andrés Basterra» (*Las cartas boca arriba,* 1951). También
Otero quería hablar directamente a los hombres en los campos y en las fábricas, pero a menudo se apartaba de este
propósito por una imaginación creativa irreprimiblemente original y un elaborado gusto por la metáfora que hacen de
él, como no lo consiguen sus visiones políticas y sociales, uno
de los poetas más vigorosos y atractivos de la España contemporánea. Hierro, siempre poeta más personal que social, puede combinar sentimientos íntimos con un consumado dominio
del oficio poético. A pesar de su pronóstico, es probable que
si le leen las generaciones futuras, no sea por razones documentales, sino porque sabe cómo organizar la expresión de los
sentimientos humanos invariables en una forma poética controlada e iluminadora.

La moda de la poesía como testimonio social ha sufrido
un acentuado descenso en el curso de los años sesenta. Ello
ha tenido el efecto saludable de relegar al olvido a una multitud de poetas muy mediocres y de hacer resaltar los valores perdurables de otros. Las obras más recientes de Celaya,
Otero y Hierro tienen una calidad por lo menos igual a lo
mejor que escribieron en los cincuenta, y cada vez sugieren
con mayor claridad que para ellos la poesía es ahora un medio de explorar la experiencia personal más que de representar una realidad histórica y social. De hecho, esta idea de la
poesía nunca desapareció del todo después de la guerra. Poe-

tas como Vicente Gaos y Carlos Bousoño han usado concienzudamente su arte para investigar, con toda la profundidad
de un Salinas o un Cernuda, sus propios sentimientos, aspiraciones y temores, y para meditar sobre lo que les parece
enigmático de su existencia y de su manera de captar la realidad exterior. La suya es una poesía seria y consciente, aunque en su mayor parte, y de un modo especial en el caso
de Bousoño, es extremadamente nebulosa y se caracteriza por
tratar de abstracciones y de intuiciones vagas continuamente
socavadas por la duda. Cuando estos rasgos son menos visibles,
cuando Bousoño, por ejemplo, ancla sus meditaciones en una
experiencia o un objeto concreto, un paisaje determinado, una
vieja puerta en la Plaza Mayor de Madrid, se aprecia un notable incremento en la hondura de las percepciones analíticas.

Con la perspectiva histórica que este tipo de poesía está
empezando a adquirir —Bousoño empezó a publicar sus poemas en 1945—, en último término parece adscribirse a la corriente principal de la evolución de la poesía española durante
el presente siglo, mientras que la deliberada modestia de la
escuela Vivanco-Rosales-Panero y el testimonio de rebeldía de
los poetas sociales dan la impresión de ser desviaciones mo-
mentáneas. Los poetas más jóvenes siguen considerando la
poesía como un sutil instrumento de comprensión, y no se
preocupan más que Bousoño por que lo que comunican sea
sencillo e inmediatamente inteligible a toda clase de lectores.
La obra de uno de los mejores poetas de las últimas promociones, José Ángel Valente, que aplica una lúcida inteligencia a sentimientos muy complejos, proclama lo que él ya ha
afirmado directamente con frecuencia: que para él hacer un
poema es una etapa final en la comprensión de su propia
experiencia. Una vez hecho el poema, confía entonces que
su experiencia tendrá sentido para otros como resultado de su
intento de encontrar las palabras adecuadas con que expre-
sarla. Un concepto de la poesía tan clásico como éste indica
con toda claridad que no se aparta de la tradición central del
arte en la España del siglo XX. Los poetas españoles desde Ma-

chado y Juan Ramón hasta Guillén y Alberti, no hubieran tenido nada que oponer.

Esta noción está también presente en la base de la obra de los mejores poetas españoles jóvenes de la España actual, poetas como Francisco Brines, Claudio Rodríguez, Carlos Sahagún y el importante grupo barcelonés con Jaime Gil de Biedma, Carlos Barral y José Agustín Goytisolo entre otros. Su poesía lleva el sello de su época, tiene un estilo sobrio y completamente antirretórico y trata de experiencias comunes más que de extrañas visiones de verdades eternas; pero también se levanta audaz e imaginativamente, aceptando el reto de la capacidad de la poesía para explorar la experiencia de un modo más libre y sutil que la prosa. En la medida en que hoy puede hacerse una afirmación semejante, las perspectivas de la poesía española son buenas. Sin duda alguna los poetas más jóvenes no son producto de una moda pasajera. No están aislados del resto de la poesía europea —Valente, Rodríguez y Sahagún han seguido la tradición de Salinas, Guillén y Cernuda al dedicar unos años a enseñar en universidades extranjeras— y están familiarizados con las tendencias de la poesía española que se interrumpieron momentáneamente con la guerra civil. Además, parecen haber aceptado el hecho de que en los tiempos modernos la poesía consciente sólo puede tener un público muy limitado. Puede pensarse que es una lástima, pero es también un hecho ineludible, y la supervivencia de la poesía en cualquiera de sus modalidades realmente valiosas, depende de que sea aceptado como tal. Las dos últimas antologías-manifiesto publicadas han señalado todavía —a nivel de la década que empieza— un cambio hacia el predominio de valores formales más evocadores y aun netamente románticos, muy lejanos de lo social *sensu stricto*: así la *Antología de la nueva poesía española* (1968) de José Batlló y la selección *Nueve novísimos* (1970) de José María Castellet.

5. EL TEATRO

Los últimos treinta años figuran entre los más pobres de toda la historia del teatro español. Además de las dificultades con que habían tropezado la poesía y la novela durante este período, cualquier tentativa de hacer un teatro serio tenía que enfrentarse con la reaparición de todos los obstáculos tradicionales del teatro anterior a la guerra. En realidad, éstos nunca habían desaparecido; pero hubo un tiempo, durante la favorable atmósfera de la República, en que pareció que Lorca, Alberti, Hernández, Casona y Jardiel Poncela tenían empuje suficiente para amenazar con cambiar el curso de la historia moderna del teatro español. Sin embargo, una vez muertos Lorca y Hernández y Alberti y Casona en el destierro, los primeros años después de la guerra civil produjeron una gran cantidad de obras dramáticas de una calidad inimaginablemente baja, pese a lo cual se ganaron el aplauso de la mayoría del público, que estaba empeñado en olvidar la guerra civil, la guerra mundial, la bomba atómica y la desesperada situación de España. Lo único que contribuía a aliviar este degradante espectáculo era la representación de obras del repertorio tradicional español y de algunas traducciones de obras extranjeras, generalmente puestas en escena por los dos teatros subvencionados por el estado, el Español y el María Guerrero... aparte de las comedias cansadas y cada vez más reaccionarias, pero aún de innegable eficacia teatral, de Jacinto Benavente.

A finales de los años cuarenta y comienzos de los cincuenta, la situación mejoró ligeramente, pero en la mayor parte de los casos sólo en el sentido de que escritores más hábiles dieron más dignidad a la trivialidad escapista que servía de diversión al público todopoderoso de la burguesía. Escritores como Edgar Neville, J. López Rubio y V. Ruiz Iriarte trabajaron concienzudamente y con éxito basándose en el principio de que una obra ha de dar al público exactamente lo que éste desea, y que lo que quiere es algo que refleje de un modo reconocible el mundo real, pero de un modo que lo haga más atractivo o divertido de lo que realmente es. Otra escuela menor, compuesta por Miguel Mihura y sus colaboradores de los primeros tiempos de la famosa revista satírica *La Codorniz,* eligió un tipo de teatro hecho de chistes absurdos y sorprendentes sobre la vida, a menudo ágiles y divertidos, pero siempre teniendo mucho cuidado de no cruzar la línea que separa estos chistes de un sentido potencialmente trágico del absurdo de la existencia humana.

Junto a estos dramaturgos, que perseguían el modesto objetivo de tratar de ganarse la vida honradamente escribiendo para el teatro comercial, había también algunos escritores que seguían considerando su arte como una cuestión de conciencia personal o social. Inevitablemente estos escritores tenían que luchar con los gustos y con la mentalidad del tipo de españoles que de una manera habitual pueden pagar lo que cuesta una entrada de teatro. Las preocupaciones de algunos dramaturgos llegaron a coincidir lo suficiente con las de su auditorio típico como para que sus obras tuvieran éxito en los escenarios. Un ejemplo notable es Joaquín Calvo Sotelo, cuyas obras plantean cuestiones hondas desde un punto de vista católico y burgués, pero que, en más de un sentido, recuerda en sus limitaciones al «romanticismo de levita» de un Adelardo López de Ayala en pleno siglo XIX. Su obra más famosa, *La muralla* (1954), provocó grandes polémicas en su tiempo, pero fue también un gran éxito en el teatro. Como ocurre con todo el teatro de conciencia social que se ha hecho en la España del siglo XX, uno no puede dejar de pensar que si el público que acude habitualmente al teatro lo aplaude, no puede tener un gran significado social.

Las mismas sospechas provoca la obra de un dramaturgo mucho más enérgico y serio, Antonio Buero Vallejo (1916-   ), sospechas que no afectan a los logros artísticos, que desde todos los puntos de vista son mucho mayores que los de Calvo Sotelo, sino a las tesis sociales de sus dramas. En el caso de Buero Vallejo es particularmente necesario hacer esta obser-

vación, porque el haber participado en la guerra en el bando
republicano, su posterior encarcelamiento después de la contienda, y el hecho de que algunas de sus obras se sitúen en un
contexto contemporáneo español que admite la existencia de
la pobreza y de las estrecheces, han movido a ciertos críticos
a exagerar el testimonio de realismo social y las intenciones
polémicas de su obra. Su primer drama de éxito, *Historia de
una escalera* (1949), ganó el premio Lope de Vega (primero
que se discernía en la posguerra desde que lo ganara Casona
con *La sirena varada* en 1934), y fue tan bien acogido por el
público que la tradicional representación anual de *Don Juan
Tenorio* en el teatro Español se suprimió para que la obra
pudiera seguir representándose sin interrupción. Pero sea cual
sea el criterio que se adopte, exceptuando los propios del teatro español de la época, *Historia de una escalera* es una obra
aburrida y tosca que desarrolla trabajosamente una monótona
sucesión de hechos en las vidas de los inquilinos de una mo-
desta casa de vecindad, y demuestra que las aspiraciones humanas a la felicidad se frustran a menudo debido a las circunstancias y acaban en decepciones con el paso del tiempo.
Pero a pesar de este mensaje tan poco original, Buero trata
el tema de un modo serio y fácil de seguir, y el realismo de la
ambientación de la obra y del lenguaje le da un cierto vigor
que la distinguía radicalmente de los anémicos artificios de
sus rivales en la escena española de 1949. Desde entonces
Buero Vallejo ha demostrado que tiene la seguridad y la des-
treza suficientes como para variar su estilo como le plazca.
Aunque su tema básico ha seguido siendo el de la búsqueda
de la felicidad por parte del hombre, y las diversas clases de
obstáculos que se interponen en su camino hacia ella, ha tratado el tema de una serie de maneras impresionantemente distintas: de un modo simbólico en obras como *En la ardiente oscuridad* (1950), *La señal que se espera* (1952) y *El concierto
de San Ovidio* (1963), fantástico en *Irene o el tesoro* (1954),
mítico en *La tejedora de sueños* (1952) e histórico y social en
Un soñador para un pueblo (1958) y *Las meninas* (1960). En

Hoy es fiesta (1956) vuelve al escenario del Madrid pobre de *Historia de una escalera,* pero una vez más sin ninguna intención social clara, ya que la obra es un tejido melodramáticc de variedades de la experiencia humana en un ambiente humilde, y carece de propósitos polémicos bien determinados.

Buero Vallejo es sin duda el dramaturgo más capaz que escribe en la España de hoy. Su obra, *El sueño de la razón* (1970), como mínimo no desmerece al lado de todo lo escrito anteriormente. Pero en el fondo es un fenómeno aislado. Aunque muchas de sus obras han tenido éxito en el teatro, su popularidad no puede ni compararse a las comedias ligeras de un escritor tan increíblemente prolífico como Alfonso Paso. Por otro lado Buero se ha atraído las críticas de escritores jóvenes más militantes por su falta de compromiso claro respecto a la lucha social y por sus éxitos comerciales. Sus obras no son gran teatro, y es difícil de imaginar que pudiesen interesar a públicos de otros países. Sin embargo lo que ha conseguido es importante, ya que ha devuelto cierta seriedad y dignidad al teatro español y ha convencido al público para que presencie obras que tratan honrada e inteligentemente de problemas reales.

El dramaturgo más interesante que hay entre los jóvenes críticos de Buero es Alfonso Sastre (1926-   ), plenamente dedicado al teatro de testimonio y protesta, y que por lo tanto ha tenido no pocos conflictos con la censura. La mayoría de sus obras sólo las conocen los que las han leído o las han visto representar en privado, casi siempre por estudiantes y grupos no profesionales. En realidad, pocas de sus obras tratan de problemas específicamente españoles, aunque la acción se sitúe en España; pero ello no ha sido obstáculo para que dividieran las actitudes de los españoles entre la desaprobación inflexible y el entusiasmo ferviente. El tema constante de Sastre es la opresión —por miedo, fuerza, riqueza o cualquier otro medio— y la perspectiva de una verdadera revolución social en nuestro tiempo. Aunque Sastre naturalmente considera esta perspectiva con esperanza, también tiene en cuenta los peligros y los problemas morales que presenta. Él describe su obra como realista, pero no fotográficamente realista. En el fondo sólo es realista en un sentido muy relativo, ya que frecuentemente se sitúa en países imaginarios y en momentos históricos determinados de un modo impreciso. Su primer éxito notable, *Escuadra hacia la muerte* (1953) tiene una acción que transcurre durante la tercera guerra mundial. Cuando la obra se sitúa en la España contemporánea, su preocupación por los problemas del país es solamente incidental. *Muerte en el barrio* (1956), por ejemplo, fue prohibida por la censura porque trata de la irresponsabilidad de un médico español por cuya culpa muere un niño de la clase obrera; pero más que una acusación al seguro de enfermedad español, es un inquieto planteamiento que podría aplicarse a cualquier sistema de medicina social. A un nivel más profundo analiza también un tema de crimen y castigo.

Las obras de Sastre no hacen ningún secreto de cuál es su posición política, y sin duda alguna están destinadas a «transformar el mundo», no a divertir ni a producir dinero. Su objetivo es la investigación moral de problemas que preocupan hondamente a Sastre y en los que él indaga imaginativamente. Sostiene la opinión, como ya hizo Unamuno y otros dramaturgos de antes de la guerra, de que el teatro español carece de verdadera tragedia, y entre sus obras personalmente prefiere las más trágicas: además de las dos mencionadas, *El cubo de la basura* (1965; escrita en 1952), *Tierra roja* (1958) y *Guillermo Tell tiene los ojos tristes* (1955), esta última una nueva versión de la leyenda suiza, en la que Tell mata a su hijo, como Sastre cree que la leyenda debería decir.

Sastre ha escrito mucho y, a pesar de sus variaciones de estilo, su obra se resiente de repetición de temas. Ello, unido a una tendencia hacia una esquematización excesiva del argumento —en el sentido de que los personajes encarnan el mensaje con una precisión de autómatas—, hace que sus obras raramente sorprendan. Pero Sastre y Buero Vallejo son sin discusión los dos dramaturgos mejores del período de la posguerra.

244 EL SIGLO XX

Buero tiene mayor dominio del arte dramático, pero la obra de Sastre tiene un estilo más europeo que la de Buero. El resto del teatro social español ha sido decepcionante. *La camisa* (1961), de Lauro Olmo, parecía un comienzo prometedor de un escritor joven. Trata de la vida miserable de un barrio pobre de Madrid que hace algunas observaciones muy expresivas y penetrantes sobre la realidad de la pobreza. Pero Olmo no ha cumplido su primera promesa. Hoy parece interesarse más por la novela que por el teatro, y su reciente *English spoken* (1968) es algo flojo y forzado que carece de la autenticidad de *La camisa*.

Al igual que en la poesía y en la novela, aquí también la literatura social pierde terreno, pero, a diferencia de otros géneros, el teatro no parece haber encontrado nada que la sustituya. Periódicamente se saluda la aparición de nuevas y brillantes figuras, pero por el momento ningún autor joven ha consolidado suficientemente su posición como para que haya indicios de que amenace la preeminencia de Buero Vallejo, y aún menos de interesar al público extranjero. El teatro comercial prospera gracias a una dieta de éxito seguro, a base de entretenimientos calmantes que no se desvían de la ortodoxia burguesa y de los que le abastecen un grupo de escritores que saben muy bien lo que están haciendo y a quienes satisface su trabajo. En resumen, si el teatro español está ahora en una situación mejor que la de hace veinte años, es porque difícilmente podía ser peor; la perspectiva inmediata hay que admitir que no tiene nada de favorable.

BIBLIOGRAFÍA

INTRODUCCIÓN

R. Carr, *España 1808-1939*, Barcelona, 1969.

G. Brenan, *El laberinto español*, París, 1962.

M. Tuñón de Lara, *La España del siglo XX*, París, 1966.

——, *Medio siglo de cultura española 1885-1936*, Madrid, 1970.

C. M. Rama, *La crisis española del siglo XX*, México, 1960.

S. G. Payne, *La revolución española*, Barcelona, 1972.

J. A. Lacomba, *La crisis española de 1917*, Madrid, 1970.

E. Malefakis, *Reforma agraria y revolución campesina en la España del siglo XX*, Barcelona, 1971.

G. Jakson, *La república española y la guerra civil*, México, 1967.

H. Thomas, *La guerra civil española*, París, 1967.

M. Gallo, *Historia de la España franquista*, París, 1971.

Fundación FOESSA, *Informe sociológico sobre la situación social de España*, Madrid, 1966-1970.

J.-C. Mainer, *Literatura y pequeña burguesía en España. Notas 1890-1950*, Madrid, 1972.

CAPÍTULO 1

C. Barja, *Libros y autores contemporáneos*, Madrid, 1935.

E. G. de Nora, *La novela española contemporánea*, 3 vols., Madrid, 1958-1962.

L. S. Granjel, *Panorama de la generación del 98*, Madrid, 1959.

G. Díaz-Plaja, *Modernismo frente a 98*, Madrid, 1965.

H. Jeschke, *La generación del 98 en España (Ensayo de una determinación de su esencia)*, Madrid, 1954.

P. Laín Entralgo, *La generación del 98,* Madrid, 1945.

C. Blanco Aguinaga, *Juventud del 98,* Madrid, 1970.

E. Salcedo, *Vida de don Miguel,* Salamanca, 1964.

E. Díaz, *Revisión de Unamuno,* Madrid, 1969.

A. Sánchez Barbudo, *Estudios sobre Galdós, Unamuno y Machado,* Madrid, 1971.

R. Pérez de la Dehesa, *Política y sociedad en el primer Unamuno,* 2.ª ed., Barcelona, 1973.

C. Blanco Aguinaga, *El Unamuno contemplativo,* México, 1959.

R. Gullón, *Autobiografías de Unamuno,* Madrid, 1964.

J. Rubia Barcia, M. A. Zeitlin, eds., *Unamuno, Creator and Creation,* Berkeley y Los Ángeles, 1967.

Cuadernos de la Cátedra de Miguel de Unamuno, Salamanca, 1954 y sigs.

M. Fernández Almagro, *Vida y literatura de Valle-Inclán,* Madrid, 1966.

G. Díaz-Plaja, *Las estéticas de Valle-Inclán,* Madrid, 1965.

A. Risco, *La estética de Valle-Inclán,* Madrid, 1966.

E. S. Speratti Piñero, *La elaboración artística en Tirano Banderas,* México, 1957.

J. M. García de la Torre, *Análisis temático de El Ruedo Ibérico,* Madrid, 1972.

A. Zahareas y R. Cardona, *Visión del esperpento,* Madrid, 1970.

A. Zahareas y S. Creenfield, eds., *Ramón del Valle-Inclán. An Appraisal of his Life and Works,* Nueva York, 1967.

Revista de Occidente, 44-45, noviembre-diciembre 1966: Homenaje a Valle-Inclán.

J. L. Varela, «El mundo de lo grotesco en Valle-Inclán», en *La transfiguración literaria,* Madrid, 1970.

L. S. Granjel, *Retrato de Pío Baroja,* Barcelona, 1954.

C. Iglesias, *El pensamiento de Pío Baroja,* México, 1963.

C. O. Nallim, *El problema de la novela en Pío Baroja,* México, 1964.

F. J. Flores Arroyuelo, *Pío Baroja y la historia,* Madrid, 1971.

J. Alberich, *Los ingleses y otros temas de Pío Baroja,* Madrid, 1966.

F. Baeza, ed., *Baroja y su mundo,* 3 vols., Madrid, 1961.

Revista de Occidente, 62, mayo 1968: Homenaje a Pío Baroja.

R. Vidal, *Gabriel Miró. Le style et les moyens d'expresion,* Burdeos, 1964.

V. Ramos, *El mundo de Gabriel Miró*, Madrid, 1964.

R. López Landeira, *Gabriel Miró: trilogía de Sigüenza*, Chapel Hill, 1972.

N. Urrutia, *De Troteras a Tigre Juan*, Madrid, 1960.

F. Wyers Weber, *The Literary Perpectivism of Ramón Pérez* de Ayala, Chapel Hill, 1966.

A. Amorós, *La novela intelectual de Ramón Pérez de Ayala*, Madrid, 1972.

J. M. Valverde, *Azorín*, Barcelona, 1972.

A. Krause, *Azorín, el pequeño filósofo*, Madrid, 1955.

M. Granell, *Estética de Azorín*, Madrid, 1958.

J. M. Martínez Cachero, *Las novelas de Azorín*, Madrid, 1960.

L. Livingstone, *Tema y forma en las novelas de Azorín*, Madrid, 1971.

Cuadernos Hispanoamericanos, 226-227, 1968.

L. S. Granjel, *Retrato de Ramón*, Madrid, 1963.

R. Cardona, *Ramón Gómez de la Serna*, Nueva York, 1957.

G. Gómez de la Serna, *Ramón*, Madrid, 1964.

Capítulo 2

F. de Onís, *Antología de la poesía española e hispanoamericana (1882-1932)*, Nueva York, 1961.

C. González Ruano, *Antología de poetas españoles contemporáneos en lengua castellana*, Barcelona, 1946.

G. Diego, ed., *Poesía española contemporánea (1901-1934), Antología*, Madrid, 1959.

J. L. Cano, *Poesía española del siglo XX*, Madrid, 1960.

L. Cernuda, *Estudios sobre poesía española contemporánea*, Madrid, 1957.

L. F. Vivanco, *Introducción a la poesía española contemporánea*, 2 vols., Madrid, 1971.

Concha Zardoya, *Poesía del 98 y del 27*, Madrid, 1968.

H. T. Young, *The Victorious Expression. A Study of Four Contemporary Spanish Poets* (Unamuno, A. Machado, Juan Ramón, Lorca), Madison, Wisconsin, 1964.

R. Gullón, *Direcciones del modernismo*, Madrid, 1963.

R. Ferreres, *Los límites del modernismo*, Madrid, 1964.

H. Castillo, ed., *Estudios críticos sobre el modernismo*, Madrid, 1970.

R. de Zubiria, *La poesía de Antonio Machado*, Madrid, 1955.

A. Sánchez Barbudo, *La poesía de Antonio Machado*, Barcelona, 1967.

M. Tuñón de Lara, *Antonio Machado, poeta del pueblo*, Barcelona, 1969.

R. Gullón, *Una poética para Antonio Machado*, Madrid, 1970.

G. Palau de Nemes, *Vida y obra de Juan Ramón Jiménez*, Madrid, 1957.

R. Gullón, *Estudios sobre Juan Ramón Jiménez*, Buenos Aires, 1960.

S. Ulibarri, *El mundo poético de Juan Ramón Jiménez*, Madrid, 1962.

L. R. Cole, *The Religious Instinct in the Poetry of Juan Ramón Jiménez*, Oxford, 1967.

P. R. Olson, *Circle of Paradox. Time and Essence in the Poetry of Juan Ramón Jiménez*, Baltimore, 1967.

A. Sánchez Barbudo, *La segunda época de Juan Ramón Jiménez*, Madrid, 1962.

La Torre, V, 1957: Homenaje a Juan Ramón Jiménez.

G. Videla, *El ultraísmo*, Madrid, 1963.

P. Ilie, *Los surrealistas españoles*, Madrid, 1972.

V. Bodini, *Los poetas surrealistas españoles*, Barcelona, 1972.

P. Ilie, *Documents of Spanish Vanguard*, Chapel Hill, 1970.

C. B. Morris, *A Generation of Spanish Poets, 1920-1936*, Cambridge, 1969.

L. F. Vivanco, «La generación poética del 27», en *Historia general de las literaturas hispánicas*, VI, Barcelona, 1967.

J. F. Cirre, *Forma y espíritu de una lírica española (1920-1935)*, México, 1950.

J. González Muela y J. M. Rozas, *La generación poética de 1927. Estudio, antología y documentación*, Madrid, 1966.

J. Cano Ballesta, *La poesía española entre la pureza y la revolución*, Madrid, 1972.

E. Dehennin, *La résurgence de Góngora et la génération poétique de 1927*, París, 1962.

J. L. Flecniakoska, *L'univers poétique de Federico García Lorca*, Burdeos, 1952.

J. M. Flys, *El lenguaje poético de García Lorca,* Madrid, 1955.

Christopher Eich, *Federico García Lorca, poeta de la intensidad,* Madrid, 1958.

Á. del Río, *García Lorca: poeta en Nueva York,* Madrid, 1958.

C. Ramos-Gil, *Claves líricas de García Lorca,* Madrid, 1967.

M. Laffranque, *Les idées esthétiques de Federico García Lorca,* París, 1967.

E. Dehennin, *Passion de l'absolu et tension expresive dans l'oeuvre poétique de Pedro Salinas,* Gante, 1957.

C. Feal Deibe, *La poesía de Pedro Salinas,* Madrid, 1965.

J. Palley, *La luz no usada. La poesía de Pedro Salinas,* México, 1966.

A. de Zubizarreta, *Pedro Salinas: el diálogo creador,* Madrid, 1969.

J. Casalduero, *Jorge Guillén: Cántico,* Madrid, 1953.

R. Gullón y J. M. Blecua, *La poesía de Jorge Guillén,* Zaragoza, 1949.

P. Darmangeat, *Jorge Guillén ou le cantique émerveillé,* París, 1958.

J. Gil de Biedma, *Cántico. El mundo y la poesía de Jorge Guillén,* Barcelona, 1960.

J. González Muela, *La realidad y Jorge Guillén,* Madrid, 1962.

Luminous Reality. The Poetry of Jorge Guillén, Norman, Oklahoma, 1969.

S. Salinas de Marichal, *El mundo poético de Rafael Alberti,* Madrid, 1968.

Papeles de Son Armadans, 88, 1963: Homenaje a Rafael Alberti.

P. W. Silver, «*Et in Arcadia Ego*». *A Study in the Poetry of Luis Cernuda,* Londres, 1965.

Elizabeth Muller, *Die Dichtung Luis Cernudas,* Colonia, 1962.

A. Coleman, *Other Voices: A Study of the Late Poetry of Luis Cernuda,* Chapel Hill, 1969.

La Caña Gris, 6-8, Valencia, 1962: Homenaje a Luis Cernuda.

Insula, 207, 1964: Homenaje a Luis Cernuda.

C. Blanco Aguinaga, *Emilio Prados: vida y obra,* Nueva York, 1960.

J. Cano Ballesta, *La poesía de Miguel Hernández,* Madrid, 1962.

A. Gallego Morell, *Vida y poesía de Gerardo Diego,* Barcelona, 1956.

J. F. Cirre, *La poesía de José Moreno Villa,* Madrid, 1963.

Capítulo 3

F. Ruiz Ramón, *Historia del teatro español. Siglo XX,* Madrid, 1971.

G. Torrente Ballester, *Teatro español contemporáneo,* 2.ª ed., Madrid, 1968.

J. P. Borel, *El teatro de lo imposible,* Madrid, 1966.

D. Pérez Minik, *Debates sobre el teatro español contemporáneo,* Santa Cruz de Tenerife, 1955.

E. Díez Canedo, *Artículos de crítica teatral,* 4 vols., México, 1970.

M. C. Peñuelas, *Jacinto Benavente,* Nueva York, 1968.

J. Vila Selma, *Benavente, fin de siglo,* Madrid, 1952.

J. Montero Alonso, *Vida de Eduardo Marquina,* Madrid, 1968.

M. H. Guerra, *El teatro de Manuel y Antonio Machado,* Madrid, 1966.

V. Ramos, *Vida y teatro de Carlos Arniches,* Madrid, 1967.

M. Lentzen, *Carlos Arniches: vom Género Chico zur Tragedia Grotesca,* Ginebra, 1966.

I. M. Zavala, *Unamuno y su teatro de conciencia,* Salamanca, 1963.

A. Franco, *El teatro de Unamuno,* Madrid, 1971.

L. García Lorenzo, «Introducción» a J. Grau, *Teatro escogido,* Madrid, 1972.

E. González López, *El arte dramático de Valle-Inclán,* Nueva York, 1967.

A. Zamora Vicente, *La realidad esperpéntica,* Madrid, 1966.

S. Greenfield, *Ramón María del Valle-Inclán. Anatomía de un teatro problemático,* Madrid, 1972.

M. Laffranque, *Lorca,* París, 1963.

R. Martínez Nadal, *El Público. Amor, teatro y caballos en la obra de Federico García Lorca,* Oxford, 1970.

F. Nourissier, *Federico García Lorca dramaturge,* París, 1955.

R. Lima, *The Theatre of García Lorca,* Nueva York, 1963.

A. Berenguer Carisomo, *Las más caras de Federico García Lorca,* Buenos Aires, 1969.

J. Rodríguez Richart, *Vida y teatro de Alejandro Casona,* Oviedo, 1963.

E. Gurza, *La realidad caleidoscópica de Alejandro Casona,* Oviedo, 1968.

CAPÍTULO 4

J. R. Marra-López, *Narrativa española fuera de España, 1939-1961*, Madrid, 1963.

F. Carrasquer, *«Imán»* y *la novela histórica de Ramón J. Sender*, 2.ª ed., Londres, 1970.

M. S. Peñuelas, *La obra narrativa de Ramón J. Sender*, Madrid, 1971.

K. Ellis, *El arte narrativo de Francisco Ayala*, Madrid, 1964.

E. Irizarri, *Teoría y creación literaria en Francisco Ayala*, Madrid, 1971.

J.-C. Mainer, *«Introducción»* a *Falange y literatura*, Barcelona, 1971.

G. Sobejano, *Novela española de nuestro tiempo*, Madrid, 1970.

P. Gil Casado, *La novela social española 1942-1968*, Barcelona, 1968.

R. Buckley, *Problemas formales en la novela española contemporánea*, Barcelona, 1968.

S. Sanz Villanueva, *Tendencias de la novela española actual (1950-1970)*, Madrid, 1972.

E. Guillermo y J. A. Hernández, *La novelística española de los sesenta*, Nueva York, 1971.

Antología consultada de la joven poesía española, Valencia, 1952.

J. M. Castellet, *Veinte años de poesía española 1939-1959*, Barcelona, 1960.

José Batlló, *Antología de nueva poesía española*, Barcelona, 1968.

F. Grande, *Apuntes sobre poesía española de postguerra*, Madrid, 1970.

J. Olivio Jiménez, *Diez años de poesía española 1960-1970*, Madrid, 1972.

J. Monleón, *Treinta años de teatro a la derecha*, Madrid, 1971.

ÍNDICE ALFABÉTICO

documental fotográfico.

— documental fotográfico
- expresar un sentido
de destino trágico.
— Son víctimas de un
determinismo bajo
la forma de costumbres
locales sob/ el honor

— contribuciones
sustanciales, a la
novela universal.